Preston A. Taylor

Traducido por
Francisco Almanza

D0106845

EDITORIAL MUNDO HISPANO

EDITORIAL MUNDO HISPANO
7000 Alabama Street, El Paso, TX 79904, EE. UU. de A.
www.editorialmundohispano.org

Nuestra pasión: Comunicar el mensaje de Jesucristo y facilitar la formación de discípulos por medios impresos y electrónicos.

66 mensajes bíblicos. © Copyright 1996. Editorial Mundo Hispano, 7000 Alabama Street, El Paso, Texas 79904, Estados Unidos de América. Todos los derechos reservados. Prohibida su reproducción o transmisión total o parcial, por cualquier medio, sin el permiso escrito de los publicadores.

A menos que se indique otra cosa, las citas bíblicas han sido tomadas de la Santa Biblia: Versión Reina-Valera Actualizada, Editorial Mundo Hispano, © copyright 1989.

Primera edición: 1996
Novena edición: 2013

Clasificación Decimal Dewey: 251.02

Temas: Sermones – Bosquejos

ISBN: 978-0-311-43049-9
E.M.H. Art. No. 43049

1.5 M 6 13

Impreso en Colombia
Printed in Colombia

Dedicatoria

A

Rex y Minerva McCelvey,
y a los pastores y predicadores laicos
que sirven al Señor en los
países del mundo de habla hispana.

Indice

Introducción

El doctor Hoke Smith sirvió como misionero en América del Sur por varios años hasta su muerte. Enseñó griego y Nuevo Testamento en el Seminario Bautista de Venezuela durante once años. Después de su ministerio en Venezuela este amado siervo de Dios dirigió la obra en cuatro países más del Cono Sur. El doctor Smith contaba que una mañana su hijo de tres años de edad se le acercó con una gran manzana roja, y le dijo: "Papá, por favor ayúdame a empezar esta manzana."

Muchos de nosotros, como pastores y predicadores laicos, hemos querido a veces que alguien nos ayude a "empezar" un mensaje. Amamos la Palabra de Dios, pero no siempre es fácil preparar un mensaje bíblico de modo que podamos predicar como queremos.

El propósito de este libro y de otros similares que he escrito llevan la esperanza de proporcionar alguna ayuda a pastores y laicos que se esfuerzan como todos nosotros lo hacemos cuando preparamos los mensajes.

La mayoría de los pastores en el mundo de habla castellana y portuguesa no tienen tantos recursos como para comprar muchos libros. La mayoría de ellos están limitados porque no tienen suficiente tiempo para todos los detalles del ministerio que deben ser atendidos sin disponer de un automóvil para movilizarse con mayor rapidez. De ahí que su tiempo de estudio es apresurado. Este libro de estudio es para el pastor ocupado y financieramente limitado, con el deseo de que pueda ser un puente sobre las dificultades que continuamente enfrenta.

Mi esperanza es que el pastor y también el predicador laico se sientan en libertad de usar cualquier material de este libro que encuentre de utilidad. La Palabra de Dios no tiene "derechos de autor" y cualquiera tiene la libertad de usar estos mensajes en cualquier manera para el adelanto de la causa de Jesucristo y de su iglesia.

Como parte del compañerismo de los redimidos que son llamados a "predicar la Palabra", mi oración es que Dios continúe equipándolo a usted espiritualmente y lo use poderosamente al amarnos unos a otros y hacer su voluntad.

Alabado sea el Señor porque usted es una parte de los que no se avergüenzan de Jesucristo. El quiere que nosotros, como sus discípulos, "pongamos las manos en el arado" y no miremos atrás. Que Dios aliente y enriquezca su vida con su presencia, su poder y su sabiduría.

En el amor de Cristo,

Preston A. Taylor

Datos para el archivo:

Fecha: _____

Ocasión: _____

Lugar: _____

1

EL MILAGRO DE LA CREACION

En el principio creó Dios los cielos y la tierra. Génesis 1:1

Un joven periodista empezó su carrera con el *London Journal.* El jefe le dio una tarea. El periodista regresó con diez páginas de material y el editor le dijo:

—Necesito reducir el artículo a una página.

A lo que el periodista respondió:

—Eso es imposible.

El jefe contestó:

—Joven, Dios le pidió a Moisés que escribiera la historia de la creación en diez palabras.

Bien conocemos esas primeras palabras de la Biblia en el Génesis: "En el principio creó Dios los cielos y la tierra." Estas palabras dicen que la creación tuvo lugar en el principio del tiempo. Este versículo nos habla de la magnitud de la creación que incluye "los cielos y la tierra". Los primeros tres capítulos de Génesis nos dan una historia completa y exacta de la creación. Nosotros creemos y tenemos confianza en que la creación es un acto milagroso de Dios.

I. La Biblia sostiene la opinión de la creación divina

De hecho, la Biblia es el único testimonio unificado de la creación que encontramos. Los científicos han propuesto teorías acerca del origen del universo. La Biblia declara de principio a fin que Dios es el autor de toda la creación.

Génesis 1:1 es la escritura fundamental acerca de la creación divina. Las palabras son comprensibles y directas. Más de treinta veces en el capítulo 1 de Génesis se dan verbos que muestran que Dios actuó. Verbos activos como: Dios creó, vió, dijo, dividió, bendijo y habló.

En el Nuevo Testamento leemos que Jesús dijo que Moisés escribió esas palabras. Otros escritores de la Biblia confirman esta verdad. Pero, ¿quién era Moisés? Nació en Egipto como en el año 1600 a. de J.C. Fue criado en la corte de Faraón (Hech. 7:22). Cuando Moisés tenía 80 años de edad Dios lo llamó para enviarlo a Egipto a libertar a los hebreos.

9

Exodo 20:11 y 31:17 declaran que Dios hizo esa obra en seis días y luego descansó. Cuando consideramos quién es Dios, el "problema del tiempo" no fue para él un dolor de cabeza.

En el primer capítulo de Job leemos que Dios lo bendijo con tierra labrantía, con toda clase de ganado y con una familia numerosa. Repentinamente una tragedia abatió a Job y perdió todo lo que tenía. Job resistió los tiempos amargos, pero expuso su queja ante Dios. El Señor le contestó: "¿Dónde estabas tú cuando yo fundaba la tierra?..." (Job 38:4). En Job 39 Dios declara que todo bajo los cielos es suyo. Luego, en el capítulo 42, Job reconoce que debe dar crédito a Dios por todo.

En los salmos, David habla *docenas de veces* de los cielos y la tierra como creación de Dios. David era un hombre "conforme al corazón de Dios", y él dijo que Dios es el Creador. Una selección de entre muchas acerca de la creación dice: "Por la palabra de Jehovah fueron hechos los cielos...; él mandó, y existió" (Sal. 33:6, 9).

Salomón escribió en Proverbios 30:4: "¿Quién afirmó todos los términos de la tierra? ¿Cuál es su nombre, y el nombre de su hijo, si sabes?"

Dé una rápida mirada al libro de Isaías. Este profeta, vez tras vez habla acerca de Dios y de su obra en el mundo. El dice: "...Jehovah, el que crea los cielos y... extiende la tierra y... da... aliento a los que andan por ella" (Isa. 42:5).

Recordemos a Jeremías como profeta de Dios durante los años cuando Babilonia destruyó Jerusalén (586 a. de J.C.). Dios dió a ese hombre visión de la creación. Jeremías 10:12 y 51:10, nos dicen: "El que hizo la tierra con su poder, el que puso en orden el mundo con su saber, y extendió los cielos con su sabiduría."

Esto es solamente una muestra de lo que algunos escritores del Antiguo Testamento dijeron acerca de la creación.

El Nuevo Testamento declara: "En el principio era el Verbo, [Jesús], y el Verbo era con Dios, y el Verbo era Dios. El era en el principio con Dios. Todas las cosas fueron hechas por medio de él, y sin él no fue hecho nada de lo que ha sido hecho" (Juan 1:1, 2). Dios hizo todas las cosas a través de Jesucristo.

Jesús sabía acerca de la creación, porque él lo declaró en su oración sacerdotal de Juan 17:5: "Ahora pues, Padre, glorifícame tú en tu misma presencia, con la gloria que yo tenía en tu presencia antes que existiera el mundo."

Hechos 4:24 dice que el pueblo dió alabanza al Señor como Creador de los cielos y la tierra, y el apóstol Pablo escribió: "...Todo fue creado por medio de él [Jesús] y para él" (Col. 1:16).

¿Cómo sabemos que las palabras de la Biblia acerca de la creación son ciertas? ¡Por fe aceptamos el mensaje! Hebreos 11:3 declara: "Por la fe comprendemos que el universo fue constituido por la palabra de Dios, de modo que lo que se ve fue hecho de lo que no se veía." Dios constituyó la creación por la palabra de su poder. Con una voz unificada toda la Biblia da testimonio de la obra de Dios en la creación.

II. La razón nos enseña que Dios creó el universo

Todos sabemos que tras toda obra diseñada hay un diseñador. Un carpintero es responsable de una mesa. Un autor produce un libro. Un rascacielos es obra de ingenieros y un ejército de obreros. Un universo creado nunca sucedió por "generación espontánea". Una "gran explosión" nunca podría haber producido un universo complejo y bien arreglado. Un huracán nunca puede construír un rascacielos o un tren en su vía. ¿Cómo podemos pensar que una "gran explosión" haya hecho un universo?

En 1993 Luke Dones de la NASA (en California) y el profesor Scott Tremaine de la Universidad de Toronto dijeron que la tierra chocó hace 4.500 millones de años (junto con otros tres planetas) con algún cuerpo celestial que produjo el movimiento giratorio en nuestros planetas. ¿Puede usted imaginar una colisión tan suave? La tierra gira sobre su propio eje a 1.609 kms. por hora. Tiene una inclinación de 23 grados de su eje y se mece como tres grados. Además de todo esto, la tierra viaja alrededor del sol a la velocidad de 103.620 kms. por hora. ¿Piensa usted que esto sucedió por una colisión casual o por el designio de un Creador infinitamente sabio? Albert Einstein contestó a los que hablaban de un universo por casualidad: "Dios no juega a los dados."

Algunos más argumentan que todo vino por evolución. El doctor Bouroune, que sirvió como director del Centro de Investigación Científica de Francia, dijo: "La evolución es un cuento de hadas para adultos." El doctor Malcolm Muggeridge, conocido periodista y filósofo de Inglaterra que se convirtió en cristiano, dijo: "La teoría de la evolución será uno de los grandes chistes del futuro."

Carlos Darwin pensó que había encontrado al "eslabón perdido" entre el hombre y los animales inferiores con los patagones de Argentina. El misionero Allen Gardiner de Inglaterra trabajó con esa gente primitiva y los patagones respondieron al evangelio del Señor Jesucristo y a la cultura. Darwin finalmente se retractó de sus comentarios sobre esa gente atrasada. En su libro *El origen de las especies* Darwin usó palabras como "supongo, pienso, tal vez" más de 300 veces. ¿Evolución? Una invención de la imaginación.

Segunda Pedro 3:4 señala lo que algunos dicen: "...todas las cosas siguen igual, así como desde el principio de la creación". Esta filosofía tiene el nombre de "uniformitarianismo". Es decir, todo permanece uniforme o en el mismo estado. De manera interesante, la edad de las rocas por dos grupos de científicos varía hasta por 700 millones de años.

Ni siquiera podemos estar seguros del fechado por radioactividad. Por ejemplo, los átomos en materiales radioactivos como el uranio son inestables. Algunos de esos átomos se rompen en segundos. Otros duran por años antes de romperse. Esto muestra que la fecha por la radioactividad no es totalmente confiable.

III. El testimonio de científicos declara que Dios creó el universo

La mayoría de los libros de texto y "revistas eruditas" de hoy dan la impresión de que los principales científicos respaldan la idea del universo sin Dios. De hecho, la fraternidad científica moderna quiere excluír al cristiano de su círculo de científicos. Muchos científicos modernos tildan al "científico creacionista" de inferior. Ese insulto desconoce el hecho de que centenares de "verdaderos científicos" que existen hoy son cristianos temerosos de Dios. Una gran cantidad de los "grandes de todos los tiempos" eran cristianos consagrados que no tenían duda acerca del "milagro de la creación" de Dios.

Considere a Isaac Newton, quien todavía es considerado, por algunos, como el científico más grande que haya vivido. El nos dió la ley de la gravedad y el telescopio. Newton dijo que él podía ir a su habitación, ponerse de rodillas y aprender más de Dios que lo que podría aprender mirando millones de estrellas en el espacio.

Considere a George Culver, quien fue pionero en la Ciencia de la Anatomía Comparativa y sirvió como canciller en la Universidad de París. Culver declaró que Dios creó el universo y que la idea de la evolución no tiene fundamento.

La lista de los científicos que creen que Dios creó el universo es larga. Las realizaciones de esos hombres pusieron los fundamentos para la era científica moderna. Sin ellos, no tendríamos ciencia de la manera que la conocemos hoy en día. La lista incluye a individuos como Pasteur, Kepler, Boyle, Faraday, Mendel, Agassiz, Simpson, Leonardo Da Vinci, Blas Pascal, Woodward, Babbage y muchos más.

Tenemos grandes científicos hoy en día. Se han dado grandes pasos de progreso. Los avances tecnológicos surgen ante nosotros. Sin embargo, las "piedras fundamentales" han sido hombres de Dios. Ellos nunca nos dejaron con incertidumbres acerca de Dios y la eternidad. La gran mayoría de genios pasados de la ciencia tenían una fe sencilla e infantil.

El mismo Señor que creó el universo también quiere trabajar en nuestras vidas. El quiere crear su obra de regeneración en nosotros. Dios quiere rehacer a los que están rotos y caídos. Recordamos la historia de Jeremías, que visitó el taller del alfarero un día. El vaso de barro se quebró en la mano del alfarero. El lo recogió e hizo de él otro vaso. Jeremías dijo que eso es lo que Dios quiere hacer con nosotros. Dios va a hacer de nuevo el mundo un día. Y él quiere hacer de nuevo a todos los que se vuelven como barro en sus manos. ¿Permitiremos que Dios tenga el control de nuestra vida?

Datos para el archivo:

Fecha: _____

Ocasión: _____

Lugar: _____

2

NO DEBEMOS TEMER

Después de estas cosas vino la palabra de Jehovah a Abram en visión, diciendo: No temas, Abram. Yo soy tu escudo, y tu galardón será muy grande... El creyó a Jehovah, y le fue contado por justicia. Génesis 15:1, 6

Un fuerte terremoto destruyó en 1755 la ciudad de Lisboa, Portugal. Luego, una marejada del Atlántico barrió la ciudad destruida y ahogó a más de 60.000 personas. Los sobrevivientes nunca olvidaron aquella espantosa experiencia.

Todos nosotros recordamos tiempos de temor. Hasta Abraham, un poderoso hombre de fe, se llenó de temor. En este tiempo Abraham había estado en la tierra prometida por veinte años. A través de esos años a menudo se sintió solo. Su entorno era diferente del de su patria. Los cananitas que vivían en derredor de él hablaban una lengua diferente y veían suspicazmente al intruso. Una noche Dios se le apareció en visión y le dijo: "No temas, Abram. Yo soy tu escudo, y tu galardón será muy grande" (Gén. 15:1). Dios puede darnos la victoria sobre nuestros temores.

¿Por qué no debemos temer?

I. Porque tenemos la salvación de Dios

Entendemos el significado de "salvación" en el lenguaje cotidiano. Hablamos de una persona rescatada de una tormenta o de un incendio. Decimos que un cirujano opera y "salva una vida". Dios ofrece su redención.

La salvación significa que Dios nos acepta. Todo el que cree en Dios recibe su vida. Génesis 15:6 dice: "Abram creyó a Jehovah, y le fue contado por justicia." El Señor llamó a Abram de Ur de los caldeos y él respondió al llamado de Dios. Por su fe, él fue "justificado". Dios consideró a este creyente como "justo". El Señor habló y Abraham se sometió. Abraham respondió con fe antes de que se iniciara ningún rito, antes de que se edificara un "altar" y aun antes de que él experimentara la comunión con otros creyentes. Abraham encontró aceptación de parte de Dios.

13

Las buenas nuevas de Dios son que él nos acepta también. El Dios Todopoderoso nos invita a poner nuestra fe en él. De esto trata la salvación: Una aceptación total por el Señor del universo. El nos acepta con nuestros temores. No tenemos que luchar para ser amados y recibidos por él. Por arrepentimiento y fe en el sacrificio expiatorio de Jesús somos redimidos e introducidos a la familia de Dios. La voluntad de Dios es que todos vengan al arrepentimiento.

La salvación nos asegura que pertenecemos a Dios. El nos da redención y luego, a lo largo de todo el sendero de la vida, nos da palabras de seguridad. Dios intervino en la vida de Abraham. Este peregrino espiritual quería una palabra nueva de seguridad acerca del llamado de Dios a su vida y le preguntó a Dios: "Oh Señor Jehovah, ¿qué me has de dar? Pues continúo sin hijos..." (Gén. 15:2). Dios le dijo a Abraham que él y Sara tendrían su propio hijo. Dios le aseguró una y otra vez que él no tenía necesidad de temer. Veinte años después Abraham entró a su nueva patria y Dios renovó su convenio para asegurarle que él cumpliría su palabra (Gén. 17:1-8).

El Señor nos asegura en muchas maneras que tenemos su salvación. Las palabras de Jesús en Juan 10:27-30 nos recuerdan que tenemos vida eterna. Romanos 8:32-39 nos afirma que nada podrá separarnos del amor de Dios en Cristo Jesús. Efesios 1:13 nos dice que el Espíritu Santo nos "sella" hasta el día de la redención corporal. Jesús dice que nuestros nombres están escritos en el Libro de la Vida del cielo (Lc. 10:20). El dice que ha ido a preparar mansiones en gloria para nosotros y que viene de nuevo a por los suyos.

II. Porque podemos hablar con Dios

Abram fue llamado "amigo de Dios". El se comunicaba con Dios constantemente. Construía altares de adoración que le recordaban la necesidad que él tenía de comunión con Dios. La puerta del salón del trono en el cielo siempre está abierta. Los circuitos nunca están ocupados ni descompuestos. Podemos hablar con Dios a cualquier hora. Podemos encontrarnos con él en cualquier tiempo y lugar. No debemos temer, porque Dios "está a la mano".

La oración es un privilegio que tenemos. Es parte de nuestra herencia como cristianos. Hebreos 4:14-16 nos dice que podemos acercarnos "osadamente... confiadamente... libremente".

La oración significa nuestra protección. Dios llegó a ser para Abram una fuente de ayuda, un escudo. Nuestra mejor ayuda es Dios. Salmo 46:1 dice: "Dios es nuestro amparo y fortaleza..."

La oración significa nuestra provisión. Hace años Phillips Brooks servía como pastor en la catedral de la Trinidad en Boston. Un día la aseadora del templo le preguntó si su hija podía casarse en la capilla. El doctor Brooks dijo: "¡No! ¡Su hija no puede casarse en la capilla! ¡Ella puede casarse en la catedral!" La aseadora con-

testó: "¡Pero la catedral no es para gente como yo!" El gran predicador dijo: "¡Oh, sí lo es! Es para la gente como usted y como yo." ¡Pídale a Dios! El le sorprendera con sus respuestas.
La oración puede significar posposición. No siempre obtenemos lo que deseamos cuando lo queremos. Dios tardó años en darle un hijo a Abraham. El le dijo a Abraham que le daría una "tierra". ¡Y luego le dijo que tendría que esperar cuatrocientos años para recibirla! (Gén. 15:13). El tiempo de Dios es el mejor.
La oración puede significar prohibición. Dios no siempre nos da lo que queremos. Abraham pidió por Sodoma y Gomorra (Gén. 18), pero Abraham no recibió la respuesta esperada. No siempre sabemos lo que es mejor para nosotros. ¡No siempre podemos predecir tampoco lo que pasaría si todas nuestras oraciones fueran contestadas! Sin embargo, puesto que podemos hablar con Dios acerca de cada tema y detalle de la vida, no debemos temer.

III. Porque podemos servir a Dios

Cuando Dios llamó a Abraham, este hombre de fe siguió la dirección divina. Había servido al "dios luna" allá en Babilonia. ¿Rehusaría servir a Dios en el nuevo mundo al cual viajaba? ¿Encontraría Abraham futilidad en su nuevo andar con Dios? ¿Había dejado su ganado, sus tierras y su familia en Ur de los caldeos por una vida vacía y deshecha? La respuesta a tales preguntas es "¡No!" Dios tenía un propósito y una misión para Abraham, y por eso, él no debía temer. El Señor prometió ser sostén, fundamento, apoyo y defensor de este hombre. De hecho, el Señor le declaró a Abraham que su "relación de misión" sería tan íntima que los amigos y enemigos de uno serían amigos y enemigos del otro (Gén. 12:3). Abraham necesitaba servir a Dios y nosotros también.
Servimos a Dios comprendiendo la magnitud de la empresa misionera. Entre las muchas bendiciones que Dios le prometió a Abraham encontramos una que no debe ser pasada por alto. Dios dijo: "...y serás bendición" (Gén. 12:2). Otra traducción dice: "...¡y sé una bendición!" Abraham tuvo que meditar en la riqueza y profundidad de esas palabras. Realmente Abraham sirvió a Dios cuando él pensó acerca de la enormidad de su misión.
Servimos a Dios extendiéndonos para ayudar a otros. Génesis 14 relata la historia de los reyes paganos que capturaron a Lot y a su familia. Abraham reunió 318 siervos, persiguió a los enemigos y los alcanzó. Libertó a Lot y regresó todos los bienes robados a los legítimos dueños (Vv. 12-16). Abram ayudó a los necesitados.

Como Abraham, podemos conquistar el temor. Dios nos declara que él mismo es nuestro amparo y defensor. ¿Responderemos ahora mismo a Dios y lo seguiremos como lo hizo Abraham?

Datos para el archivo:

Fecha: _____

Ocasión: _____

Lugar: _____

3

UNA REUNION DE ORACION A LA ANTIGUA

Jacob se quedó solo y un hombre luchó con él hasta que rayaba el alba. Génesis 32:24

La historia de "Rip Van Winkle", por Washington Irving, me fascina. Rip era un hombre de buen genio, pero descuidado, que vivía con su esposa y sus hijos al pie de las montañas en Nueva York. Al melindroso esposo nunca le gustó trabajar. Pasaba los días haciendo cometas para los niños, pescando cuando los peces no picaban y siendo amistoso con todos los perros del vecindario. Un día que Rip paseaba por las montañas empezó a beber con sus amigos y cayó en un sueño de veinte años. Despertó y se encontró con que su esposa había muerto, sus hijos se habían ido de casa y el nuevo país había elegido su primer presidente.

¿Puede alguien dormir por veinte años? Jacob sí lo hizo, espiritualmente. Dejó la casa, dejó su religión y se olvidó de Dios por veinte años. Una inusitada reunión de oración le hizo despertar. Necesitamos otra reunión de oración que despierte a todos los que están espiritualmente dormidos.

¿Cómo es una reunión de oración a la antigua?

I. Es donde se tiene verdadero contacto con Dios

El texto dice: "...y un hombre luchó con él... Porque vi a Dios cara a cara..." Esa reunión/encuentro de lucha de toda la noche con "el Angel de Jehovah" no podría ser olvidada por Jacob. ¡Este hombre vio a Dios cara a cara! Nosotros también necesitamos encontrarnos con Dios; necesitamos una experiencia espiritual nueva con el Señor. Tenemos razones para un verdadero encuentro con Dios.

Nuestra relación con Dios nos recuerda que podemos estar en contacto con él. En Génesis 31:3 el Señor le habló a Jacob, diciéndole que regresara a su tierra. En el capítulo 32 de Génesis Jacob

16

habla con Dios, recordándole al Señor de la relación que su propio padre y su abuelo habían tenido con él. Jacob tenía el derecho de ponerse en contacto con Dios por esa relación. Nuestra relación con Dios es más importante que la relación con familiares o amigos. Puesto que conocemos a Dios por medio de su acto redentor en Cristo Jesús, podemos tener contacto vital con él. Realmente podemos cantar: "Soy un hijo del rey." Y el Rey de gloria no deja a sus hijos esperando fuera del salón del trono. Nos deja entrar y hablar con él. Una reunión de oración "a la antigua" es aquella en la que el contacto dinámico con Dios se nos vuelve real.

Kagawa, un gran cristiano japonés, afirmaba que la oración es "rendirse". Esencialmente es nuestra obediencia, nuestra disposición, nuestra cooperación y nuestro asentimiento con Dios. Cuando hacemos la voluntad de Dios podemos estar seguros del contacto vital con él. Los que pertenecen a Dios y caminan en obediencia a él pueden tener contacto vital con el Dios de gracia y gloria.

II. Es donde confesamos nuestros pecados

El ángel de Jehovah le preguntó a Jacob: "—¿Cuál es tu nombre?" La respuesta vino en una confesión de culpa: "—Jacob [el engañador, el tramposo, el suplantador, el impostor]." Tal vez a nosotros no se nos pedirá que sostengamos un letrero declarando quiénes somos: tramposos, quejosos, lujuriosos o murmuradores. No obstante, debajo de una capa de bondad exterior, un furioso volcán de pecado retumba y gruñe a menudo dentro de nosotros. Como Jacob, necesitamos contarle a Dios.

Las crueldades de la vida debieran ser confesadas. Necesitamos leer de nuevo la historia de Esaú al regresar de cazar. ¡Qué crueldad cometió Jacob contra su hermano! El esposo o la esposa se vuelve cruel contra el otro. Largas historias de dolores podrían ser contadas por la gente en derredor nuestro.

Necesitamos arrepentirnos del engaño. Recordamos la historia de la trama de la madre y el hijo contra Esaú en Génesis 25. El viejo juego de "fingir" necesita ser corregido. El engaño debe ser detenido.

Necesitamos arrepentirnos de las promesas rotas. Jacob le dijo a Dios que sería fiel y lo honraría con todo lo que Dios lo bendijera. En Génesis 28, la visión de Dios y la escalera y los ángeles de Dios captaron la atención de Jacob, pero cuando ese fugitivo y atemorizado hijo de Isaac llegó a Padan-aram y se volvió próspero, se olvidó de Dios. Veinte años después, cuando regresaba a su tierra, se acordó.

Necesitamos arrepentirnos de idolatría. Génesis 35 nos cuenta la historia de los "dioses" en la familia de Jacob (v. 2). El pidió a su familia: "—Quitad los dioses extraños... Purificaos y cambiad vuestros vestidos."

III. Es donde nos damos cuenta de las bendiciones no merecidas

Dios hace mucho por nosotros. Si nosotros le abrimos nuestros corazones a él, las bendiciones de Dios se vaciarán sobre nosotros. *Dios nos da un nombre nuevo.* Jacob ya no sería llamado por ese nombre. De allí en adelante su nombre sería Israel, "un Príncipe de Dios". El era una nueva persona, un nuevo carácter. Dios nos deja tener un nuevo nombre y también una nueva naturaleza. El es capaz de hacer volver al cristiano mundano y también al pecador perdido. Dios quiere darnos las bendiciones de un nuevo nombre. *Dios nos da un nuevo día.* "Le salió el sol." Jacob tuvo un nuevo principio. Nosotros podemos tener también este amanecer de un nuevo día. Podemos ir en la luz de este nuevo día espiritual. Después de una obscura noche de lucha, Jacob pudo enfrentar a Esaú de nuevo. El hombre debe ir a Dios primero, y después puede enfrentar a otros con la ayuda de Dios. Las naciones no pueden resolver sus problemas, ni las familias, a menos que vayan a Dios primero. A menudo debemos admitir que necesitamos un nuevo día, un nuevo comienzo en las diferentes relaciones que sostenemos. *Dios nos da un recordatorio duradero.* "Y cojeaba de su cadera." Toda su antigua dependencia de la fuerza humana, sus designios y su herencia tuvieron que morir. Un ranchero cuenta de un caballo que no había sido domado. Una mañana, le puso la silla y lo dirigió a los pastizales, donde lo hizo correr duro, mientras arreaba el ganado todo el día. La cincha de la silla de montar había sido bien apretada en el caballo, al punto de que le salieron varias ampollas. Las heridas del caballo sanaron, pero cuando la silla de montar era puesta sobre él de nuevo, su oreja izquierda y el lado izquierdo de su cuerpo se crispaban y temblaban. Veinte años después el caballo todavía tenía las mismas reacciones. El recordaba su "día de agonía" y los lugares magullados en su cuerpo. Nunca olvidó su dolor cuando estaba bajo el control de su amo.

Jacob también recordaba. El no podía olvidar su noche de lucha con Dios. El lo hizo cojear de su cadera y Jacob recordaba. Dios tiene manera de recordarnos su dominio sobre nuestras vidas, y se nos recuerda nuestra profunda necesidad de su gracia, de Dios mismo. La respuesta a la vida no está en el camino del "yo", sino en el de Dios. Debemos confiar en él y entregarle nuestra vida.

Necesito una reunión de oración a la antigua, en la que me encuentre con Dios, donde me limpie de mis pecados y donde Dios me haga consciente de las bendiciones no merecidas. Todos podemos tenerlo. Y todos lo necesitamos, ¿no es verdad? ¿Empezará usted hoy con un compromiso de una vida de oración "a la antigua" por usted y por la causa de Dios?

Datos para el archivo:

Fecha: _____

Ocasión: _____

Lugar: _____

4

NUESTRO DEBER DE OBEDECER

Si andáis según mis estatutos..., poniéndolos por obra,
... Andaré entre vosotros. Levítico 26:1-13

Nuestra familia tuvo por más de catorce años un perrito color canela de piernas cortas. "Miel" nos encantaba, y nos obedecía en todo lo que el perro podía entender.

Tal vez Dios se pregunta por qué nosotros no lo obedecemos como los animales obedecen al hombre. Al Señor le agradaría vernos caminar en obediencia a él. De Levítico 26:1-13 surgen dos preguntas: "¿Cómo obedecer a Dios?" y "¿Por qué debemos obedecerlo?" Consideremos las preguntas en cuanto a nuestra obediencia a Dios.

I. ¿Cómo obedecer a Dios?

El libro de Levítico nos instruye sobre cómo podemos obedecerlo. Obedecemos a Dios poniéndolo primero en nuestra vida. El Señor es infinito, con todo el poder y toda la sabiduría. El es el Dios eterno. Sin embargo, el hombre puede no ser pronto para hacer lo que Dios pide. El hombre puede decidir hacerlo a su manera.

El pueblo en el tiempo de Moisés desobedecía a menudo al Señor. Tenían ídolos en lugar de Dios. Por ese peligro Levítico declara que el hombre no debe hacerse ídolos (26:1). Nosotros no hacemos ídolos como Israel lo hizo después de salir de la esclavitud de Egipto (Exodo 32), pero los ídolos todavía están entre nosotros.

El hombre tiene hoy su ídolo escogido; cualquier cosa que permitamos estar entre nosotros y Dios para quitar a Dios del trono de la vida es nuestro ídolo. La familia o nuestros trabajos pueden volverse ídolos. Las actividades deportivas se vuelven el dios de incontables personas. Todas esas cosas, en su debido lugar, pueden ser buenas, pero cuando les dejamos tomar el lugar de Dios, estamos desobedeciéndolo. Podemos obedecer a Dios dejándolo ser el primero, dándole a Dios su justo lugar como Señor de la vida.

También obedecemos a Dios al reverenciar su día y su casa. El versículo 2 de este capítulo nos recuerda "guardar sus días de reposo... y reverenciar su santuario". Hebreos 10:25 nos declara que no debemos abandonar la congregación de los santos. Dios quiere que nosotros tengamos un día y un lugar en el cual reunirnos con nuestros hermanos creyentes. ¡Qué renovación espiritual habría si el pueblo de Dios empezara a obedecerlo en este sentido! Si hiciéramos lo que Dios quiere que hagamos en este aspecto vital de nuestra vida espiritual, veríamos la sanidad llegar a nuestras ciudades y a nuestros países. Sí, obedecemos a Dios cuando vamos a su casa en su día.

Otra manera de obedecer a Dios es exaltar su Palabra. El versículo 3 dice que debemos andar en sus decretos, guardarlos y obedecerlos. Tres veces se hace énfasis a la Palabra de Dios. No sé da ningún peligro de "bibliolatría." ¿Conoce usted a alguien que le da demasiado tiempo a la Biblia y la exalta demasiado? Honramos a Dios cuando honramos su Palabra. Job 23:12 y Mateo 24:35 nos hacen un llamado a exaltar el libro de Dios.

Obedezcamos a Dios poniéndolo primero en la vida, reverenciando su día y su casa y viviendo por su Palabra.

II. ¿Por qué debemos obedecer a Dios?

Varios versículos en Levítico 26 mencionan muchas ventajas que recibimos por obedecer a Dios. La mayoría de nosotros queremos que Dios nos bendiga. Si lo obedecemos, él nos dice lo que hará por nosotros.

La prosperidad viene a los que obedecen a Dios. Los versículos 4, 9 y 10 hablan de las bendiciones agrícolas que vienen al pueblo de Dios si lo obedecen. Esa era una promesa a la nación hebrea. Ahora no podemos decirle a la gente de los desiertos de México o de las zonas heladas de la Patagonia, en Argentina, que si obedecen a Dios vendrán condiciones climáticas ideales y se acabará la sequía. Jesús dice que Dios "hace llover sobre justos e injustos." Sin embargo, sabemos que, más allá de nuestro entendimiento, esperan bendiciones espirituales a los que obedecen a Dios. La prosperidad del alma es una bendición segura que viene a los que obedecen al Señor.

La paz viene a los que obedecen al Señor. El versículo 6 dice: "Daré paz en la tierra; dormiréis, y no habrá quien os espante..." Dios dice que él nos dará paz. ¡Ese es un don fabuloso! Los psiquiatras, los pastores y los consejeros a veces no pueden ayudar a la gente a encontrar paz, pero Dios nos hará tener calma y seguridad cuando lo obedezcamos.

Recordemos la historia de Daniel. Fue echado en el foso de los leones por su obediencia a Dios. El Señor envió un ángel que cerró las bocas de los animales salvajes. Daniel durmió apaciblemente esa noche. Dios da paz a su pueblo. ¡Eso no tiene precio! La protección viene a los que obedecen a Dios. El versículo 6 continúa diciendo: "...Haré desaparecer las fieras dañinas de vuestra tierra..." No sabemos cuántas bestias el Señor apartó de las puertas de su pueblo en esos años, pero él quiere protegernos a nosotros ahora.

La bestia salvaje de la bebida está destruyendo millones de vidas hoy día. La revista *Time* publicó un artículo titulado "Alcohólicos de a medio litro." La revista citaba al Concilio Nacional sobre el Alcoholismo que declara que 100.000 muchachos de entre diez y once años se emborrachan cuando menos una vez a la semana, y 3.3 millones de adolescentes tienen serios problemas con la bebida. El licor y las drogas devoran a nuestros países; con todo, Dios dará protección de esas bestias salvajes de la destrucción a todos los que lo obedecen.

El poder sobre nuestros enemigos viene a los que obedecen a Dios. Vea los versículos 7 y 8. Cinco hombres harían huir a un centenar. En la historia de Gedeón un centenar hizo huir a 10.000 (Jueces 7, 8). Satán y sus fuerzas caerán en derrota abismal, pero nosotros podemos tener un anticipo ahora de la victoria final.

La presencia de Dios está con los que lo obedecen. El versículo 12 dice: "Andaré entre vosotros..." El mora entre nosotros. Así lo hizo con Moisés. "Mi presencia irá contigo" es una promesa al pueblo de Dios. Muchos creyentes testifican de la presencia de Dios cuando están "en la cumbre de la montaña". Necesitamos saber que Dios también está con nosotros cuando vamos a los valles más profundos. Cuando la vida se derrumba sobre nosotros Dios no abandona a su pueblo. Cuando un miembro de la familia muere de cáncer, cuando uno pierde el trabajo, cuando la cuenta del banco se agota o se desvanece (como pasó con Simón Pedro, con Pablo y hasta con David), todavía tenemos la palabra afirmadora de que Dios permanece con nosotros. Y esto nos eleva de la desesperación a la esperanza. ¿No somos fortalecidos por la presencia de Dios con nosotros en todas las circunstancias de la vida? ¡Qué gran Dios tenemos!

Sí, obedezcamos al Señor. Hagamos este compromiso de empezar este día a andar en obediencia a él. Que Dios sea con usted.

Datos para el archivo:
Fecha: _____
Ocasión: _____
Lugar: _____

5

EL CAMINO DEL EXITO

Y Jehová dijo al pueblo: —Purificaos, porque mañana Jehovah hará maravillas entre vosotros.
Luego Josué habló a los sacerdotes diciendo: —Tomad el arca del pacto y pasad delante del pueblo. Entonces tomaron el arca del pacto y fueron delante del pueblo. Josué 3:5, 6

Un nombre que aparece en muchos libros de oratoria es el de Demóstenes, un antiguo orador griego. Cuando Demóstenes se presentó por primera vez ante una asamblea de griegos tenía una voz débil y tartamudeaba al hablar. El pueblo se rió de él a carcajadas y finalmente dejó de hablar y se alejó de la plataforma. Sin embargo, Demóstenes no se dio por vencido cuando falló por primera vez como orador. El perseveró. Más tarde, cuando el rey Filipo de Macedonia, el padre de Alejandro Magno, empezó a atacar a Grecia, declaró: "Temo más los discursos de Demóstenes que a todos los ejércitos de Grecia."

En el texto leemos cómo la nación hebrea había fracasado. Ellos podían haber marchado directamente a la tierra prometida después que dejaron Egipto, pero como dudaron de Dios dieron vueltas y vueltas en el desierto por cuarenta años. Ellos conocieron el fracaso.

Usted y yo también conocemos el fracaso. Tambaleamos, caemos y nos magullamos. Pero no tenemos que rendirnos. Podemos triunfar. Podemos ganar. El éxito es posible en la vida de la iglesia, así como en la escuela, el hogar, los negocios y en todo aspecto.

¿Qué nos permite tener éxito?

I. La presencia de Dios nos da el éxito

Todos necesitamos a Dios. Por supuesto, algunos pueden tener lo que llaman "éxito" sin Dios. Pero el éxito para hoy y el éxito para la eternidad sólo vienen cuando permitimos a Dios estar en el centro de nuestra vida.

22

Josué escuchó la promesa del éxito con estas palabras: "¿No te he mandado que te esfuerces y seas valiente? No temas ni desmayes, porque Jehovah tu Dios estará contigo dondequiera que vayas" (Jos. 1:9). Más adelante, cuando Josué llegó al puesto de líder, Dios le dijo: "Como estuve con Moisés, así estaré contigo" (Jos. 3:7). Las multitudes hebreas acampaban cerca del río Jordán. Moisés había muerto. Josué se preparaba ahora para dirigirlas a cruzar el Jordán. Dios dio instrucciones que el "arca del pacto" fuera llevada por los sacerdotes hasta la orilla del río Jordán. Era llamada "el arca del pacto" porque los diez Mandamientos o el "Pacto" estaba adentro de la caja. En ella también había un poco de maná que le recordaba al pueblo cómo Dios los había alimentado en el desierto. También estaba la vara de Aarón que floreció, que era un recordatorio del "sacerdocio continuo" de los levitas. Cuando los sacerdotes levantaron el arca y caminaron hacia el río Jordán, la presencia de Dios fue con ellos. Uno de los salmos dice: "Como Jerusalén tiene montes alrededor de ella, así Jehovah está alrededor de su pueblo" (125:2).

La presencia de Dios nos da inspiración, esperanza, instrucción y éxito. Dos equipos de fútbol llegaron a las finales del campeonato. El padre de uno de los jugadores falleció la semana del encuentro. Todos pensaban que el joven jugador no podría jugar, pero lo hizo. La gente no lo había visto jugar como lo hizo en ese juego que su equipo ganó. Cuando le preguntaron cómo había podido jugar de esa manera, el joven contestó: "Mi papá está en el cielo y yo pensé que tal vez él podía verme jugar. ¡Y jugué para él!"

Si encontramos inspiración de un padre terrenal, cuánto más podemos encontrar la inspiración de Dios para tener éxito.

II. La pureza de vida es una clave para el éxito

En Josué 3:5 leemos que Dios dijo al pueblo: "Purificaos." La palabra purificaos significa que debemos ser santos, justos, limpios. Fíjese en la palabra "vosotros." Esto significa que todos nosotros debemos ser santificados o apartados como el pueblo santo de Dios. El texto habla no solamente a Josué, a los sacerdotes y a los comandantes que marchaban entre el pueblo, sino que se refiere a todos los hebreos, desde el más viejo hasta el más joven.

Dios requiere nuestra pureza, nuestra santidad. Levítico 20:26, y 1 Pedro 1:16 declaran: "Me seréis santos, porque yo,... soy santo..." Isaías 52:11 dice: "¡Purificaos, los que lleváis los utensilios...!"

Recuerde esa parte tan interesante de la vida de José. El había sido vendido por sus hermanos y llevado a Egipto. José había sido calumniado y puesto en prisión. Luego un día el faraón de Egipto tuvo un sueño que ninguno de los magos pudo interpretar. Entonces alguien recordó que José había interpretado otros sueños y lo llamaron. Génesis 41:14 dice que antes que José fuera ante el faraón se preparó. Dice: "Se afeitó, se cambió de ropa..." ¿Por qué? Porque José tenía que comparecer ante el rey de Egipto. Cuánto más necesitamos estar limpios cuando nos presentamos ante Dios. *La pureza es justa para nosotros.* Necesitamos "santificar" la vida porque esta es una ventaja personal para nosotros. Esta pureza espiritual nos hace saludables. Nos da muchos beneficios. *El camino de la inmoralidad es destructivo para la vida.* El camino de la impureza personal, del pervertido estilo de vida de los homosexuales, de las drogas, del alcohol y la impiedad, todos destruyen la vida. Las naciones gastan miles de millones de dólares para la investigación y el tratamiento del SIDA. Una plaga de inmoralidad cuesta mucho en dinero y en vidas.

III. La participación de cada miembro en la obra de Dios es una clave para el éxito

Volvemos a leer en Josué 1:13-16 que las doce tribus de Israel habían llegado a las márgenes del Jordán. Los nombres de las doce tribus vinieron de los doce hijos de Jacob, como usted recordará. Ahora dos tribus y media iban a heredar la tierra al lado oriental del río Jordán. Rubén, Gad, y la media tribu de Manasés habían demarcado la tierra allí para ellos. Pero aquí hay algo interesante de esas dos tribus y media: ¡Ellas cruzaron también el río!

Esto habla fuertemente a la iglesia. La participación de cada miembro es vital para el éxito. Todos los maestros son importantes, cada miembro del coro es importante, los diáconos son importantes, los ujieres son necesarios, y "los que llenan las bancas" son vitales.

¿Puede imaginarse a un equipo de fútbol que va a un juego y dos o tres jugadores deciden que el equipo puede funcionar sin ellos? Uno de ellos le dice al entrenador: "Ahora me voy a sentar aquí nomás." El defensa dice: "Voy a faltar a uno o dos juegos." Un delantero dice: "No me necesita, ¿verdad?" Eso no funciona. El éxito realmente viene cuando todos decimos: "¡Entremos al juego!"

IV. El poder de Dios en medio de nosotros trae el éxito

Leemos en Josué 3:5 estas palabras que nos sobrecogen: "...porque mañana Jehovah hará maravillas entre vosotros." Es decir, Dios va a hacer obras poderosas en medio de nosotros. *Necesitamos el poder de Dios para triunfar.* Hay obstáculos en el camino. En el caso de los hebreos era el río Jordán. Ellos no tenían barcas, ni podían construir puentes sobre el río. Era primavera y el río inundaba las márgenes. Urgía una solución.

Del Señor vinieron las instrucciones. Los sacerdotes bajaron a la orilla del agua con el arca y el agua dejó de correr. Dios se hizo cargo de la situación imposible. Un rico comentario sobre esa experiencia, así como de la libertad de los hebreos cuando salieron de

Egipto, se encuentra en el Salmo 114. En el versículo 5 el escritor
se mofa del mar Rojo y del río Jordán. El preguntó por qué el mar
Rojo se abrió. ¿Por qué el río Jordán se "volvió atrás?" ¿Por qué
sufrió de alguna dolencia y no pudo seguir fluyendo? La respuesta
es el poder de Dios liberado en ese momento. Dios hizo una obra, y
Dios quiere hacer una obra en su vida y en la de esta iglesia también. ¡Pidámosle que la haga!

*Necesitamos el poder de Dios cuando vienen los retrocesos y las
luchas.* Al pueblo de Dios le vienen tiempos difíciles. Enfrentamos
enemigos, enfrentamos fracasos. Note en Josué 3:10 que los enemigos de los hebreos habían ocupado la tierra. El enemigo puede estar
herido mortalmente, pero todavía está en medio de nosotros.

¿Qué haremos cuando vengan los tiempos difíciles? Pablo decía:
"...de fuera, conflictos; de dentro, temores" (2 Cor. 7:5). Eso todavía
nos azota. Nuestra respuesta es Dios. En el mundo enfrentamos
tentaciones, pruebas y montes que subir, pero no debemos
rendirnos. Hay un himno que dice así:

> "¿Hay ríos que cruzar no puedes,
> y montañas que son impenetrables?
> Dios se especializa en imposibles.
> El hace lo que ningún poder puede."[1]

V. Cumplir nuestro propósito misionero es la clave del éxito

Tenemos muchas razones para juntarnos: Compañerismo, estudio de la Palabra de Dios, alentarnos unos a otros, alabar al Señor.
Pero recordemos que ante todo nuestro propósito es misionero.

Dios llamó a Abraham para bendecir al mundo. Dios hizo a
Abraham un misionero. La razón de existir de la nación hebrea fue
para ser "luz de las naciones". Jesús vino como "la luz del mundo".
Debemos anunciar la gloria de Dios. Debemos dar las buenas
nuevas de salvación y redención de Jesucristo desde "Jerusalén...
hasta lo último de la tierra". Triunfamos cuando predicamos el
evangelio de Jesucristo por toda manera posible.

Las "puertas misioneras" están abiertas para nosotros donde
estamos. ¿Estamos listos para el desafío? ¿Estamos preparados
para ser el pueblo triunfador de Dios en cada aspecto de la vida?
¿Queremos éxito? ¿Dejaremos que Dios nos use como sus instrumentos para cumplir su voluntad? ¿Haremos realmente esto?

---

1 Oscar Eliason, "Got Any Rivers", 46 *Youth Favorites*. (Singspiration, Inc.).
Traducción libre del autor.

Datos para el archivo:

Fecha: _____

Ocasión: _____

Lugar: _____

6

¿CUANDO NOS PORTAMOS NECIAMENTE?

Entonces Saúl dijo: —He pecado... He aquí que he actuado
neciamente y he cometido un grave error. 1 Samuel 26:21

¿Ha hecho usted alguna vez algo realmente tonto, verdaderamente necio? No nos gusta reconocerlo, pero lo hemos hecho. El rey Saúl y 3.000 de sus soldados habían perseguido a David por el desierto de Zif. En las maniobras para encontrarlo y matarlo, Saúl se había cansado. El y sus hombres se echaron y se durmieron. David encontró al rey dormido con su lanza clavada en tierra y una vasija de agua cerca. David tomó la lanza y el agua, se alejó y llamó al rey. Este despertó y comprendió que David podía haberlo matado. Saúl dijo: "He actuado neciamente..."

¿Cuándo actuamos neciamente?

I. Cuando no usamos nuestras capacidades para la gloria de Dios

En 1 Samuel 9 leemos que Saúl tenía muchas capacidades. Podía haberlas usado para glorificar a Dios, pero no lo hizo. ¿Conoce usted a gente como esa? Un día lloré ante la tumba de un amigo que murió como alcohólico antes de llegar a los cincuenta años de edad. Podía tocar instrumentos musicales y tenía una voz hermosa. Tenía inteligencia y podía haberse convertido en una persona que valiera la pena, pero todo lo desperdició y murió joven.

Hemos sido dotados con la capacidad de hablar, de cantar y de testificar. Muchas personas son muy inteligentes, pero contaminan su mente con literatura sucia. Algunos tienen cuerpos fuertes, pero los usan mal. El epitafio en las tumbas de tales personas podría ser: "Me he comportado neciamente."

II. Actuamos neciamente cuando permitimos que el mal continúe en la vida

En el capítulo 15 de este libro leemos que Dios le dijo a Saúl que se librara de los amalecitas. Esos amalecitas continuaban atacando al pueblo de Dios, pero cuando Saúl y su ejército lucharon contra ellos, Saúl perdonó la vida al rey Agag. Agag representaba todo lo que era malo, y Saúl dejó que el mal continuara en la vida.

El mal de la rebelión se deja para seguir su curso en las vidas de algunas personas. Saúl escuchó a Samuel decir: "...la rebeldía es como pecado de adivinación...." (1 Sam. 15:23).

El mal de echar la culpa sobre otros sigue en la vida. Cuando Samuel enfrentó a Saúl y le preguntó por las ovejas y el ganado, el rey dijo: "El pueblo tomó del botín ovejas y vacas,... para sacrificarlas a Jehovah..." ¿Decidía el pueblo lo que el rey debía hacer? ¡Jamás! El sencillamente los culpaba por su propia rebelión.

Un día una dama hizo un pastel. Le advirtió a su hijo que no tocara el pastel mientras la familia iba al pueblo. Pero el muchacho probó el pastel una vez y luego otra. La forma del pastel quedó arruinada. Entonces el muchacho levantó al gato y puso las patas del gato sobre el pastel y luego dejó al animal en la cocina. El gato recibió la culpa por destruir el pastel y sufrió el castigo. Culpamos a otros de nuestros fracasos. Culpamos a otros cuando ocurren dificultades en la iglesia. ¡Sencillamente actuamos como el rey Saúl!

El mal de querer recibir honra sigue en la vida. Saúl le dijo a Samuel: "...hónrame, por favor, en presencia de los ancianos de mi pueblo..." (1 Sam. 15:30). El debiera haberse arrepentido, pero no lo hizo. Hasta en este pecado Saúl quiso ser exaltado.

El mal de fingir consagración sigue a menudo. Saúl fingió que él adoraría al Señor en medio de su desobediencia a Dios (1 Sam. 15:30). ¡Qué burla! ¡El tenía una religión falsa!

III. Cuando sentimos celos de otros

Saúl lo tenía todo. No le faltaba nada. Era rey. Todos los recursos de la tierra estaban a su disposición, pero él quiso toda la gloria.

El tiempo pasó. Los filisteos vinieron a atacar al pueblo de Dios. Los filisteos tenían un gigante llamado Goliat. Entre el ejército de Dios y los filisteos ocurrió un empate. David apareció en escena. Ya conocemos la historia. David derrotó a Goliat. Las mujeres cantaron, "Saúl hirió a sus miles, y David a sus diez miles." Y Saúl no pudo soportar el éxito de otro. Desde ese tiempo en adelante, el rey trató de matar a David. El le tiró su lanza al joven pastor. Hasta mató 85 sacerdotes del pueblo de Nob con sus familias por haber favorecido a David. Los quemó a ellos y a sus posesiones. El actuó neciamente por causa de los celos.

¿Tiene usted problema con los celos? Tal vez alguien es más popular o tiene mejores promedios de calificación o tiene mejor empleo. Tenga cuidado. Los celos pueden llevar a malas obras. Cantares 8:6 declara: "Duros como el Seol [son] los celos (RVR)."

IV. Cuando buscamos respuestas para la vida en las religiones falsas

En 1 Samuel 28 leemos la terrible historia de Saúl y la hechicera de Endor. El Señor no le había contestado a Saúl. Entonces éste buscó a una hechicera, aunque aquello estaba prohibido por Dios. Saúl consultó con esa perversa mujer en vez de humillarse ante Dios.

¿Qué acerca de los horóscopos de hoy? ¿Qué acerca de las bolas de cristal y de los que leen la palma de la mano? ¿Qué acerca de la adoración a Satán con todas sus aberraciones, y de la astrología, las sectas, y la magia negra? Dios condena todo eso, porque es apartarse de él. Actuamos neciamente cuando usamos esos recursos necios para ayuda y dirección espiritual, en vez de recurrir a Dios.

V. Cuando terminamos la vida sin Dios y sin esperanza

Recordemos la historia de la muerte de Saúl. Los filisteos atacaron a Saúl y a su ejército en Gilboa, aniquilando prácticamente al ejército. Al arreciar el ataque del enemigo, Saúl fue herido por una flecha. El tomó su propia espada y se mató. El enemigo mató a sus hijos. Saúl fue decapitado y despojado de su armadura, y su cuerpo fue clavado en el templo pagano del enemigo. La gloria se apartó de Israel, y la vida de Saúl terminó en desesperación y vergüenza.

Una vez un rey tenía un siervo que él pensaba que era el hombre más tonto que había visto. Un día el rey le dio a su siervo su propio cetro y le dijo que encontrara a un hombre más tonto que él. El debía darle el cetro a ese hombre. El hombre "más tonto" no pudo ser encontrado. Después de años de vagar, el siervo regresó finalmente a la corte de su amo. Al enterarse de que el rey estaba muy enfermo se entristeció mucho. El rey le dijo a su siervo que iba a emprender un largo viaje. El siervo le preguntó que cuánto hacía que sabía acerca del viaje. El rey dijo que toda su vida había sabido que haría este viaje fuera de este mundo. El siervo preguntó qué preparativos había hecho para el viaje. El rey contestó: "Ninguno." El siervo respondió: "Entonces tome usted el cetro, porque usted es el hombre más tonto que yo he conocido."

No tenemos que ser tontos. No necesitamos actuar neciamente en la vida. Podemos ser sabios. Podemos aceptar la vida de Dios en Cristo y vivir para la gloria de Dios.

Datos para el archivo:

Fecha: _____

Ocasión: _____

Lugar: _____

7

AYUDA PARA EL DESALENTADO Y EL DEPRIMIDO

David y sus hombres llegaron a la ciudad, y he aquí que estaba incendiada y que sus mujeres, sus hijos y sus hijas habían sido llevados cautivos. 1 Samuel 30:3

Cuando Abraham Lincoln ejercía la abogacía llegó a abatirse y dijo: "Me siento el hombre más miserable del mundo."

La gente grande, y también la gente común, llega a sentirse desalentada y abrumada. Juan el Bautista, Elías, Simón Pedro y otros enfrentaron días de depresión. Los psiquiatras dicen que la enfermedad predominante en nuestros días es la depresión, que en ocasiones alcanza proporciones epidémicas. Una persona de cada diez agoniza en las profundidades de la desesperación. Veinticinco por ciento sufre de depresión moderada. Cada iglesia, negocio, o sociedad, tiene algunas personas que ya no se sienten "en la cumbre del mundo". Examinemos este problema de desaliento y depresión.

I. Podemos descubrir las razones para el desaliento

Una fe débil permite que ocurra el desaliento. 1 Samuel 27:1 dice: "David dijo en su corazón: 'Ahora bien, algún día voy a perecer por la mano de Saúl...' " El temblaba y admitía que le faltaba confianza. Dios había cuidado de él antes. Un león y un oso se habían convertido en sus trofeos. Hasta Goliat había caído a los pies de David. Se hizo más viejo, más sabio y más poderoso. Sin embargo, se cuestionaba si Dios podría salvarlo de Saúl.

Los problemas nos atacan y pueden debilitar nuestra fe. Pero, ¿no está Dios todavía con nosotros? El nos ha dado a Jesús... las Escrituras... al Espíritu Santo... y la iglesia. Y con todo, la fe a menudo parece muy frágil. En tiempos así, cuando nuestra fe se debilita, es que nos abatimos.

Vivir con la compañía equivocada abre la puerta al desaliento. David enfrentó a Saúl diciendo: "Nada, por tanto, me será mejor que fugarme a la tierra de los filisteos" (1 Sam. 29:1). Los filisteos eran enemigos de Dios. ¡Y también de David! Sin embargo, él vivió entre ellos por dieciséis meses. La estrategia que David usó es peligrosa. Nos susurra: "¡Deja la iglesia! ¡Vuélvete mundano!" ¿Y luego qué sucede? El resultado probable es el desaliento o la depresión.

Tenemos docenas de cristianos en cada iglesia que padecen de desaliento porque han huido al campo de los filisteos. El campo del enemigo no es lugar para el pueblo de Dios.

Una gran pérdida o retroceso producen desaliento. Mientras David vivía entre los filisteos decidió atacar otra fuerza enemiga cercana. Mientras estaba fuera, los amalecitas atacaron su campamento y se llevaron los familiares de David y de sus hombres. El campamento de David fue quemado y él sufrió una gran pérdida.

El desaliento nos ataca cuando perdemos lo que llamamos nuestro. Problemas financieros, separación familiar, muerte, y la pérdida de la buena salud hacen que la gente se sienta desalentada. Las inundaciones barren las tierras agrícolas y destruyen las ciudades. El fuego devora lo que tenemos y la depresión sobreviene.

La crítica trae desaliento. Los soldados de David empezaron a criticarlo cuando perdieron sus familias y sus bienes. Culparon a David por lo que el enemigo había hecho. Quisieron apedrearlo y David se angustió mucho (1 Sam. 30:6).

Una manera rápida de desalentar a otro es criticándolo. Vuélvase quisquilloso... encuentre faltas... quéjese... sea negativo... enójese. Señale "sus faltas". ¡Y entonces se hundirán!

Mark Twain, un famoso humorista y autor, se casó con una cristiana radiante. El empezó a criticar la fe de su esposa, su Biblia, su iglesia. Los años pasaron. La esposa enfermó gravemente. Durante su fatal enfermedad, Mark Twain le dijo, "Querida, ten fe. Confía en el Señor. ¡Cree!" Ella contestó, "No puedo. ¡Hace mucho que destruíste mi fe!"

Seamos cuidadosos en la manera de tratar a los miembros de nuestra iglesia, a nuestras familias y a nuestros vecinos.

II. Podemos descubrir un remedio para el desaliento

La fe en Dios es la piedra fundamental para la recuperación. Primero de Samuel 30:6 dice: "Pero David se fortaleció en Jehovah su Dios." Piense en la grandeza de Dios. En su bondad, en su poder, en sus provisiones. Pidámosle que renueve nuestra fe y nuestra confianza.

> No hay que temer,
> Ni que desconfiar,
> En los brazos de mi Salvador.[1]

---

1 Elisha A. Hoffman, "Dulce Comunión", No. 319 H. B. (El Paso: Casa Bautista de Publicaciones).

También podemos usar el recurso de la oración. 1 Samuel 30:7, 8 dice que David le pidió a Abiatar que trajera el efod. Esa vestimenta como chaleco era usado por los sacerdotes cuando oraban. David "consultó a Jehovah". Nosotros podemos también. Si tenemos problemas y estamos desalentados debemos probar el sendero de la oración. Muchas personas han sido alentadas y dirigidas al camino de regreso por la oración. Como David necesitamos orar si queremos la victoria sobre la desesperación. El canto *¡Oh, qué amigo nos es Cristo!*, tiene palabras para animarnos:

> ¡Oh, qué amigo nos es Cristo!
> El llevó nuestro dolor
> Y nos manda que llevemos
> Todo a Dios en oración.[2]

Necesitamos ir a trabajar. David recibió órdenes directamente de Dios. Dios dijo: "Ve tras esos amalecitas que han invadido tu campamento."

Un equipo de fútbol estaba perdiendo un partido. El entrenador del equipo que perdía se mantenía gritándole a los defensores, "¡Pasadle la pelota a Jorge!" Ellos le gritaron en respuesta: "¡Jorge dice que no quiere la pelota!" Todos debemos tener la pelota y entrar al juego. El hogar necesita la cooperación de cada miembro. Un negocio necesita del apoyo de los obreros. Una iglesia necesita a todos sus miembros para contribuir a su bienestar. El trabajo es vital para recuperarse de la depresión.

Al trabajar descubrimos ayuda de fuentes inesperadas. Los cuatrocientos hombres de David cruzaron el torrente de Besor dejando atrás doscientos soldados agotados. Mientras los cuatrocientos soldados perseguían a los amalecitas encontraron a un egipcio que había sido abandonado por los amalecitas para que muriera (1 Sam. 30). Le dieron agua, pan, pasas y masa de higos secos. Entonces él le dijo a los hombres de David a dónde se habían ido los hombres con toda la gente y las posesiones de David. David y sus hombres alcanzaron al enemigo y recuperaron todo lo que les pertenecía.

Necesitamos darle la gloria a Dios. David dijo: "Jehovah,... nos ha guardado, y ha entregado en nuestra mano a los... que vinieron contra nosotros" (1 Sam. 30:23). David le dio a Dios la gloria.

¡La recuperación espiritual está en camino! Tomémosla y alabemos al Señor juntos. Puesto que Dios es triunfante, podemos tener recuperación. Tenemos un camino para salir de la depresión y del desaliento. ¡Vivamos en el camino elevado de ahora en adelante!

---

2 Joseph Scriven, "¡Oh Qué Amigo Nos Es Cristo!", No. 409 H.B. (El Paso: Casa Bautista de Publicaciones).

Datos para el archivo:

Fecha: _____

Ocasión: _____

Lugar: _____

8

LA PRIORIDAD DE LA ALABANZA

...6.000 para ser oficiales y jueces, y 4.000 para ser porteros.
Otros 4.000 han de alabar a Jehovah... 1 Crónicas 23:4b, 5a

Hace varios años David Wilkerson llegó a ser conocido por su libro *La cruz y el puñal* y por la película que hicieron basada en el libro. David Wilkerson trabajaba en los barrios bajos de varias ciudades principales. Un día, al caminar por una "zona peligrosa" en la ciudad de Nueva York, una pandilla empezó a aproximarse a él. Al principio, el temor se apoderó de su corazón. Luego, Wilkerson palmeó sus manos y gritó: "¡Alabado sea el Señor!" Cuando eso pasó, la pandilla se detuvo repentinamente, se dio vuelta y corrió.

En 1 Crónicas capítulo 23 tenemos un festival de alabanza. David designó a 4.000 cuyo trabajo era tocar sus instrumentos musicales y alabar al Señor. La alabanza al Señor se convirtió en su prioridad. En nuestra lista de prioridades necesitamos colocar la alabanza. Encontramos muchas razones para alabar al Señor.

¿Por qué alabamos a Dios?

I. Porque él es Dios

El es soberano. El es el Señor de la vida. Dios llamó a David del aprisco de las ovejas para convertirse en rey de su pueblo. Esta fue la obra de Dios en la vida de David. Los años pasaron. En el texto leemos que David había llegado a ser un hombre de setenta años de edad. Pronto iba a morir. Había gobernado a Israel por cuarenta años. Y ahora Dios tenía un reemplazo en su hijo Salomón. Como David y Salomón, debemos hacer de la alabanza al Señor una prioridad, porque él es Dios.

El Señor soberano continúa obrando sus asuntos en las vidas de su pueblo. Nosotros no podemos poner a Dios a un lado. Las naciones pueden "desembarazarse" de Dios por un tiempo, pero él siempre está en su trono. En su mano está el torbellino y la tormenta; el levantamiento y caída de las naciones; el establecimiento

32

de reyes y presidentes y el destronamiento de ellos. El Señor puede parecer no estar "en control" porque siempre permite al hombre su libre albedrío. Pero nunca olvidemos que Dios siempre está en control y debemos alabarlo por eso.

En el año 313 d. de J.C. Julián el Apóstata murió en el campo de batalla. Ese emperador había tratado con todo su fervor de borrar la causa de Cristo y destronar a Jesús como Señor. Cuando su sangre fluía de su cuerpo, él dijo jadeante las palabras: "Has vencido, galileo." El Señor siempre vence. Debemos alabarlo por ser el Dios que permanece como Señor de todo.

II. Porque él tiene cuidado de su pueblo

A lo largo de toda la vida de David vemos la mano de Dios sobre la vida de ese hombre escogido. El preparó a David durante los años de su juventud. Vemos a Dios protegiendo a David cuando enfrentó a un oso y a un león, y al matar a un gigante. Le vemos a Dios cuidando de David cuando Saúl trató de matarlo una y otra vez. Saúl hasta trató de usar a su propia hija para matar a David, pero Dios lo cuidó siempre.

El libro de los Hechos registra la historia de Dios usando a alguien para salvar la vida de Pablo. Un grupo de cuarenta hombres conspiraban para matarlo (Hechos 23). Un sobrino de Pablo alcanzó a escuchar el plan y lo contó a Pablo, que lo envió a pedir ayuda al tribuno romano. El mismo principio se aplica todavía. Dios usa la gente para llevar adelante sus planes hasta que sus propósitos han sido cumplidos en nuestras vidas. Una canción dice: "No te desalientes pase lo que pase. Dios cuidará de ti." ¡Qué consuelo saber que el Señor nos ama y cuida de nosotros! Cualquier persona puede relatar experiencias personales en las que Dios ha obrado para cuidarlo. ¡Por esa razón debemos alabar al Señor!

III. Porque él nos da sanidad y salud

El Salmo 103:1-3 habla de la obra de Dios en nuestro favor. David también dice: "Envió su palabra y los sanó." Dios sanó a los israelitas cuando fueron mordidos por serpientes. El también les dio sanidad. Nosotros oramos, esperamos y anhelamos, pero no podemos ordenarle a Dios, porque él es Señor sobre toda la vida. El sanó a Ezequías (Is. 38). Tal vez no era la perfecta voluntad de Dios que Ezequías sanara; Ezequías vivió para tener otro hijo llamado Manasés, que llegó a ser el rey más pecaminoso de Israel, "que pasó a los hijos de Israel por fuego". Pero Dios no levantó a Ezequías de acuerdo con la petición del profeta.

El Señor nunca sanó a Pablo de su "aguijón en la carne". Casi al fin de su vida Pablo dejó enfermo a Trófimo en Mileto (2 Tim.

4:20). David se puso grave a los setenta años y el Señor no lo levantó ni lo dejó vivir más. Pero alabamos al Señor en nuestra enfermedad y en nuestra salud. El sigue siendo nuestro sanador y un día él resucitará a su pueblo a salud y felicidad eternas.

IV. Por su gloria que nos rodea

David dijo: "Los cielos cuentan la gloria de Dios..." (Sal. 19:1). El había testificado de la gloria de Dios muchas veces. Un día Salomón construyó el templo. La gloria de Dios la llenó cuando fue dedicado. El libro segundo de Crónicas nos relata el acontecimiento. La gloria estaba en todas partes.

Y ahora Dios nos llena a nosotros, su nuevo templo, con su presencia, con su *Sekinah*. Su Espíritu Santo vive en nosotros para que la gloria de Dios pueda ser experimentada por todos nosotros. En los días del Nuevo Testamento, la iglesia del Dios vivo sabía lo que era ser envuelta con la presencia de Dios. El Señor quiere que su gloria llene nuestras vidas una y otra vez. Nosotros podemos ahora abrir nuestras vidas a Dios, dejarle llenarnos con su presencia y alabarlo por lo que él hace en nosotros y a través de nosotros.

V. Por su gloria futura

Cuando nuestro día se complete sobre la tierra, el día eterno empezará entonces para nosotros. El Salmo 73:24 declara: "Me has guiado según tu consejo, y después me recibirás en gloria." David al fin de su vida podía alabar al Señor porque él pronto contemplaría al Rey en su gloria. ¿Y cómo supone usted que sería? Una "muestra" se ve cuando el Señor llevó a Pablo al tercer cielo, donde vio y escuchó cosas que él no podía contar al regresar a la tierra. Un vislumbre de la gloria de Dios se ve en la transfiguración de Jesús y también del Señor después de su resurrección. Vemos esa gloria revelada en Apocalipsis cuando Juan ve a Cristo el Señor. Esa va a ser la vida futura del pueblo de Dios. Y por esta razón podemos alabar al Señor.

Usted y yo necesitamos avivar nuestras alabanzas al Señor. Uno de los salmos declara: "Siete veces al día te alabo..." (Sal. 119:164). Esa es alabanza perpetua que necesitamos practicar hoy en día. ¿Lo estamos haciendo?

Datos para el archivo:

Fecha: _____

Ocasión: _____

Lugar: _____

9

COMO TENER UN AVIVAMIENTO

Si se humilla mi pueblo sobre el cual es invocado mi nombre, si oran y buscan mi rostro y se vuelven de sus malos caminos, entonces yo oiré desde los cielos, perdonaré sus pecados y sanaré su tierra. 2 Crónicas 7:14

Las letras rojas en el Nuevo Testamento nos recuerdan que Jesús habló esas palabras.

Si tuviéramos el Antiguo Testamento con letras rojas, seguramente las palabras de 2 Crónicas 7:14 estarían en rojo. Dios nos habla en este texto. Por supuesto él nos habla a lo largo de toda la Biblia. Sin embargo, en este versículo Dios contesta la oración de Salomón y le dice personalmente que si su pueblo se arrepiente puede regresar a él y tener un gran despertar espiritual.

¿Cuándo vendrá un avivamiento?

I. Cuando nos volvamos humildes

La humildad significa un espíritu de quebrantamiento, de mansedumbre y de contrición. El Señor quiere que veamos nuestro valor, pero al mismo tiempo nos invita a tener mansedumbre.

La grandeza de Dios debiera llevarnos a la humildad. En ese tiempo, Dios se reveló a su pueblo. Cuando llegó el momento de la dedicación del templo, centenares de músicos, de sacerdotes, de porteros y de sirvientes empezaron a desfilar hacia el templo. Cuando lo hicieron, Salomón se arrodilló en oración y repentinamente el lugar se llenó con la gloria del Señor y Dios les habló. La gente se humilló ante la majestad de Dios.

Si nosotros pudiéramos tener un vislumbre de la gloria ilimitada y del infinito poder de nuestro gran Dios, caeríamos sobre nuestros rostros en humildad como millares lo hicieron ese día. Dios es tan grande que Salomón declaró: "...los cielos y los cielos de los cielos no te pueden contener..." (2 Crón. 6:18). Dios es grande. ¡Oh, es muy grande! Esa grandeza nos hace ver nuestra pequeñez.

¿Ha estado alguna vez cerca de una persona físicamente fuerte? Yo crecí con William Franques, que murió a los 17 años de edad. William podía asirse de una barra y levantarse cien veces con la pura fuerza de sus brazos, y sin cansarse. Podía montar en bicicleta por millas y pedalear durante horas. Podía nadar, boxear, jugar al fútbol y trabajar todo el día en el campo de algodón y nunca parecía cansarse. El era un espécimen de hombre casi perfecto. Y cuando yo me acercaba a él, siempre me sentía muy humilde. Acerquémonos a Dios y nuestro orgullo se desvanecerá.

Nuestros fracasos nos llevan a la humildad. Salomón era un hombre dotado. Sin embargo, él fracasó miserablemente vez tras vez. Nuestros fracasos debieran hacernos humildes.

En Nínive, Jonás predicó durante cuarenta días, prediciendo al pueblo que serían castigados por causa de sus pecados. Desde el rey hasta el más humilde se pusieron "en saco y cenizas". Dios los perdonó. La humildad es el primer paso para el avivamiento.

II. Cuando oremos y busquemos a Dios

El texto nos habla duro: "Si se humilla mi pueblo... y oran y buscan mi rostro..."

Necesitamos orar por nosotros mismos. Salomón lo hizo. Se puso de rodillas y oró por su propia vida. Un canto declara: "No mi hermano ni mi hermana sino yo, Señor, necesito la oración." Jesús dice: "...cuando ores, ... cierra la puerta... " (Mat. 6:6). Debemos ir a nuestra recámara y cerrar la puerta. Aquí es donde empezamos.

Necesitamos orar por otros. Un evangelista tenía una abuela que oraba por tres hijos. Los dos hijos y la hermana salieron una noche a una fiesta. Al salir, su madre les dijo que estaría orando por ellos. A la mañana siguiente temprano, la madre bajó a la recámara de su hija y la vio de rodillas bajo convicción. La madre le preguntó por sus dos hijos varones. Los dos muchachos estaban en el granero bajo convicción mientras oraban. Los tres se hicieron cristianos. Esa hija convertida llegó a ser la madre de un evangelista que predicó a millones de personas durante su vida. Oremos para el avivamiento.

III. Cuando nos volvamos de nuestros malos caminos

El mal camino de olvidarse de Dios debe ser dejado. Salomón vio cómo su pueblo se olvidaba de Dios. Jeremías 2:13, 32, habla de la misma experiencia. El profeta dice que una novia no olvida sus joyas o su vestido de novia, pero el pueblo de Dios lo olvidó a él incontables veces. Volvámonos de este olvido de Dios.

El mal camino de abandonar la casa de Dios debe ser dejado. La gente ha abandonado la casa y la causa de Dios. En la época del texto el pueblo traía numerosos sacrificios. Los primeros frutos de la tierra y de sus ganados eran traídos también. El tiempo pasó. Su

dedicación se enfrió. Pronto se olvidaron. Al precio de su propia
sangre, Jesús nos dio la iglesia. Y muchos la han olvidado.
*La deshonestidad y el robo requieren arrepentimiento y deben ser
dejados.* Necesitamos un avivamiento de la honestidad y la rectitud.
La siguiente carta me llegó de un antiguo miembro de la iglesia:

Querido hermano Taylor:

Hace muchos años, cuando yo era un muchacho, me encontré un sobre
de la Escuela Dominical con el nombre de Hazel Baker escrito en él y
con una moneda de veinticinco centavos dentro. Tenía bastante edad
para saber lo que era correcto, pero abrí el sobre, tomé los veinticinco
centavos y compré dulces para mí y para mis dos hermanos menores.
Decir que raramente teníamos veinticinco o siquiera cinco centavos
no es excusa. No puedo decir que me he sentido culpable todos estos
años, porque no es exactamente cierto. Sin embargo, he pensado en
este asunto muchas veces.

Hace algún tiempo decidí hacer algo acerca de este incidente. Le
hablé a Hazel B. Hugo de ello en el funeral de mi hermana en Dilley,
recientemente.

Así, pues, estoy incluyendo un cheque para la Iglesia Bautista de
Dilley por 50 dólares. Era y es dinero de Dios y estoy seguro que será
usado para su gloria.

Sinceramente,
Frank A. Dunham

El mal camino de la vida inmoral debe ser dejado. El inglés
Edward Gibbon, a finales de los 1700 escribió *La declinación y la
caída del imperio romano.* El dio razones para esa calamidad: La
vida familiar, la religión y la moral decayeron, los armamentos
aumentaron, y había un delirio por el placer. Entre Roma y nuestra
nación hay una gran distancia, y están separadas por cerca de dos
mil años de historia; pero espiritual y moralmente estamos casi en
el mismo terreno.

En el Antiguo Testamento leemos la historia del rey Manasés,
un rey cruel y malvado sobre el pueblo de Dios (2 Crónicas 33). El
introdujo religiones paganas, sacrificó niños en altares paganos y
profanó la casa de Dios. Por sus pecados, Dios permitió que ejércitos paganos se lo llevaran cautivo. Allá en Babilonia, entre la gente
de la tierra, Manasés se arrepintió y clamó a Dios. El Señor lo
escuchó y lo restauró al trono. Si Dios hizo eso por Manasés, también está dispuesto a perdonarnos, limpiarnos y renovarnos a
nosotros. ¿Estamos dispuestos a que Dios nos avive?

Datos para el archivo:

Fecha: _____

Ocasión: _____

Lugar: _____

10

VOTOS QUE CAMBIAN LA VIDA

Pues tú, oh Dios, has oído mis votos; has dado heredad a los que temen tu nombre. Salmo 61:5

Jefté fue un juez-militar del Antiguo Testamento. Mientras gobernaba sobre el pueblo de Dios, los amonitas se lanzaron contra los hebreos. Jefté hizo un "voto" al Señor relacionado con la victoria sobre las fuerzas enemigas. El voto fue el de sacrificar a la primera persona que saliera de su casa a recibirle.

Jefté consiguió la victoria y cuando regresaba a su casa, su hija salió a recibirle. Jefté había hecho un voto necio e innecesario.

No se nos pide que hagamos promesas o compromisos imprudentes al Señor, pero sí debiéramos estar deseosos ante la perspectiva de honrar a Dios con votos que cambian la vida. Un voto es una oración, una promesa o un compromiso de fidelidad a Dios.

¿Qué votos podríamos hacer hoy?

I. El de conocer la Biblia, que cambiará nuestra vida

Necesitamos conocer el libro de Dios. Entre todos los escritos conocidos por el hombre, la Biblia es el más importante. Esta es la Palabra eterna de Dios. Las Santas Escrituras están inspiradas por Dios. Santos hombres de Dios hablaron y escribieron dirigidos por el Espíritu Santo (2 Ped. 1:21). Dios mismo declaró que su Palabra permanecería para siempre (Mat. 24:35). David dijo que la Palabra de Dios permanece para siempre en los cielos (Sal. 119:89). Si nosotros realmente creemos que la Palabra de Dios es lo que él declara que es, debiéramos hacer el voto de conocerla.

¿Y podemos decir con sinceridad que conocemos bien las escrituras?, y aún más importante, ¿las aplicamos?

La Biblia nos dará crecimiento espiritual. El Espíritu Santo tomará la "materia prima" de las Escrituras y dejará que la Palabra de Dios haga su obra poderosa en nuestras vidas. El cristiano que quiere crecer necesita estudiar la Biblia. Leemos: "Desead como niños recién nacidos la leche espiritual no adulterada, para que por ella crezcáis para salvación" (1 Ped. 2:2).

38

Los cristianos debiéramos ser conocidos por el vigor y la salud espirituales. Debiéramos ser "gigantes" en el mundo. Debiéramos florecer y crecer. La Biblia provee los medios para el crecimiento. En el Salmo 1 leemos que podemos ser como árboles plantados junto a corrientes de agua cuando damos lugar a la Palabra de Dios. Necesitamos hacer el voto de adentrarnos en su Palabra y vivirla. *La Biblia nos dará dirección espiritual.* Esto también lo necesitamos. Vivimos en un mundo de prioridades confusas y de inclinaciones pervertidas. ¿Cómo encuentra una persona la solución en una confusión así? La Biblia tiene la respuesta y nos da dirección. El Salmo 119:105 declara: "Lámpara es a mis pies tu palabra, y lumbrera a mi camino." Nosotros nunca nos atreveríamos a hacer un viaje por automóvil en la noche sin poder utilizar las luces. En nuestro mundo obscurecido por el pecado y engañado por Satanás, la Biblia es la que puede darnos luz para nuestro viaje. El pastor Nelson Fanini, de la Primera Iglesia Bautista de Niteroi, Brasil, abrió camino para la distribución de 25 millones de ejemplares de la Biblia en su país. ¡Hasta el presidente de la nación cooperó para dejar entrar las Biblias al país, libres de impuestos! Las prisiones, el ejército, las escuelas públicas y otros recibieron Biblias. ¡La Palabra de Dios es tan válida hoy en día como lo ha sido siempre! Hagamos el voto de conocer las Escrituras y el de compartirla.

II. El de vivir una vida consagrada

La consagración se refiere a vidas que están dedicadas y rendidas por completo a Dios y a su voluntad.

Una vez Napoleón tuvo a un muchacho tamborilero que enorgullecía al gobernante francés. Napoleón nunca había sufrido una derrota y el muchacho nunca había tenido que "tocar retirada". Vino un momento de crisis y el muchacho tamborilero dijo: "Señor, usted nunca me enseñó a tocar retirada." Napoleón entonces gritó: "¡Toca una avanzada!" Los soldados se reanimaron y consiguieron una gran victoria. Más tarde el famoso tamborilero fue capturado. Cuando el enemigo se enteró que tenían al tamborilero de Napoleón le ordenaron tocar para ellos. El muchacho rehusó, diciendo: "Yo no toco para los enemigos de Napoleón." Cuando el general enemigo se acercó para tomar el tambor el muchacho lo destrozó diciendo: "Nunca tocará para el enemigo." ¡Nosotros debemos estar consagrados para nuestro Salvador! Nuestras vidas nunca deben ser usadas como instrumentos de Satanás.

Una vida consagrada es una vida con propósito. Ahora estamos "apartados" para el Señor. Esa fue la oración de Jesús en Juan 17:19: que su pueblo fuera "santificado". Nosotros somos su propiedad, su tesoro especial. Primera a los Corintios 6:19, 20 dice que el Espíritu Santo mora en nosotros.

Una vida consagrada es una vida de poder. Tenemos victoria en Jesús por el Espíritu Santo que habita en nosotros. ¿Necesitamos triunfar sobre lo que nos está acosando y abatiendo? ¿Nos sentimos derrotados por la depresión, por el carácter violento, por la murmuración, por la amargura, por un espíritu rencoroso, por los pecados de la carne y la mente? ¡Necesitamos hacer un voto de consagración! Dios lo anhela y nos da el poder para hacerlo.

III. El de testificar que él cambió nuestra vida

Necesitamos hablar acerca del Señor. ¿Quién es el más grande testigo del que hemos escuchado aparte de Jesús? Probablemente fue Pablo. El siempre estaba con ese ánimo de testificar. ¿Podríamos nosotros hacer ese mismo voto?

Al testificar hacemos una obra originada en Dios. El apóstol Pablo tenía un continuo anhelo de predicar el evangelio. Hubo un tiempo en que Jeremías no quiso la responsabilidad de ser un testigo. El no quería mencionar el nombre de Dios. Pero luego explotó: "Hay en mi corazón como un fuego ardiente, apresado en mis huesos. Me canso de contenerlo y no puedo" (Jer. 20:9).

Al testificar la redención se vuelve posible para el perdido. El hombre sin Cristo está sin Dios y sin esperanza. La ira de Dios permanece sobre él. El futuro hogar de los perdidos es el infierno, con todo su significado de angustia y separación eternas del Dios de gracia y amor. Testificamos para que los perdidos puedan nacer de nuevo y los muertos espirituales puedan tener vida eterna.

Al testificar Dios nos recompensará por la obra. David dice en el Salmo 126 que volveremos con regocijo trayendo nuestras gavillas. Pablo afirma que "una corona de justicia" espera a todos los que son fieles (2 Tim. 4:8). El profeta Daniel dice que los que enseñan la justicia a la multitud resplandecerán como las estrellas a perpetua eternidad (12:3). El Señor recompensará a los que testifican.

Al testificar el avivamiento vendrá al pueblo de Dios. Eso pasaba en cada lugar al que Pablo viajaba. Si hacemos este voto de testificar, los resultados serán sorprendentes y hasta asombrosos.

Hagamos nuestros votos al Señor hoy y nuestras vidas serán cambiadas. Podemos hacer el voto de conocer la Biblia, de consagrarnos totalmente al Señor, de testificar de él. Pablo hizo estos votos y los cumplió. ¡Nosotros podemos hacer lo mismo!

Datos para el archivo:

Fecha: _____

Ocasión: _____

Lugar: _____

11

UNA NUEVA UNCION PARA CADA CREYENTE

...Seré ungido con aceite fresco (RVR). Salmo 92:10

A la mayoría le gusta leer historias de grandes personajes. En 1 Samuel 16 se hace una interesante presentación de la vida de David. Cuando el rey Saúl fue rechazado por el Señor, Dios le dijo a Samuel que fuera a Belén a ungir a uno de los hijos de Isaí como el nuevo rey.

Desde ese momento David quedó capacitado para hacer la obra que Dios tenía para él como el nuevo rey de Israel.

La palabra alentadora para cada cristiano es que nosotros somos ungidos también. La unción no estaba reservada solamente para reyes, profetas y sacerdotes de tiempos antiguos. Todos los cristianos somos ungidos por el Espíritu Santo. Recordemos que "Cristo" significa "ungido". Cuando el Espíritu Santo de Dios nos lleva al Salvador llegamos a ser parte de su pueblo ungido. El Espíritu Santo quiere ungirnos cada día con una nueva unción. Digamos como David: "...Seré ungido con aceite fresco" (Sal. 92:10 RVR).

I. La Palabra de Dios es una unción fresca

"...Seré ungido con aceite fresco (RVR)." Necesitamos esa nueva confianza de que Dios lo hará "de nuevo". David fue ungido tres veces como rey. En el Salmo 92:10, él escribe acerca de una unción fresca para su obra.

En 2 Corintios 1:21 Pablo escribió: "Y Dios es el que nos confirma con vosotros en Cristo y el que nos ungió." Pablo decía eso de los corintios, ¡esa iglesia de Dios notoria y corrupta! No obstante, Pablo declaraba que todos ellos habían sido ungidos por el Espíritu Santo. Todos los cristianos hemos sido ungidos.

En 1 Juan 2:20, 27 leemos: "Pero vosotros tenéis la unción de parte del Santo...la unción que habéis recibido de él permanece en vosotros..." Necesitamos comprender la maravillosa verdad de la unción. La Biblia dice que la obra del Espíritu Santo es ungirnos cuando somos salvados, y sin embargo, necesitamos esa nueva unción cada día.

Necesitamos creer la Palabra de Dios. Confiar en la Palabra de Dios en relación a una fresca unción es vital. Dios hará esa obra dentro de nosotros si creemos en él.

Necesitamos confesar y abandonar todo pecado conocido si queremos tener una unción fresca de Dios sobre nuestras vidas. En Salmo 19:12 David pedía: "¡Líbrame de los [errores] que me son ocultos!" Tú y yo tenemos faltas y pecados internos de los que otros pueden no saber. Necesitamos ser limpiados de pecados secretos.

Necesitamos abandonar el pecado de la ira si queremos tener una unción fresca de Dios. Nosotros ordeñábamos unas cuantas vacas en nuestra pequeña granja donde crecí. Cuando el pasto apenas empezaba a crecer, con él crecía una maleza que era llamada "hierba amarga". Hasta que la maleza amarga tenía siete u ocho centímetros de altura las vacas se la comían con el pasto. Esa maleza amarga hacía que la leche tuviera un sabor amargo y rancio. La leche prácticamente no se puede beber cuando las vacas comen mucha de esa hierba. Como cristianos recibimos de la vida muchas experiencias que nos hacen tener actitudes amargas. La "raíz de amargura" surge muy a menudo. Necesitamos confesarla y quitar toda amargura de nuestra vida.

La Biblia nos recuerda en Romanos 6:11 lo siguiente: "...considerad que estáis muertos para el pecado, pero que estáis vivos para Dios..." Si no hemos estado muriendo al principio del pecado necesitamos empezar. Necesitamos hacer de Gálatas 2:20 una realidad en nuestra vida. Cualquier pecado que tengamos necesita ser confesado, abandonado y clavado en la cruz. El requisito de Dios para una unción fresca es que alejemos el pecado de nosotros.

Necesitamos orar si queremos tener una unción fresca de Dios. El individuo y también toda la iglesia puede tener una unción nueva cuando ora. Jesús le dijo a los apóstoles que esperaran en Jerusalén hasta que fueran investidos de poder de lo alto. El les dio la promesa del Espíritu Santo.

La historia de Sansón en el libro de los Jueces es interesante. El desobediente Sansón perdió su pelo y también su unción. Sin embargo, él clamó a Dios y el Señor le escuchó. Sobre él vino una nueva acción de Dios, que nosotros también necesitamos.

En cada servicio de la iglesia se debería animar a la gente a pasar al altar para orar ya sea solo o con otro creyente. La casa de Dios es llamada, por Jesús, "casa de oración".

II. Hay resultados cuando tenemos una unción nueva

Si la lluvia empieza a caer en las zonas secas del mundo, la gente se da cuenta de la diferencia. Cuando los cálidos rayos del sol penetran la helada nieve invernal, la nieve empieza a derretirse. Cuando el Espíritu de Dios nos unja con "aceite fresco", veremos resultados de la gracia de Dios. Veamos algunos de los resultados.

Estaremos equipados para la obra que tenemos que hacer. Cuando el hombre cayó, éste empezó a trabajar "con el sudor de su frente". Ahora Dios entra al trabajo con nosotros para aliviarnos de su carga y frustración. El Espíritu de Dios nos ayuda en todos nuestros deberes. Cuando el pueblo de Dios se preparaba para construir el tabernáculo, el Espíritu de Dios los ayudó. Exodo 36 nos habla de un hombre que hizo las cortinas para el santuario. Dios lo convirtió en un experto. El hizo esa obra bajo la unción del Espíritu Santo.

Mantengamos en mente que en nuestros deberes diarios el Espíritu de Dios puede ungirnos de modo que lo secular se vuelva sagrado y los días tristes se cambien en días alegres. El Espíritu Santo de Dios quiere hacer su obra sobrenatural en usted en los asuntos rutinarios.

Primera Juan 2:20 dice: "Pero vosotros tenéis la unción de parte del Santo y conocéis todas las cosas." Juan no dice que el cristiano deje de estudiar y aprender. El enseña que el Espíritu Santo nos da reflexión y entendimiento espirituales para entender las verdades de su Palabra.

Cuando somos ungidos con el aceite fresco del Espíritu Santo nos volvemos candidatos para la preservación inmediata de Dios. Por supuesto, algunos cristianos mueren jóvenes. Ciertamente ocurren accidentes inexplicables. La historia cristiana lleva el registro de muchos que se convirtieron en mártires o murieron por la causa del Señor. Sin embargo, cuando somos ungidos de nuevo con el Espíritu de Dios, seremos preservados hasta el momento cuando el Señor desee llevarnos a nuestro hogar en el cielo.

Las palabras del Salmo 20:6 animan: "Ahora reconozco que Jehovah da la victoria a su ungido; le responderá desde su santo cielo con la fuerza liberadora de su diestra." David conocía esa experiencia y nosotros también podemos conocerla. El Salmo 89:20-22 capta nuestra atención: "Hallé a mi siervo David y lo ungí con mi aceite santo. Mi mano estará firme con él; también mi brazo lo fortalecerá. No lo doblegará el enemigo..." El Salmo 92: 9b y 12a nos hablan del poder protector de Dios sobre su ungido: "...Serán dispersados todos los que hacen iniquidad... El justo florecerá como la palmera." Job 22:23-28 habla del aliento para cada creyente.

El Espíritu de Dios vive en el corazón de cada seguidor de Jesús desde el momento de la conversión. Cuando recibimos a Jesús como Señor de nuestra vida, el Espíritu de Dios se mueve dentro y empieza a hacer la obra que le fue encomendada. Sin embargo, muy a menudo fracasamos en nuestra vida. Necesitamos entonces empezar de nuevo como David lo hizo. La manera de empezar con una nueva vida en Cristo es pedirle a Dios su "aceite fresco".

Dios anhela que cada uno de nosotros tengamos esa unción renovada de su Espíritu. El Salmo 92:10 puede suceder en nuestras vidas hoy. Podemos decirle sí a esa nueva unción de Dios sobre nuestras vidas cada día. No debiéramos batallar durante el día sin ella.

Datos para el archivo:

Fecha: _____

Ocasión: _____

Lugar: _____

12

MUERTE ESTIMADA PARA EL PUEBLO DE DIOS

Estimada es en los ojos de Jehovah la muerte de sus fieles. Salmo 116:15

Los miembros de la familia y los amigos sienten profundamente la pérdida de un ser amado. Esto es normal. Hasta Jesús lloró ante la tumba de Lázaro. Sin embargo, en medio de la tristeza la Palabra de Dios alienta a su pueblo.

En el Salmo 116 David habla de otra perspectiva de la muerte. El declara que la muerte de los hijos de Dios es estimada a los ojos del Señor. Aun cuando la familia pase por el golpe y el dolor que trae la muerte, tengamos en mente que Dios ve "la llegada al hogar" de sus santos desde un punto de vista eterno. La muerte del hijo de Dios se vuelve estimada para él.

¿Por qué es esto así?

I. Por la inversión de Dios en nosotros

No siempre recordamos lo que Dios hace por nosotros, y sin embargo, necesitamos saber que Dios invierte una enorme cantidad de sí mismo en nuestro bienestar.

El Señor nos creó. Somos los únicos en toda la creación hechos a su imagen. Dios hizo una obra maravillosa cuando formó al hombre del polvo de la tierra y sopló aliento de vida en él.

El Señor nos redime en Cristo. Nadie es capaz de medir la agonía y el sufrimiento que Cristo soportó por nosotros. Esa fue la inversión eterna de Dios en nosotros.

Dios nos sostiene diariamente. El Espíritu Santo vive en el corazón del pueblo de Dios para guardarnos hasta el día en que Dios diga: "Ahora te dejaré venir a tu hogar conmigo." Por eso, la muerte para el pueblo de Dios es preciosa porque Dios está reclamando su inversión en nosotros.

44

II. Porque este es el fin de la vida intencionada del hombre

Cuando una persona camina con Dios y lo honra, esa vida es bien empleada. La luz del pueblo de Dios alumbra delante de los hombres, para que ellos vean sus buenas obras y glorifiquen a su Padre que está en los cielos (Mat. 5:16). Eso significa que la vida está bien empleada.

La relación que el pueblo de Dios tiene cada día con los que lo rodean siempre es significativa. Los miembros de la familia saben esto. A lo largo del año y en ocasiones especiales esa clase de relación ha florecido, retoñado y bendecido a la familia. Los amigos pueden decir una gran palabra de aprecio acerca de cómo la vida es más rica por los lazos de amistad.

III. Porque el Señor está con nosotros en la muerte

El no nos deja en este punto. Un canto espiritual negro dice: "No tendré que cruzar solo el Jordán."

David declaró en el Salmo 23:4a: "Aunque ande en valle de sombra de muerte, no temeré mal alguno, porque tú estarás conmigo..." Dios está con nosotros en un tiempo como este. El camina al lado de los que pierden un ser querido.

Datos para el archivo:

Fecha: _____

Ocasión: _____

Lugar: _____

13

EL LIBRO INDESTRUCTIBLE DE DIOS

Y sucedió que cuando Jehudí había leído tres o cuatro columnas, el rey lo rasgó con un cortaplumas de escriba y lo echó al fuego que había en el brasero, hasta que todo el rollo se consumió... Jeremías 36:23

La Biblia es el libro de Dios. Supera todos los escritos que se hayan publicado. Es la Palabra siempre presente de Dios. En Jeremías encontramos que el profeta acababa de escribir la palabra que Dios le había dicho que escribiera. Baruc, el escriba, había copiado fielmente el dictado del profeta. Cuando el rey Joacim estaba sentado escuchando las palabras del profeta, se enojó, y conforme cada sección del rollo era leída, él la cortaba y la echaba al fuego.

Baruc regresó a contarle a Jeremías la triste historia de la quema de su libro. Dios le dijo al profeta: "Vuelve a tomar otro rollo y escribe en él todas las mismas palabras que estaban en el primer rollo... y además, fueron añadidas muchas otras palabras semejantes" (Jer. 36:28, 32 b).

I. El hombre trata de destruir la Biblia

Hombres antiguos y modernos han declarado la guerra a Dios y a su Palabra. Un conflicto abierto contra la Palabra de Dios ocurrió en 597 a. de J.C., cuando Joacim gobernaba como rey de Judá. El rey de los hebreos no quería que Dios se metiera con él. El hombre todavía quiere apartar la Biblia de su camino.

La Biblia nos recuerda que Dios es el Señor de todo. Por esta razón el hombre quiere "anatematizar el Libro". El hombre quiere ser el número uno. Nosotros elegimos presidentes, alcaldes y gobernadores, pero el hombre no es la cabeza sobre todo. Dios sí lo es. Dice la Biblia: "¿Acaso soy yo Dios de cerca, y no Dios de lejos?, dice Jehovah. ¿Acaso podrá alguien ocultarse en escondrijos para que yo no lo vea, dice Jehovah. ¿Acaso no lleno yo el cielo y la tierra?, dice Jehovah." (Jer. 23:23, 24).

La Biblia nos reprende por nuestro pecado. "Engañoso es el corazón, más que todas las cosas,... ¿Quién lo conocerá?" (Jer. 17:9). A nadie le gusta que le digan que es un pecador, ni siquiera a un

46

predicador, o a un tahúr. Sin embargo, la Biblia habla claramente de los caminos errados del hombre: "Así ha dicho Jehová a este pueblo: —¡De veras que les gusta vagar, y no detienen sus pies! Por tanto, Jehovah no los acepta. Ahora se acordará de su iniquidad y los castigará por sus pecados" (Jer. 14:10).

Una vez, Acab, el rey de Israel, quiso comprar una viña de su vecino Nabot. Este se negó y el rey se enrabietó como un niño malcriado. La reina Jezabel tramó un plan para asesinar a Nabot y quedarse con la propiedad. El profeta Elías hizo que el rey y la reina supieran que sus necias obras serían castigadas. Entonces ellos volvieron su rencor contra Elías y la Palabra de Dios.

La Biblia le dice al hombre que se someta al señorío de Cristo. A los enemigos de la Biblia no les gusta este mensaje. Jeremías contó de ese Nuevo Pacto en el Mesías y de nuestra salvación mediante él. Las Escrituras son bastante penetrantes y poderosas para mostrar al hombre el camino a la salvación y la redención. En Jeremías 23:29 el profeta dice que la Palabra de Dios es como un fuego que consume y como un martillo que quebranta la piedra en pedazos. La Palabra de Dios tiene un mensaje para la gente rebelde.

La máquina impresora usada por Voltaire para imprimir ataques contra la Biblia fue usada para imprimir Biblias después de su muerte. Hasta la casa en la que vivía el ateo llegó a ser oficina de la Sociedad Bíblica de París, después que él murió.

El hombre trata de destruir la Biblia porque dice del castigo de los malvados y del destino de Satanás y de su reino perverso. Jeremías habló del juicio futuro sobre los reyes pecadores y todos los que son iguales a ellos. Vino el día del juicio. El cadáver de Joacim fue echado fuera al calor del día y al frio de la noche (Jer. 36:30).

¿Pensamos que Dios será ciego a la rebelión continua del hombre? ¡Nunca! El día del juicio se acerca. El escape no será posible. El pecado debe ser pagado.

II. El hombre no puede destruir la Biblia

Porque las Escrituras son inspiradas por Dios. Jeremías escribió lo que Dios le dijo que escribiera. No eran palabras del profeta, sino Palabra de Dios a través de Jeremías. Los Salmos no son escritos del hombre, sino Palabra de Dios a través de los salmistas. Los escritos de Juan, Pedro y Pablo no eran sus palabras, sino la Palabra de Dios dada por el Espíritu Santo. Pedro nos dice que "Santos hombres de Dios hablaron siendo inspirados por el Espíritu Santo" (2 P. 1:21). En 2 Timoteo 3:16 leemos que "Toda la Escritura es inspirada por Dios."

Porque las Escrituras viven eternamente. Hebreos 4:12 dice que la Palabra de Dios es activa y poderosa. Este es un libro vivo, no muerto. Algunas veces puede parecer sin vida, pero no lo es. En las antiguas pirámides de Egipto se han encontrado semillas, y se han plantado. Las semillas que han estado "dormidas" por millares de años han germinado y producido plantas. Y así es la Palabra de Dios. Póngala en el corazón del hombre y vuelve a la vida. *Porque no podemos inutilizar la Palabra de Dios ni inactivarla.* Voltaire dijo: "Dentro de cincuenta años el mundo no escuchará más de la Biblia." Esa declaración, hecha en los años 1700, nunca pasó. Isaías 40:8 declara: "La hierba se seca, y la flor se marchita; pero la palabra de nuestro Dios permanece para siempre." Esas palabras fueron escritas hace 2.750 años y no desmerecen nada con el tiempo. *Porque el hombre sigue hambriento y sediento de la Palabra de Dios.* Por eso la Biblia no puede ser destruida. Un día un hombre negro visitó a Maurice Marrow, misionero bautista en Tanzania, Africa, y le pidió una Biblia. Entonces el misionero le dio un ejemplar de la Biblia en suahili. Después, el misionero vio al nativo con la Biblia dividida en partes, y le preguntó por qué la había deshecho. El africano dijo: "Creí que no era correcto que yo tuviera toda la Biblia y mi familia y mis amigos no tuvieran nada." El se había llevado la Palabra de Dios, la había dividido por libros y los había dado a otros que también querían una parte de las Escrituras. Dios ha dado al hombre una sed interna y profunda por su Palabra.

Porque la Biblia da dirección y consuelo al pueblo de Dios. El Salmo 119:105 declara: "Lámpara es a mis pies tu palabra, y lumbrera a mi camino." Samuel Morse dijo: "Me gusta estudiar la guía que me informa acerca del país al cual voy." ¡Eso hace la Biblia!

Encontramos consuelo y paz en la Palabra de Dios. El Salmo 119:165a dice: "Mucha paz tienen los que aman tu ley..." A los que enfrentan la muerte la Biblia les trae consuelo y seguridad abundantes. David escribió: "Aunque ande en valle de sombra de muerte, no temeré mal alguno..." (Sal. 23:4a). Las Escrituras traen bendiciones a los que creen en ellas.

Y puesto que la Palabra de Dios es indestructible, necesitamos creerla completa. Necesitamos obedecer su mensaje. Necesitamos compartir su mensaje con otros. Cuando hagamos un nuevo compromiso de dejar que la Palabra de Dios tenga el primer lugar en nuestros corazones amanecerá un nuevo día para nosotros.

Datos para el archivo:

Fecha: _____

Ocasión: _____

Lugar: _____

14

EL MUY AMADO DE DIOS

Y me dijo: —Hombre muy amado, no temas; la paz sea contigo.
Esfuérzate y sé valiente... Daniel 10:19a

Hace un tiempo una mujer de sesenta años de edad, descuidada en su apariencia y que solía masticar chicle todo el tiempo, murió en la penitenciaría del estado de Oklahoma. Había sido arrestada después de la muerte de su quinto esposo. Su primer esposo la había dejado porque la comida siempre tenía un sabor a "podrido". Sus esposos del segundo al quinto murieron de comida envenenada y Nannie Doss ya tenía preparado un sexto matrimonio cuando la arrestaron. A cada uno de ellos le había jurado su amor y su fidelidad "hasta que la muerte nos separe".

No nos gusta el amor fingido o falso de otra persona. Queremos lo genuino. Dios nos ofrece su amor verdadero. El amaba a Daniel. De hecho el profeta es llamado "muy amado" tres veces en los capítulos 9 y 10. En medio de sus inusitadas revelaciones cuando Dios le dijo a Daniel lo que sucedería al fin de nuestra era, Dios le dio la seguridad de ser uno de sus amados.

¿Quiénes son los muy amados de Dios?

I. Son miembros de la familia de Dios

Nosotros le pertenecemos. Debemos ser miembros de su propia familia si queremos ser muy amados. Daniel tenía una relación de "pacto" con Dios. No sabemos acerca de su despertar espiritual ni de su nuevo nacimiento. Cuando conocemos a Daniel lo encontramos ya con una fe genuina en Dios. Podemos seguir ese camino.

El primer paso para llegar a ser un miembro de la familia de Dios es el arrepentimiento. *Llegamos a darnos cuenta de que somos pecadores.* El Espíritu Santo nos convence o nos hace saber que estamos entre esos que "pecaron, y están destituidos de la gloria de Dios." Le pedimos a Dios que nos perdone, recibimos su limpieza, y Dios nos acepta. Segunda Pedro 3:9 nos dice: "El Señor no tarda su promesa, como algunos la tienen por tardanza; más bien, es paciente para con vosotros, porque no quiere que nadie se pierda, sino que todos procedan al arrepentimiento." Podemos y necesitamos arrepentirnos.

II. Honra a Dios con tu manera de vivir

En su juventud, Daniel fue llevado cautivo a la tierra de Babilonia junto con millares de otros hebreos. Poco después el rey Nabucodonosor pidió que jóvenes escogidos fueran preparados para servirle. Cuando llegó la ocasión de alimentar a los jóvenes siervos, Daniel dijo que él no quería tomar de los alimentos del rey. El se había propuesto en su corazón no contaminarse (Dan. 1:5-8). La dieta más sencilla fue mejor y Daniel resultó más saludable al final del tiempo de prueba que los que sí comieron la comida del rey. El había determinado de la manera correcta. Podemos seguir algunas directrices que nos ayuden a honrar al Señor.

Debemos recordar que el cuerpo es templo de Dios. El no mora en templos de ladrillo, madera y piedra, sino en su pueblo redimido. Necesitamos guardar un lugar santo para Dios. Como Daniel, no debemos contaminar nuestro cuerpo con drogas, tabaco o licores. Los malos hábitos alimenticios también deben ser rechazados.

Debemos recordar que podemos honrar a Dios en un mal ambiente. Daniel vivía en una tierra pagana, pero todas las corrupciones de su tiempo no lo llevaron a deshonrar a Dios. Vivimos en medio de malas compañías, pero Dios nos dará la sabiduría y la fuerza para honrarlo en todo lo que hagamos.

Recordemos que al que honramos es el Rey eterno. El reino del mundo llegará a su fin, pero el reino de Dios es eterno. Honramos al Señor al recordar que nuestra fidelidad es para él. John Lennon, de los "Beatles", dijo: "Somos más populares que Jesucristo, el cristianismo desaparecerá. ¡El tiempo lo demostrará!" ¿Fue así? Claro que no. Dios es nuestro Señor y Dios eterno.

III. Sigue adorando al Señor

La ciudad de Daniel y el templo habían sido destruidos. Ahora él vivía en una tierra extranjera. Sin embargo, él siguió adorando. ¡El "cambió su carta de membresía"!

Podemos encontrar tiempo para adorar. Daniel oraba tres veces al día. Eso suma veintiuna reuniones de oración a la semana. Necesitamos dejarle saber al Señor que tenemos tiempo para él. La gente que tiene tiempo para mirar la televisión, hablar con los vecinos o salir de compras puede encontrar tiempo para Dios.

Una señora le preguntó a su esposo una vez si él todavía la amaba. El contestó: "María, cuando nos casamos te dije que te amaba, y que si cambiaba de opinión te lo diría." ¿Hace tanto tiempo así que usted no le dice a Dios que lo ama?

Podemos encontrar un lugar para adorar a Dios. La ventana se convirtió en su lugar de oración. Nosotros debemos tener un "lugar sagrado", además de la casa de Dios, donde nos encontremos con el Señor. Cada persona puede tener su propio lugar de oración. No es asunto de "en caso de", sino una genuina necesidad.

IV. Trata a otros con amabilidad

En su libro leemos de la excelente disposición que tenía Daniel. El tenía una hermosa relación con los que estaban en el reino pagano. ¡Hasta sus enemigos sabían que Daniel era de fiar!

Un africano convertido hablaba con el misionero Roberto Moffat y le decía que su perro se había comido su Biblia. El misionero le dijo al hombre que no se preocupara porque él podía conseguirle otra Biblia. El hombre dijo: "Pero este era un buen perro de caza y un buen vigilante. Me temo que después de que se comió la Biblia haya cambiado." La Biblia cambiará nuestra disposición áspera en una como la de Cristo. ¿Está la Biblia haciendo una gran diferencia en su vida y en la mía? Las familias necesitan tratar a sus miembros con bondad. También las iglesias. ¡Las naciones no deben olvidar la ética de la bondad tampoco! ¿Estamos aprendiendo la bondad?

V. Es valiente cuando llega el peligro

Leemos la historia de un terrible decreto en el capítulo 6. Los enemigos de Daniel hicieron que el rey firmara una ley que decía que ninguna persona podía orar a nadie excepto al rey, por treinta días. Los transgresores serían echados al foso de los leones. Así los hombres "atraparon" a Daniel.

Somos valientes por la presencia de Dios con nosotros. Dios no abandonó a Daniel. El texto dice que él envió a sus ángeles que se quedaron con Daniel. Dios está con nosotros también. El puede infundir vida con valor en cada momento de perturbación.

La paz de Dios llena nuestros corazones. Daniel usó a los leones como "colchón" y durmió en completa comodidad. Los hoteles modernos no pueden ofrecer nada comparable a lo que Dios nos da. Su paz puede llenar nuestros corazones.

Daniel nos asombra. El hasta confesó sus propios pecados y los pecados del pueblo de su nación. ¡Qué oración la que leemos en Daniel 9:3-5 y 7! Cuando nosotros nos ponemos en una posición como esa ante Dios, él hace maravillas en nuestra vida privada o publica. Debemos ser como Daniel y ser "muy amados de Dios". Si usted no es uno de los muy amados de Dios, puede serlo. ¡Unase a las filas de esa gente ahora!

Datos para el archivo:

Fecha: _____

Ocasión: _____

Lugar: _____

15

LA ALEGRIA EN EL SEÑOR

Con todo, yo me alegraré en Jehovah y me gozaré en el Dios de mi salvación. Habacuc 3:18

Un día alguien le preguntó a una dama: "¿Siempre despierta con gruñidos en la mañana?" Ella respondió: "No, ¡los dejo dormir!" Bueno, ¿cómo se siente cada día? ¿Tiene dificultad para empezar? ¿Se siente enojado o deprimido? Las emociones negativas de la vida nos pueden quitar el gozo interior. Tal vez los cristianos no van por todas partes con una gran sonrisa en el rostro, pero allá en lo profundo de su alma deben experimentar el gozo del Señor. El Salmo 118:24, Filipenses 4:4 y Hebreos 12:3 nos hablan acerca del gozo del Señor. Habacuc 3:18, también subraya la realidad del gozo. El cristiano puede tener un profundo sentido de gozo interior.

¿Por qué debemos regocijarnos en el Señor?

I. Porque él nunca falla

Dios no es un fracaso, y puesto que él es nuestro Padre Celestial, debemos recordar que nuestras vidas están unidas con uno que no fracasa. El es el Dios de la salvación. El es la "roca de mi salvación". Podemos regocijarnos en él.

No podemos encontrar gozo constante en "majadas y corrales". Ellas pueden acabarse, como lo hicieron en los días de Habacuc (Hab. 3:17). No podemos encontrar gozo *permanente* en nuestras familias. Las relaciones *temporarias* nos dan gozo *temporario*.

No encontraremos gozo *permanente* en la salud, porque un día moriremos. Ni hallaremos gozo *permanente* en las emociones porque estas varían. Tampoco encontramos gozo *permanente* por una gran asistencia al templo. Son fuentes erróneas para el verdadero gozo.

Fíjese en el texto. El profeta dice que su gozo está en el Señor. No necesitamos poner nuestro gozo en lo que un día se secará o perecerá. Podemos encontrar gozo en Dios, quien nunca falla.

II. Porque él usa a su pueblo al máximo

A todos nosotros nos gustaría ser usados por el Señor lo más ampliamente posible. Otros han sido instrumentos de Dios. Piense en Noé. Dios lo usó para construir una gran embarcación para salvar la raza humana. Piense en David, que subió de la dehesa al palacio (2 Sam. 7:8). Piense en Epafrodito y en su relación con Pablo al llevar la carta de Pablo a los Filipenses a la gente en esa ciudad distante. Luego nos acordamos de Habacuc, quien dijo de Dios: "El hará mis pies como de venados y me hará andar sobre las alturas" (3:19). Dios puede darnos "pasos seguros" en medio de todos nuestros problemas hoy, tal como ayudó al profeta Habacuc hace mucho tiempo.

Una gran multitud de jóvenes, adultos y hasta niños son usados poderosamente por el Señor hoy en día, porque están disponibles para él. Escuchamos acerca de la mafia, o de la gente del crimen organizado, de las pandillas y de los "ángeles infernales" y de muchos otros grupos que son instrumentos en las manos de Satanás. ¿No sería grandioso tener grupos organizados que estuvieran listos para servir fielmente al Señor y que se ayudaran unos a otros en eso? Encontraremos gozo en el servicio al Dios de gloria. ¿Por qué no hacer un compromiso de vida con el Señor?

¿Por qué no puede ser usted uno que es usado por el Señor al máximo? Permítame sugerir unas cuantas maneras mediante las cuales usted puede servir al Señor. Pregúntese a usted mismo qué puede hacer para que su familia, su iglesia y su trabajo sean mejores. ¡Su participación en este plan le dará un nuevo gozo!

III. Porque los tiempos difíciles son para disciplinarnos a fin de hacernos regresar al Señor

En el capítulo 1 de Habacuc el profeta relata cómo los caldeos vinieron a castigar a Israel. El profeta le preguntó al Señor acerca de su castigo. Habacuc y el pueblo de Dios eran mejor que los paganos, pero Dios usó a los crueles caldeos para hacer regresar a su pueblo a él.

Dios puede usar los dolores y las tragedias de la vida para hacer volver a su pueblo a él. Podemos encontrar muchas razones para la disciplina y los tiempos difíciles. Puede ser alejamiento. Nos apartamos de la voluntad de Dios. Los jóvenes se casan con no cristianos y se apartan del Señor. Algunos están tan ocupados en la escuela o criando una familia o en asuntos de negocios o de recreación, que se olvidan de Dios. Dios usa la disciplina para hacernos regresar a él.

La idolatría nos aparta de Dios. A veces permitimos que "las cosas" de la vida se conviertan en nuestros ídolos. Los ladrones entraron en la casa de nuestros hijos y robaron. Ellos perdieron algunos de sus "ídolos" a manos de los intrusos: un anillo de diamante, pendientes, un equipo estereofónico, alguna cubertería y otras "cosas". Cuando perdemos "las cosas" de la vida podemos saber que Dios puede hablarnos por medio de esa pérdida y hacernos regresar a un andar más cercano a él.

El humanismo no tiene freno hoy en día. El renacimiento del humanismo (el deseo del hombre de manejar su propia vida) ha abierto brechas en cada segmento de la vida. El humanismo hace al hombre la medida de todas las cosas. Trata de desplazar a Dios. El doctor Francis Shaeffer ha hecho más que nadie en nuestra generación para advertirnos de lo peligroso del humanismo o de la capacidad del hombre para "arreglárselas" sin Dios. El doctor Shaeffer marchó recientemente a estar con el Señor, pero él nos ha advertido de nuestra "deificación" del hombre y de la disminución de Dios. Regocijémonos cuando vienen tiempos difíciles porque Dios los usa para disciplinar a su pueblo y volverlo a él. Si no estamos en el grupo que experimenta la disciplina, sí conocemos a los que están.

IV. Porque no sufrimos el destino de los malvados

Habacuc dice que Dios va a hacerlos pedazos. En el capítulo 2 el profeta habla de tres grupos: Los que edifican la ciudad con sangre, los que son borrachos y los que hacen ídolos. Su fin es seguro. El pueblo de Dios tiene una clase diferente de futuro. Nos regocijamos en la seguridad de la vida con Dios. El cielo es nuestro hogar eterno. Tenemos un futuro. Podemos regocijarnos.

V. Porque viene un nuevo día de justicia eterna

El profeta dice que viene el día cuando "la tierra será llena del conocimiento de la gloria de Jehová, como las aguas cubren el mar". En una clase en la Universidad Baylor, el doctor Kyle Yates relató una anécdota de un hombre negro en los tiempos de la esclavitud en el antiguo sur. Un día él cruzaba un campo de maíz cantando: "Va a ser mejor al fin del camino." Alguien le preguntó por qué él pensaba que la vida sería mejor al final del camino. El viejo esclavo contestó: "Jefe, tiene que ponerse mejor al final del camino."

La Biblia dice que tenemos días gloriosos en el futuro, una eternidad sin comparación. Puesto que esto es verdad, las Escrituras dicen: "¡Gozaos! ¡Gozaos!" Y las buenas nuevas son que todos pueden entrar en el gozo del Señor, ahora y para siempre.

Datos para el archivo:

Fecha: _____

Ocasión: _____

Lugar: _____

16

ASI ALUMBRE VUESTRA LUZ ESPIRITUAL

Vosotros sois la luz del mundo... Así alumbre vuestra luz delante de los hombres, de modo que vean vuestras buenas obras, y glorifiquen a vuestro Padre que está en los cielos.
Mateo 5:14a, 16

Todos nosotros sabemos algunas cosas acerca del sol. Está como a 148 millones de kilómetros de la tierra. Es tan grande que podrían caber en él más de doscientos mil planetas como la tierra. La temperatura del sol varía de 4 a 8 millones de grados Fahrenheit. Por el calor y la luz del sol podemos sobrevivir en este planeta. Sin estos beneficios no habría vida aquí.

De modo muy interesante Jesús dice en el sermón del Monte que nosotros somos "la luz del mundo". El dice que sus seguidores deben ser como una ciudad asentada sobre un monte que no se puede esconder. Debemos ser visibles al mundo. De una manera similar Jesús dice: "Tampoco se enciende una lámpara para ponerla debajo de un cajón" (Mat. 5:15a). El cristiano debe dejar que su luz brille.

¿Cuándo brillará nuestra luz?

I. Cuando Cristo sea nuestra fuente de luz

Jesús declaró: "—Yo soy la luz del mundo..." (Juan 8:12). Nosotros adquirimos nuestra luz de Jesús cuando lo recibimos como luz. ¿Cómo se recibe a Jesús?

Cuando creemos y confiamos en él como Salvador y Señor. Juan 1:12 dice: "Pero a todos los que le recibieron, a los que creen en su nombre, les dio derecho de ser hechos hijos de Dios." Jesucristo como Dios el Hijo es el gran "Yo Soy" de Moisés, es la "rueda en medio de rueda" de Ezequiel, es el "Príncipe de Paz" del que habla Isaías. Jesús es la "rosa de Sarón y el lirio de los valles" de Salomón. El es el Hijo de Dios, nuestro Salvador y Señor. Pero también él es "el camino, la verdad y la vida".

Cuando vemos en Jesucristo la grandeza, el poder, la gloria, la plenitud y la imagen de Dios. El es Dios en carne humana, ahora glorificado. Creemos en él. Lo recibimos como Señor personal para tener luz y ser luces espirituales.

Cuando tenemos comunión diaria con Jesús. Si queremos ser "luz del mundo" debemos llenarnos diariamente de la gloria continua de su presencia. Cristo quiere renovarnos diariamente. El puede caminar con nosotros, hablar con nosotros y darnos su propia vida. Cuán necio sería si pensáramos que podemos reflejar su luz sin recibir de él esa luz cada día.

Cuando no nos avergonzamos de Jesús. Si el musulmán fanático puede arrodillarse cinco veces al día para orar, ¿no podemos nosotros como cristianos estar orgullosos de nuestro Señor que dio su vida por nosotros? No tengamos vergüenza de ser cristianos.

Un hombre dejó su testimonio: "A los treinta años de edad, cuando había estudiado las religiones y filosofías del mundo, dije que no había nada tan bueno como el evangelio de Cristo. A los cuarenta años de edad, cuando las cargas pesaban duramente y los años parecían apresurarse, dije que no había nada tan glorioso como el evangelio. A los cincuenta años de edad, cuando había asientos vacíos en mi hogar y los cavadores de tumbas habían cumplido su trabajo, dije que no había nada tan maravilloso como el evangelio. A los sesenta años de edad, cuando mi segunda vista veía a través de las ilustraciones y las vanidades de las cosas de la tierra, dije que para mí no había nada sino el evangelio."

II. Cuando vivamos vidas puras y santas

La luz es pura. Echa fuera la obscuridad y el mal. Los faros de un automóvil no dan luz si están salpicados de lodo y suciedad. De una manera semejante nuestras vidas deben ser transparentes para que la luz de Cristo brille a través de nosotros.

Debemos tener pensamientos piadosos y hablar palabras que honren a Cristo si queremos que nuestra luz alumbre. La Biblia dice: "Ninguna palabra obscena salga de vuestra boca, sino la que sea buena para edificación..." (Ef. 4:29a).

No debemos ser contaminados por el mundo si queremos que nuestra luz alumbre. En 1 Juan 2:15, 16 leemos que no debemos amar al mundo ni las cosas que están en el mundo porque eso no proviene de Dios.

Una parábola de Gabriela Mistral, la escritora chilena, llamada "La Charca", cuenta de una charca inmunda que por estar rodeada de piedras que la cubrían, nunca recibía la luz del sol. Era una charca putrefacta y maloliente, en la que ninguna señal de vida prosperaba. Un día cerca de allí empezaron a construir un edificio y recogieron piedras de los alrededores. La charca quedó descubierta y por primera vez recibió los rayos del sol. Estos la penetraron y la purificaron y en torno suyo empezaron a crecer hierbas. Las hierbas atrajeron animales y el pequeño paisaje se convirtió en un bello oasis. Los rayos del sol habían hecho el milagro. *Cuando dejamos que los rayos de luz de Cristo inunden nuestra vida, la impureza se va.*

III. Cuando usemos nuestra vida para servir a Dios

Nuestra luz espiritual debe empezar a brillar lo más pronto posible. El cristiano debe empezar a vivir para Cristo desde el principio de su vida cristiana. ¿Cuándo empieza a dar luz una vela? ¿Cuando se ha consumido una cuarta parte? ¿Cuando se ha acabado a la mitad? Empieza a dar luz desde que es encendida.

Así es con el cristiano. No necesitamos esperar. Una hija del finado doctor C. E. Mathews, bien conocido líder cristiano, había ganado para Jesús a muchos de sus amigos para el tiempo de su muerte a los doce años de edad.

Necesitamos dejar que nuestras luces alumbren y sean utilizadas para el Señor. Necesitamos "arder para el Señor". El Salvador dijo: "Porque el que quiera salvar su vida, la perderá; pero el que pierda su vida por causa de mí, la salvará" (Luc. 9:24). Nuestro lema debe ser la utilidad, no la conservación.

Debemos dejar que nuestras vidas sean usadas para la gloria de Dios. Jesús dijo: "Así alumbre vuestra luz delante de los hombres, de modo que vean vuestras buenas obras y glorifiquen a vuestro Padre que está en los cielos" (Mat. 5:16). No necesitamos gloriarnos nosotros. Si servimos para glorificar a Dios en vez de a nosotros mismos, estaremos usando la vida para el servicio de Dios.

John Paton fue a una obra peligrosa, comisionada por Dios, en los mares del Sur. El aprendió el idioma, ganó a muchos para Cristo y tuvo su primer servicio de la Cena del Señor con doce creyentes, diciendo: "¡No tendré una bendición más profunda hasta que contemple el glorioso rostro de Cristo mismo!" El vivió para ver a 16.000 nativos cantar del amor de Dios. Nuestra luz espiritual fue concebida para alumbrar. ¿Por qué no deja usted que su luz empiece a alumbrar más brillante para Jesús hoy?

Datos para el archivo:

Fecha: _____

Ocasión: _____

Lugar: _____

17

LA ORACION MODELO

Vosotros, pues, orad así:... Mateo 6:9a

En su libro *El ángel luchador,* Pearl S. Buck cuenta de su papá, un misionero presbiteriano en la China. Siempre que iba a desayunar, ese misionero tenía marcas rojas a través de su frente, pero la joven hija nunca se atrevía a preguntarle por qué. Unos años después ella sí preguntó. El le dijo: "Hija, antes de bajar a desayunar siempre paso una hora en oración de rodillas. Las marcas rojas se hacen cuando apoyo mi cabeza en las manos mientras oro."

Mucha gente podría decir algo de su vida de oración, pero ninguno de nosotros tendrá una vida de oración que se compare a la de Jesús. Por la lectura de los Evangelios nos damos cuenta de los diferentes tiempos y lugares que Jesús pasaba en oración. En una ocasión los discípulos fueron motivados por su oración y le dijeron: "Señor, enséñanos a orar."

¿Cómo debe ser nuestra oración?

I. Debe estar relacionada con Dios y su causa

Las primeras palabras de la oración empiezan con "Padre nuestro". El adjetivo "nuestro" sugiere a la gran familia de creyentes. La mayoría de las religiones del mundo no se dirigen a Dios como "Padre". En el Antiguo Testamento sólo unas pocas veces se encuentra la palabra "Padre". Nosotros nos dirigimos a Dios como Padre desde la venida de Jesús.

Oramos por la santificación de su nombre. "Santificado sea tu nombre." ¿Entendemos realmente que en la oración reconocemos su nombre como sagrado? La palabra griega *hagiazo* significa "yo santifico, pongo aparte". La palabra *a-ge* significa "no de la tierra". Se refiere a lo que no es común, a lo que es "arriba de lo ordinario". Así entonces debemos reverenciar, estimar y adorar el nombre que representa el carácter de Dios. Nosotros debemos "poner aparte" y guardar su nombre como sagrado.

58

Debemos santificar su nombre con nuestros labios. No debemos conversar y hablar en maneras que no lo honren. No debemos profanar ese nombre con lenguaje impuro.

Debemos vivir correctamente. Cada día encontramos una oportunidad de darle gloria a él por la manera en que vivimos.

Debemos orar para que venga su reino. Esto significa el gobierno, el dominio, el reinado de Dios. Oremos para que venga su reino, geográfica y espiritualmente. ¡Oremos para que regrese!

El reino de Dios es de justicia, paz y gozo (Rom. 14:17). Justicia significa "rectitud". El gobierno del reino del Señor trae "rectitud". Elimina (¡o debe eliminar!) la perversidad, el engaño, la falsedad.

El reino de Dios es de paz. La guerra, la contienda y la confusión nos rodean. El énfasis a través de las Escrituras, sin embargo, cae fuertemente sobre la paz cuando el gobierno de Dios empiece. La gente de Africa tiene un dicho: "Cuando los elefantes pelean, la hierba no crece." Cuando la gente de Dios entra en guerra una con otra, ¡las plantas tiernas de Dios son pisoteadas! Una gran desgracia viene sobre el cuerpo de Cristo cuando su pueblo pelea entre sí.

El reino de Dios es de gozo. Dios es gozoso y quiere que nosotros conozcamos su gozo, día a día. El evangelista Billy Sunday decía: "Yo sé que a Dios le gusta el gozo porque él hizo a los monos y también a muchos de ustedes." Debemos orar para que su gozo y alegría llenen nuestros corazones día tras día. El cielo responde al gozo. La Biblia dice: "El gozo de Jehovah es vuestra fortaleza" (Neh. 8:10a).

Debemos orar para que se haga su voluntad. "Hágase tu voluntad, como en el cielo, así también en la tierra." Los santos en el cielo están ahora haciendo la voluntad de Dios. Debemos orar para que su voluntad perfecta se haga entre nosotros. Esto sencillamente significa que hagamos lo que Dios quiere que se haga.

Debemos orar para que su voluntad se cumpla. ¿Cuál es la voluntad de Dios para usted hoy? ¿Cuál es su voluntad para nuestra iglesia? ¿Estamos listos para hacer su voluntad? Jesús nos dice que oremos para que se haga la voluntad de Dios.

II. Debe relacionarse con el hombre

Podemos pedirle por nuestras necesidades diarias. "El pan nuestro de cada día, dánoslo hoy." Las palabras en esta frase nos dicen mucho. La palabra "dar" nos recuerda la gracia de Dios. "Dános" indica falta de egoísmo. Debemos incluir a otros en nuestras oraciones. La palabra no es "yo", sino "nosotros".

"Hoy" nos recuerda no frustrarnos por el ayer ni estar indebidamente ansiosos por el mañana. Su gracia diaria es bastante. "Pan" habla de necesidades básicas. Generalmente nosotros lo queremos en abundancia. Lo queremos tostado, con mantequilla y mermelada. Jesús nos enseña a estar contentos con lo básico de la vida.

Podemos pedirle perdón. "Perdónanos nuestras deudas (o pecados) como también (¡al menos así!) nosotros perdonamos a nuestros deudores." Si queremos renovación aquí está el principio: perdón. Una joven madre descendía por un camino montañero sosteniendo la mano de su hijito. Repentinamente el tiro de bala de una pistola dio a la madre, que cayó mortalmente herida. El hijo vio al hombre que había matado a su madre. El odio se apoderó de su corazón y no creció ya normalmente. Años después se casó. Su esposa se volvió cristiana y oraba para que él fuera salvo. Dios salvó a ese hombre, le habló a su corazón y le guió a buscar al que había matado a su madre y le dijera que lo amaba. El dijo: "Dios, no puedo."

Dios le dijo: "Yo te ayudaré." El hijo encontró en prisión al hombre que asesinó a su madre. El criminal lo rechazó, pero aún así, él se acercó y le dijo: "Te amo y Dios te ama." Algún tiempo después el criminal fue salvo. Después salió en libertad bajo palabra. Aquel hombre llevó al asesino a su propio hogar, donde vivió por dos años. El hijo dijo que habían sido los dos años más grandes de su vida. Lo había perdonado. Lo había amado a través de Jesús.

III. Debe dar alabanza a Dios

Alabamos a Dios por su reino. Todo en verdad pertenece a Dios. En resumidas cuentas, toda su creación es su reino. Una vez el rey Nabucodonosor de Babilonia tuvo un sueño acerca de su propia gloria y poder. En su sueño el rey veía un árbol poderoso que se extendía de la tierra al cielo. De repente el árbol fue cortado. El quedó atónito por esto. Daniel le explicó al rey que el árbol caído era un símbolo del ascenso y caída del rey. Nabucodonosor sería empequeñecido hasta que aprendiera que el Dios altísimo reina en el reino de los hombres. Todo pertenece a Dios, hasta los países con regímenes totalitarios. Todos son de Dios. El es el Señor soberano.

Alabamos a Dios por su poder. Todo le pertenece a Dios. "Porque tuyo es... el poder..." El poder atómico, el poder espacial, el poder acuático, el poder espiritual, ¡todo es de Dios!

Alabamos a Dios por su gloria. "Porque tuya es... la gloria, por todos los siglos. Amén." Toda la gloria le pertenece a Dios. Todas las huestes angelicales y todos los que están en el cielo glorifican a Dios. Jesús vendrá algún día en poder y gloria. Lo alabaremos entonces por su gloria. Ahora mismo podemos alabarlo por esa majestad inefable y esa gloria eterna.

La mayoría de nosotros conocemos nuestro alfabeto de la A a la Z. Nosotros también podemos regresar a lo básico de lo espiritual y de la vida y aprender a orar como Jesús nos dice que lo hagamos en el texto de este mensaje. ¿Estamos dispuestos a practicar esta oración cada día?

Datos para el archivo:

Fecha: _____

Ocasión: _____

Lugar: _____

18

ORAR ES BUENO, ¡HAGALO!

Entonces ella vino y se postró ante él diciéndole:—¡Señor, socó-rreme! Mateo 15:25

La lista de nuestras actividades diarias es larga. Nos lavamos, miramos la televisión, comemos, dormimos, etc. Sin embargo, una actividad que necesitamos poner en primer lugar es la oración.

El texto menciona la oración de una mujer cananea. Los cananeos eran enemigos de los judíos desde el tiempo en que Abraham llegó a esa tierra. Todavía era así en los días de Jesús. Ese pueblo pagano odiaba francamente a los judíos; sin embargo, aquí tenemos la historia de una mujer de ese pueblo que imploraba a Jesús.

Si ella pudo acudir a Jesús, nosotros también podemos. Después de todo somos su pueblo. Pertenecemos a su familia. Somos redimidos por él. Usted y yo podemos orar. Es bueno hacerlo.

¿Cuándo necesitamos orar?

I. Cuando enfrentamos cualquier necesidad

¿Podemos pensar en algunas necesidades que tenemos hoy? Podemos necesitar... orar más, leer más la Biblia, controlar nuestro carácter, estar equipados para servir al Señor más eficientemente, resistir la tentación, pedirle a Dios que ayude a nuestros hijos a resistir el mal que los rodea, ser más amables con nuestra pareja, pagar nuestras deudas, estar alertas a las oportunidades de testimonio, caminar en la plenitud del Espíritu Santo. Así como la mujer oró por una necesidad específica nosotros podemos tener una lista de lo que debe pasar en la vida de alguien, o en la nuestra.

II. Cuando Cristo tiene otros grandes intereses

Jesús se había ido a la zona de Tiro y Sidón, fuera de Palestina, frente a las costas del mar Mediterráneo. Estaba allí para descansar y pensar en lo que tenía por delante, en aquello por lo que daría su vida por nosotros. Tenía en su corazón la redención del mundo. También necesitaba pensar en la preparación de sus discípulos. Y entonces vino una gentil, una mujer pagana. Así es. Jesús nos invita a ir a él en cualquier tiempo. El nos ve y conoce nuestras necesidades. El es el Cristo que ahora está universalizado: El puede alcanzarnos a todos a la vez. Así que podemos ir a él en oración, aunque Cristo esté pensando en las multitudes hambrientas de otros países y en las necesidades en todas partes. Nuestro problema le interesa y nos invita a compartirlo con él.

III. Cuando no tenemos una respuesta

El versículo 23 dice algo extraño. La mujer había caído a los pies de Jesús y clamaba: "¡Señor, socórreme!" Pero Jesús no respondió inmediatamente a su petición.

En el Nuevo Testamento leemos que el apóstol Pablo oraba aunque no tenía respuesta. El hizo una petición tres veces. Probablemente era un período largo de oración en tres ocasiones separadas. El quería que Dios lo sanara. Ese "vaso escogido" del Señor sufría de una grave incapacidad. Pablo pensaba que podía hacer más por Dios con un cuerpo sano que con uno debilitado. El oró, pero Dios no contestó. Algún tiempo después, cuando ya el Señor había tenido suficiente tiempo para contestar pero no lo había hecho, Pablo oró de nuevo. El tiempo pasaba y Pablo sufría. De nuevo un día le recordó a Dios que él quería alivio de esa "espina en la carne". El siguió orando aunque Dios no le había contestado en dos llamadas de emergencia anteriores. Pero entonces el cielo se abrió. Pablo tuvo respuesta: "Querido Pablo, te he escuchado, pero no voy a darte alivio. Tu 'espina' te mantendrá humilde. Mi gracia satisfará tu necesidad. Te ama, Dios (paráfrasis del autor)."

IV. Cuando la situación parezca desesperada

El versículo 22 dice que la hija de la mujer era "gravemente atormentada por un demonio". Sin duda, ella había probado muchos remedios. Su propia religión y sus propios dioses le habían fallado. La situación estaba más allá de la esperanza. Entonces Cristo contestó y sanó a la hija poseída por el demonio.

¿Alguna vez ha enfrentado usted una situación que parece desesperada? Dios es el Dios de los imposibles y el Señor Todopoderoso. Dios puede salvar de cualquier situación.

V. Cuando otros piensan que no debemos orar

Los apóstoles habían estado aprendiendo de Jesús por cerca de dos años. Debieran haber estado ansiosos de ayudar a la mujer necesitada. Pero no lo hicieron. El versículo 23 dice que: "... le rogaron [a Jesús] diciendo: —Despídela, pues grita tras nosotros." En otras palabras le dijeron a Jesús: "¡Deshazte de ella! Tenemos cosas más importantes de las cuales ocuparnos."

¿Qué hacemos cuando a otros parecemos no importarles? ¿Qué hacemos cuando la iglesia puede haberse olvidado de orar? ¿Qué hacemos cuando Jesús retrasa su respuesta? Sigamos orando.

Si otros realmente pudieran ver nuestro dolor, llorarían con nosotros. Realmente no son de corazón duro; es solamente que no se han tomado el tiempo para conocer nuestro dolor. Algunas veces el "círculo íntimo" del Señor se emociona tanto por lo que Jesús está haciendo que otra intervención parece como innecesaria en la maquinaria de Dios que funciona tan suavemente. No se rinda.

VI. Cuando "parezca" que Jesús no se interesa

El ya nos ha demostrado eso. El murió por nosotros. Tanto así nos ama y se interesa por nosotros. El solamente nos está examinando para que podamos verlo. El escritor de este himno dice esta verdad de manera muy elocuente:

¿Se interesa Jesús cuando mi corazón sufre,
tan profundo que ya no se alegra ni canta,
Cuando las cargas oprimen y la ansiedad angustia,
Y el camino se vuelve pesado y largo?

¡Oh sí, sí se interesa! ¡Yo sé que sí se interesa!
Su corazón se conmueve con mi dolor;
Cuando los días son cansados y las largas noches pesadas,
¡Yo sé que mi Salvador se interesa!

VII. Cuando nuestra petición parece irrazonable

Jesús le dijo a la mujer que él había venido al pueblo de Israel. Luego él añadió: "—No es bueno tomar el pan de los hijos y echarlo a los perritos." ¡Eso debiera haberla detenido! Sin embargo, la mujer insistió: "—Sí, Señor. Pero aun los perritos comen de las migajas que caen de la mesa de sus dueños" (Mat. 15:27).

Jesús se dio cuenta de la fe fuerte de esa mujer. Ella reconoció su baja posición y lo llamó Señor. Entonces el Señor le dijo: "—¡Oh mujer, grande es tu fe! Sea hecho contigo como quieres" (v.28). La hija fue sanada. La oración trajo la respuesta.

Jesús contestará. Algunas veces dirá que sí. Otras veces dirá que no. En ocasiones la respuesta puede ser un "espera un poco". Pero nosotros podemos siempre orar. Debemos orar. ¡Oh, si solamente lo hiciéramos! Una mujer gentil, pagana, nos muestra el camino. ¿Lo seguiremos? Empecemos hoy mismo.

Datos para el archivo:

Fecha: _____

Ocasión: _____

Lugar: _____

19

¡JESUS VIVE!

No está aquí, pues ha resucitado, como dijo. Venid, ved el lugar donde fue puesto el Señor. Mateo 28:6

Muchos de nosotros vamos en ocasiones al cementerio donde están sepultados miembros de la familia o amigos. Generalmente es un tiempo emocionante y conmovedor.

En el texto de Mateo citado arriba leemos de dos mujeres que regresaron al lugar fuera de la ciudad de Jerusalén donde Jesús había sido sepultado. Conocemos el contexto de la historia. Es decir, que Jesús había sido muerto. Pronto, dos amigos suyos lo sepultaron y sus seguidores se dispersaron. El domingo en la mañana las mujeres fueron a ungir el cuerpo de Jesús. Aquella noticia pronto atrajo la atención de todos. Jesús no estaba en la tumba. Estaba vivo. Había vuelto a la vida. Las palabras en el versículo 6 declaran: "Ha resucitado."

El tiempo perfecto indica una acción completa que tiene resultados continuos. Entonces la traducción puede declarar correctamente: "El está resucitado". Estamos seguros de la resurrección de Jesús. Hay tres razones que dan base a esta clara afirmación. Examinemos estas evidencias.

¿Por qué sabemos que Jesús vive?

I. Por las promesas de su resurrección

Jesús había dado promesas acerca de su propia resurrección. Al principio de su ministerio, cuando Jesús limpió el templo, Jesús dijo: "Destruid este templo, y en tres días lo levantaré" (Juan 2:19). Los dirigentes religiosos pensaban que Jesús se refería al templo de Jerusalén. No, él hablaba de su propio cuerpo físico.

En Marcos 9:9 cuando Jesús estaba en el monte de la Transfiguración pidió a sus discípulos que no mencionaran ese acontecimiento hasta "...cuando el Hijo del Hombre resucitara de entre los muertos".

64

Recordamos las palabras de Jesús acerca de Jonás en Mateo 12:40. Jesús dijo que así como Jonás había estado dentro del gran pez por tres días, de la misma manera él estaría dentro de la tierra por ese tiempo.

Una vez más, en Juan 10:18 el Salvador dijo que él pondría su vida, pero que la tomaría de nuevo. Las referencias, claras y fáciles de entender, enseñan que Jesús dio palabra segura acerca de su victoria sobre la muerte.

El Antiguo Testamento tiene muchas promesas acerca de la muerte y resurrección de Jesús. El libro de Isaías nos habla de los dos acontecimientos en 53:10. El Salmo 16:10 declara que el cuerpo de Jesús no vería corrupción. Simón Pedro relató ese salmo en el libro de los Hechos. Y las referencias del Antiguo Testamento siguen y siguen.

II. Por la presencia de Jesús con su pueblo

Jesús volvió a la vida y dio "pruebas indubitables" de su victoria sobre la tumba (Hech. 1:3).

Podemos ir al texto de Mateo y al de los otros Evangelios para confirmar la misma historia. No solamente las dos mujeres vieron a Jesús, sino también muchas otras personas. De hecho, Jesús apareció a diez de sus discípulos la noche del primer domingo de su resurrección. Luego, el siguiente domingo en la noche Tomás vio a Jesús e hizo esa maravillosa confesión en la que el dudoso discípulo llamó a Jesús: "¡Señor mío, y Dios mío!"

En una ocasión más de 500 personas vieron a Jesús (1 Cor. 15). El apóstol Pablo también testificó del Jesús resucitado.

La verdadera presencia de Jesús deja sin base cualquier alegato de fraude. Mateo 27:62-66 cuenta la historia de los líderes religiosos que hicieron que las autoridades romanas sellaran la tumba y pusieran guardias también. Ninguna persona podía negar verazmente la resurrección diciendo que los discípulos habían robado el cuerpo de Jesús y así habían engañado al pueblo.

Los creyentes fieles no querían creer en la resurrección de Jesús, pero el Salvador viviente borró todas esas dudas al darles una clara evidencia de su resurrección.

La verdad es que Jesús está presente con su Pueblo cuando nos reunimos a adorar y lo servimos hoy. Su presencia es real. Sabemos que Jesús está vivo porque él se reúne con nosotros cada vez que nos juntamos; por su Espíritu él vive dentro de nosotros hoy.

III. Porque con ella se cumplen grandes propósitos

El Salvador viviente nos da evidencia sólida de que nuestra resurrección está completa. Jesús murió por nosotros. El derramó su sangre por nuestra redención. El pagó el precio de nuestros pecados. Ese sacrificio, de una vez para siempre, fue aceptado por Dios.

Recordamos al sumo sacerdote en los tiempos del Antiguo Testamento. Una vez al año entraba en el Lugar Santísimo. Llevaba la sangre de un animal y la rociaba sobre la cubierta del arca del pacto, que es llamada "el propiciatorio". Esa sangre rociada era para cubrir los pecados de todo el pueblo de Dios. El pueblo esperaba que el sumo sacerdote saliera de ese lugar sagrado; cuando regresaba todos lo celebraban porque sabían que Dios había aceptado la expiación por medio de sangre.

Jesús hizo ese gran sacrificio por nosotros. Luego regresó para mostrar que Dios había aceptado lo que Cristo había hecho por nosotros. Estamos perdonados. Podemos celebrar. La resurrección nos dice que nuestra salvación ha sido conseguida. ¡Somos libres!

Jesús está vivo para darnos aliento. Los dos discípulos en el camino a Emaús decían: "¿No ardía nuestro corazón en nosotros, mientras nos hablaba en el camino...?" Ellos habían quedado desalentados y sin esperanza, pero entonces el Salvador viviente caminó con ellos y les habló. Su esperanza se reavivó. Tenían un nuevo día de regocijo.

Algunas veces la vida se derrumba sobre nosotros. La respuesta a las dificultades de la vida es un Salvador que nos dice que camina con nosotros para darnos la inspiración y los recursos que necesitamos.

Otro propósito de la resurrección es mostrar que Jesús tiene una nueva esfera de trabajo que cumple en nuestro favor. La redención ha sido pagada ya, pero ahora Jesús ha entrado en los cielos por nosotros. El "ahora vive para interceder por nosotros". Así que, otro propósito para la resurrección es que Jesús cumple ahora esta gran obra de hablar con Dios todo el tiempo en favor nuestro. El es ahora el Cristo "universalizado" que no tiene límites sobre aquellos por los que ora.

La resurrección de Jesús es también la garantía de nuestra resurrección corporal. Porque él vive, nosotros podemos vivir también. Jesús vendrá de nuevo un día y "...transformará nuestro cuerpo de humillación para que tenga la misma forma de su cuerpo de gloria..." (Fil. 3:21a). Y eso va a ser un día de victoria final para su pueblo.

Datos para el archivo:

Fecha: _____

Ocasión: _____

Lugar: _____

20

JESUS NOS LIBERTA

El Espíritu del Señor está sobre mí,... me ha enviado para proclamar libertad a los cautivos... Lucas 4:18

Algunos han visitado una prisión o cárcel. Se siente una extraña sensación en el cuerpo cuando una pesada puerta de acero se cierra con un golpe detrás de uno. Sabemos que millares de personas pasan años en penitenciarías o cárceles. Los que viven dentro de esos muros querrían ser liberados.

En el pasaje de Lucas 4 Jesús habla acerca de libertar a los cautivos. Cita un pasaje de Isaías que habla del ministerio múltiple del Mesías. Por eso, cuando Jesús empezó su ministerio en Nazaret, su ciudad natal, declaró: "Hoy se ha cumplido esta Escritura delante de vosotros..." (v.21b). Mucha gente que nunca ha estado encarcelada sí vive detrás de "barras espirituales". Jesús quiere libertar a esos "cautivos". Por el poder de la cruz y mediante su resurrección, Jesús puede hacerlo. El ora para que nosotros conozcamos ese poder libertador. Todos pueden ser libertados por Jesús.

I. Podemos ser liberados de la preocupación

La prisión de la preocupación reclama muchas víctimas. La preocupación se asienta sobre la gente como una nube obscura. Así sucedía en los tiempos de Jesús cuando los romanos gobernaban sobre Judea. Eso producía un interminable dolor de cabeza para los judíos. Millones todavía viven bajo la nube de la preocupación. Nos preocupamos por nuestros hijos, por nuestros empleos, por el costo de la vida. Luchamos con la preocupación cada día.

La preocupación no cambia nuestra vida. Jesús dijo en Lucas 12:25 que por afanarnos no vamos a aumentar nuestra estatura. Ni siquiera vivimos más tiempo por preocuparnos. De modo que Jesús quiere libertarnos de este hábito que destruye la vida.

La preocupación no resuelve los problemas del futuro. Recordamos la historia de unas mujeres que se encaminaban al lugar donde Jesús había sido sepultado. Esa mañana de domingo una preguntó: "¿Quién nos quitará la piedra?" Sin embargo, un ángel ya había resuelto el problema antes de que ellas llegaran. ¡Así obra Dios! El arregla nuestros problemas sin que nosotros sepamos cuándo o cómo lo ha hecho.

La preocupación debiera limitarse al momento que vivimos. Jesús dijo: "Basta a cada día su propio mal" (Mat. 6:34). Simplemente ataque sus problemas uno a la vez y no tema a los problemas de ayer o a los de mañana. Manéjelos uno a la vez.

El dueño de una gran tienda puso un loro en una jaula cerca de una puerta giratoria por donde la gente entraba y salía. El loro repetía todo el día: "Uno a la vez, por favor, uno a la vez." Una vez que el loro se escapó de su jaula voló por la puerta y aterrizó en un arbusto. Las espinas empezaron a picotear al pájaro, que decía: "Uno a la vez, por favor, uno a la vez." Recuerde que Jesús quiere libertarnos de la plaga de la preocupación.

II. Podemos ser liberados del enojo

La mayoría de nosotros nos enojamos. Es fácil explotar bajo la presión del momento. Recuerde, sin embargo, que Efesios 4:26a dice: "Enojaos, pero no pequéis." Esa es una encomienda difícil. Eclesiastés 7:9 dice: "El enojo reposa en el seno de los necios." No la deje alojarse en su vida o lo reclamará a usted como su víctima.

Nosotros algunas veces nos enojamos con nosotros. De hecho, cuando tenemos un conflicto interno podemos lanzarnos contra otros porque no sabemos cómo resolver nuestros propios problemas. El perro de la familia puede ser pateado por un niño porque a éste le han negado un helado.

Algunas veces nos enojamos con la familia o con amigos. Podemos desear culparlos porque no estamos saludables, o porque no somos ricos o sabios. Los hermanos de José culpaban a su padre (Jacob) por tratar a José mejor que a ellos.

Nos enojamos por "cosas pequeñas" que otra gente hace. Algunas veces puede despertar nuestra ira el escuchar a alguien en la mesa masticar hielo de manera que uno piensa que hay un caballo cerca que está masticando maíz. O, ¿alguna vez miró a una persona sentarse en el asiento del coche o en un sofá dejándose caer sin ninguna consideración?

Y es fácil enojarse cuando un culto de la iglesia se alarga. Sabemos que está bien si un partido de fútbol se extiende más allá del tiempo, pero, ¿quién quiere estar en un servicio de adoración que se prolonga? Así el enojo surge en esos momentos cruciales.

Algunas veces culpamos a Dios por nuestra situación en la vida (muerte de un ser querido, el divorcio, o alguna otra pérdida), y nos enojamos con él. Pero Dios lo soporta.

Necesitamos controlar nuestro enojo. Un "pararrayos" desvía al rayo de los edificios y lo dirige a tierra. Nuestro enojo puede ser "desviado". Podemos conquistar nuestro enojo. Algunos judíos aceptaban las palabras de Jesús y llevaban la carga para un soldado romano dos millas en lugar de una milla requerida. Esa segunda milla daba la victoria al judío. Podemos gobernar nuestro propio enojo con el bien. Dejemos que Jesús nos libere del enojo.

III. Podemos ser liberados de la depresión

Algunos viven vidas solitarias. La chispa desaparece de sus rostros. Son esclavos de la depresión.

El rechazo trae depresión. Cuando Jesús empezó su ministerio su pueblo lo rechazó. Encontramos la historia en Lucas 4:28-30. Muchos sienten el aguijón del rechazo, pero Dios nos acepta como somos. El nos ama.

El agotamiento y la fatiga traen depresión. Esa es una razón por la que Jesús da una gran invitación a todos los cansados a venir a él a descansar (Mat. 11:28-31). Una razón fundamental para el día del Señor es para refrescarnos, manteniendo así fuera de nuestra vida la fealdad de la depresión.

IV. Podemos ser liberados de la culpa

En un tiempo u otro todos hemos estado bajo condenación y hemos conocido la culpa.

El pecado produce culpa. Cuando alguien hace lo que está mal, su propia conciencia y también el Espíritu de Dios lo hacen sentirse culpable. Caín mató a Abel, su hermano. El le dio voces a Dios por ese sentimiento de culpabilidad.

El descuido del deber nos hace culpables. Conozco a un hombre que dejó una hermosa familia y nunca volvió a verlos. Tal persona niega la culpa, pero está allí. Hasta evitar la responsabilidad en la vida de la iglesia deja su huella en una persona.

Algunos pueden preguntar, "Pero, ¿cuál es la respuesta al problema de la culpa? ¿Cómo se puede manejar eficientemente la culpa?" Hay una respuesta doble: Necesitamos aceptar el ofrecimiento de amor y perdón de Dios. Romanos 8:1 declara que ya no estamos condenados en Cristo Jesús. De aquí que, si Dios no nos imputa culpa, estamos libres.

De nuevo, debemos invitar al Señor a ser Señor en todas las experiencias de la vida. Podemos ser libres porque Jesús vino a liberarnos de todo lo que nos ata. ¿Quiere usted libertad? El Hijo de Dios vino a liberar a los cautivos y a darnos vida eterna.

Datos para el archivo:

Fecha: _____

Ocasión: _____

Lugar: _____

21

EL CRISTO ESTIMULANTE

Y a ella le dijo: —Tus pecados te son perdonados. Los que estaban con él a la mesa comenzaron a decir entre sí: —¿Quién es éste, que hasta perdona pecados? Entonces Jesús dijo a la mujer: —Tu fe te ha salvado; vete en paz. Lucas 7:48-50

Cuando un "favorito" gana una medalla de oro en los juegos olímpicos, las multitudes gritan y aplauden entusiasmadas. Si un músico popular viene a la ciudad o si uno llega a asistir a uno de sus conciertos, siente que está cerca de una "estrella". La gente de gran poder atrae nuestra atención.

Sin embargo, Jesús es la persona más alentadora que haya pisado la faz de la tierra. Algunas veces él puede parecernos apagado. Hemos tratado de encerrarlo en un templo o de meterlo en una hora de servicio de adoración. Hemos tratado de dejarlo callado dentro de las páginas de nuestra Biblia sin leer. Pero déjelo salir y verá cuán estimulante es Jesús. El siempre causaba agitación en cada lugar al que iba. El fue alentador en el cementerio cuando levantó a Lázaro de la tumba. El motivó a sus seguidores cuando sanó al endemoniado gadareno que vivía entre las tumbas. El rompía para sus discípulos la monotonía del aburrido sábado. ¡Qué historia tan estimulante leemos de Jesús en una comida en Lucas 7! Descubrimos que Jesús es una persona estimulante.

¿Por qué es Jesús estimulante?

I. Porque se convierte en el personaje central en todo lugar donde es invitado

No sabemos nada de los cocineros ni de los meseros que prepararon y sirvieron la comida en esta historia. No se nos dice nada de los que pusieron las mesas o de los que lavaron la loza o de los que recibieron algunas de las sobras de esa suntuosa comida. Sabemos un poco acerca de "la mujer" que se unió a la fiesta ese día. Pero la persona central es Jesús.

70

El es el más grande de todos. Cuando entendamos que Jesús ha venido a nuestra ciudad y que él es el número uno, nos emocionaremos también. La mujer en la historia de Lucas había escuchado de Jesús. Ahora tenía la oportunidad de su vida porque Cristo había venido a su ciudad. Ella irrumpió en la fiesta de los dirigentes religiosos para estar cerca de Jesús. No podía contenerse. Tuvo que invadir la privacidad de esa casa y de la comida, porque sabía lo que Jesús podía ser para ella.

Jesús es central porque él es Dios. Juan 1:1 dice: "En el principio era el Verbo, y el Verbo era con Dios, y el Verbo era Dios." Juan dice que Jesús es Dios en forma humana. El es Dios entre nosotros. Filipenses 2:6-11 dice que él es "igual a Dios". El ES Dios.

Jesús es central porque él es el amo de cada situación. El se hace cargo y se vuelve el punto focal de cada discusión cuando le dan la oportunidad. Sí, Jesús es soberano; él es Señor. El es el que quiere ser el *centro* de toda la vida.

II. Porque nos acepta

Jesús no le dijo a la mujer pecadora: "¡Vete de este lugar!" El la aceptó, así como nos acepta a nosotros. El se interesa por nosotros, nos ama y nos perdona.

Jesús nos acepta a pesar de nuestro pecado. Todos sabían que la mujer que había venido sin ser invitada era una pecadora. Ella lo sabía y Jesús lo sabía también. Uno de los fariseos dijo para si: "—Si éste fuera profeta, conocería quién y qué clase de mujer es la que le está tocando, porque es una pecadora" (Luc. 7:39). Las Buenas Nuevas son que Jesús nos acepta aunque seamos lo peor. Jesús dijo: "Porque no he venido para llamar a justos, sino a pecadores" (Mat. 9:13).

Dios perdonó a Noé, a David. Jesús perdonó a Zaqueo. El vio con compasión las lágrimas de arrepentimiento de Pedro. Jesús nos acepta a todos a pesar de nuestros pecados si vamos a él con fe.

Jesús nos acepta a pesar de las barreras que otros ponen para mantenernos fuera. Jesús alienta a la gente a saltar las barricadas. Podemos tratar de tener nuestra torre de marfil, pero Jesús la derriba. Podemos tener fiestas para la sociedad, pero Jesús alcanza a los que están en dolor y en necesidad de él. El hombre está solitario y quiere ser aceptado. ¡Y esto es lo que Jesús hace!

III. Porque nos ayuda

Seamos francos y hagámonos una pregunta sincera que nosotros mismos podamos contestar. ¿Cómo me va? Si alguien le pregunta al principio o al final del culto, o mañana en la tienda: "¿Cómo le va?", usted probablemente diría: "¡Muy bien!" ¡Mentiroso! Algunos de nosotros podemos estar sufriendo y necesitamos ayuda. Si podemos ser sinceros con Jesús así como la mujer perdida en esta historia, recibiríamos ayuda. Pero si actuamos como los fariseos y decimos: "Muy bien. No necesito nada", entonces perderemos la ayuda que Jesús quiere darnos. *Dios quiere ayudar al abatido.* ¿Alguna vez ha estado así? La mujer de la historia sí. ¡Ella estaba cansada de la vida! Y ella encontró a Jesús. También Elías, que se echó debajo de un enebro. El estaba muy cansado y abatido. Dígaselo al Todopoderoso y usted lo verá viniendo en su ayuda.

Jesús ayuda cuando la tentación golpea duro. Miss América 1984 fue Vanessa Williams, una hermosa muchacha de color. Ella cedió a la tentación de dejarse retratar desnuda y perdió su corona y el título. Si solamente hubiera acudido a Jesús cuando enfrentaba la tentación, el Señor le hubiera dado la victoria. Cuando la tentación llama a la puerta pida ayuda a Jesús. Dios le dice a su pueblo: "Pero yo, Jehovah, les responderé" (Isa. 41:17). Dios nos ayudará en ese momento si sencillamente se lo pedimos.

IV. Porque él redirige nuestras vidas

La mayoría de la gente admite necesitar correcciones a la mitad del camino. Jesús ubica nuestra vida en el curso correcto. ¡Qué cosa tan emocionante es la brújula que le dice al navegante dónde está el norte! Jesús nos señala la dirección clara de la vida sin error.

El puede dirigirnos en el sendero de la victoria espiritual. En la historia del Evangelio según Lucas Jesús deja que la mujer regrese a su ciudad, pero con un propósito nuevo: el de conquistar el mal. La mayoría de nosotros conocemos a muchos que han dado media vuelta en la vida. Cristo puede cambiar lo profano en pureza, al vil pecador en un santo maravilloso, y una vida inútil en una útil.

Jesús nos da una vida de paz. Nuestra Biblia castellana dice: "Id en paz." El griego dice: "Entrad en la paz." Jesús la envió de regreso dentro de una atmósfera y dentro del reino de la paz. No solamente tenía paz en su corazón, sino también un nuevo mundo de paz en el cual vivir. Jesús es estimulante porque él puede hacer por nosotros lo que hizo por aquella mujer pecadora.

El nos invita a irrumpir en su presencia. El nos aceptará a todos como somos. El aceptará nuestras lágrimas de arrepentimiento y la fresca unción en sus pies. ¿Está usted dispuesto a arrodillarse a los pies de Jesús, a ser cambiado y a recibir nueva esperanza de él?

Datos para el archivo:

Fecha: _____

Ocasión: _____

Lugar: _____

22

UN LLAMADO AL ARREPENTIMIENTO

Os digo que no; más bien, si no os arrepentís, todos pereceréis igualmente. Lucas 13:3

Cualquiera que conoce del servicio militar entiende las órdenes de marcha. Una orden que frecuentemente se da es: "A retaguardia, ¡marchen!" Esto significa cambiar de dirección e ir en la dirección opuesta. La palabra "arrepentimiento" significa un cambio. Significa "cambiar de manera de pensar o cambiar de opinión", y consecuentemente la manera en que uno vive. Arrepentimiento es volverse del pecado hacia Dios. Es la nueva orientación de la vida y de la personalidad por recibir a Cristo como Señor. Es cambio espiritual hecho por la acción del Espíritu Santo en la vida de una persona.

El texto menciona algunos galileos que murieron por órdenes de Pilato. Esos judíos que habían estado adorando habían planeado un levantamiento contra el gobernador romano. Los planes se divulgaron y Pilato envió soldados entre la gente que estaba haciendo sacrificios de animales. Los soldados tenían garrotes y espadas escondidos bajo su uniforme. En un momento dado los sacaron y empezaron a matar a los adoradores, cuya sangre se mezcló con la del sacrificio de los animales. Jesús dijo que esos galileos no eran peores que cualquier otra gente. Los que no se arrepintieran algún día enfrentarían la muerte también, dijo Jesús.

Se mencionó otro asunto de ese tiempo también. La ciudad no tenía suficiente dinero para construir un acueducto para llevar agua a la ciudad. Pilato tomó dinero del tesoro del templo para completar el proyecto. Durante la construcción se cayó una torre que sostenía el acueducto y mató a dieciocho obreros. La gente pensaba que era un juicio de Dios sobre los obreros que habían cooperado con Pilato. Respecto a los hombres que murieron, Jesús dijo: "¿Pensáis que ellos habrán sido más culpables...? Os digo que no; más bien, si no os arrepentís, todos pereceréis de la misma manera" (Luc. 13:4b, 5). Jesús relató esas dos historias para señalar la necesidad universal de arrepentimiento. El hombre necesita arrepentirse.

I. ¿Quién debe arrepentirse?

La palabra "os" incluye a todos. La invitación es universal. El pecado es tan amplio como la raza humana; consecuentemente, el arrepentimiento se demanda a todos.

El que no es salvo debe arrepentirse. Jesús dijo: "...he venido para llamar a...pecadores" (Mat. 9:13). El mensaje de Juan el Bautista en Mateo 3 era: "¡Arrepentíos!" Jesús murió por todos.

Los que contaminan la mente y el corazón de otros necesitan arrepentirse. Enfrentamos grave contaminación moral y espiritual: Literatura pornográfica, películas inmorales, alcohol, drogas y mucho más. En Hechos 19:19 leemos de la quemazón de libros de magia. El hombre necesita arrepentirse del pecado de contaminar la mente de otros. Vivimos alrededor de gente a la que le falta vergüenza y sentido de culpabilidad. Muchos malhechores han perdido su sensibilidad moral; sus conciencias se han endurecido. Juan el Bautista declaró que: "El fuego que no se apagará" espera a los que no se arrepienten.

El que descuida su hogar debe arrepentirse. La vida familiar se está desintegrando. El hogar es un baluarte para ayudar a salvar y mantener la sociedad, pero los hogares se están deshaciendo en proporciones vertiginosas.

Una historia de las páginas de la Biblia acerca de la degeneración del hogar se refiere a Elí y sus hijos. Elí servía como juez y sumo sacerdote en Israel. Sus hijos también servían como sacerdotes, pero eran inmorales. Elí no los había corregido ni disciplinado. Dios trajo una muerte súbita sobre sus hijos y rechazó a Elí como líder espiritual de Israel. Las familias necesitan entender la urgencia de arrepentirse y andar en el camino de Dios.

En Italia, el notable obispo Ambrosio (340-397 d. de J.C.) le negó al emperador Teodosio el "pan santo y el vino de la comunión". El emperador había masacrado a centenares de personas en Tesalónica. El emperador protestó diciendo que el rey David había sido culpable de homicidio y adulterio y había sido perdonado. Ambrosio contestó: "Tú has imitado a David en su crimen; ahora imítalo en el arrepentimiento." ¿Estamos arrepintiéndonos?

II. ¿Por qué debemos arrepentirnos?

Hay una nota urgente que se oye en este pasaje del Evangelio según Lucas. Jesús apremiaba a sus oyentes al arrepentimiento. ¿Por qué?

Debemos arrepentirnos por causa de la bondad y longanimidad de Dios. Sabemos de la paciencia de Dios. Romanos 2:4 habla de la "paciencia y magnanimidad" de Dios. El sigue esperando que nosotros nos volvamos a él. La predicación de Noé en Génesis 6 nos habla de la paciencia de Dios. El esperó 120 años a que el mundo se arrepintiera.

Cuando yo tenía ocho años de edad, un hermano mayor me dio un cigarro hecho con papel enrollado y me dijo que me quedara a un lado de la chimenea para fumarlo. Luego se fue corriendo calladamente a la casa y le dijo a mi madre lo que yo estaba haciendo. Ella apareció pronto con una rama de durazno para castigarme por fumar. Mi madre no mostró mucha "paciencia", pero Dios sí. El espera para que nosotros nos arrepintamos. ¡Apresurémosnos!

Debemos arrepentirnos para evitar la muerte espiritual. El texto nos recuerda de la muerte inevitable de cada pecador no arrepentido. La opción es: "Arrepentirse o perecer." Es "vida o muerte". Es el cielo o el infierno. Es la condenación o la salvación. El profeta declaró: "...Arrepentíos y volved... ¿Por qué habréis de morir?... ¡Arrepentíos y vivid!" (Eze. 18:30-32). Hebreos 10:31 nos dice: "¡Horrenda cosa es caer en las manos del Dios vivo!"

Todos debemos arrepentirnos por la bienvenida que el cielo les da a los que regresan a Dios. Lucas 15:4, 7 y 10 nos recuerda del gozo que hay en los cielos por cada pecador que se vuelve a Dios. El cielo se regocija cuando un pecador deja su pecado y se vuelve a Dios.

El padre del evangelista Dwight L. Moody murió cuando su hijo tenía cinco años de edad. La madre se quedó con nueve huérfanos. Un hijo de dieciséis años se fue de la casa poco después de la muerte de su padre sin decir adiós a la familia. La madre esperó por años el regreso de su hijo. Cada día enviaba a uno de sus hijos a la oficina de correos del pueblo, pero el cartero nunca tenía nada para ellos.

Los años pasaron. Un día un extraño de barba y pelo gris llegó al pequeño pueblo de Massachusetts. Pasó por el cementerio y vio que solamente estaba la tumba de su padre. Fue a la vieja casa de la familia y llamó a la puerta. Una madre de pelo canoso, encorvada y frágil, abrió la puerta y miró al extraño por un momento. Luego de pronto sus ojos se llenaron de lágrimas. Su hijo había venido a casa al fin. Usted puede imaginarse el resto de la historia.

¡Y qué bienvenida y qué perdón, amor y aceptación espera a los que regresan a Jesús! El nos alienta a hacerlo. El y todos en el cielo esperan que cada persona perdida regrese a Dios. ¿Regresará usted a Dios ahora mismo?

Datos para el archivo:

Fecha: _____

Ocasión: _____

Lugar: _____

23

¿QUE PUEDE HACER DIOS?

El les dijo: —Lo que es imposible para los hombres es posible para Dios. Lucas 18:27

Un día Henry Ford llamó a uno de los químicos a su oficina para una plática. El señor Ford le dijo al químico:

—Mucha gente se mata con los vidrios quebrados de los parabrisas de nuestros automóviles. Quiero que haga un vidrio a prueba de astilladuras.

El químico le contestó:

—Señor Ford, he estado aquí bastante tiempo para saber que no puede hacerse vidrio inastillable.

El fabricante de automóviles respondió como una tromba:

—Si usted ha estado aquí bastante tiempo para pensar que esto no puede hacerse, entonces usted ha estado aquí demasiado tiempo.

Algunas veces queremos ponerle restricciones a Dios. Podemos pensar que él está limitado en lo que puede o no puede hacer. Tal vez necesitamos tener nuestras mentes abiertas a la verdad de Lucas 18:27 que declara que nada es imposible para Dios. ¡Dios puede! En este capítulo encontramos tres ejemplos que nos muestran algunas de las maneras en que Dios puede obrar. Podemos encontrar una respuesta a la pregunta:

¿Qué puede hacer Dios?

I. Puede contestar nuestras oraciones

Al principio del capítulo 18 en el Evangelio según Lucas, Jesús relató una parábola acerca de una viuda. Esa mujer iba al juez en su ciudad y le pedía que resolviera su problema. El juez no respondía al principio. Después dijo: "Le haré justicia a esta viuda, porque no me deja de molestar; para que no venga continuamente a cansarme" (Luc. 18:5). Luego Jesús dijo: "¿Y Dios no hará justicia a sus escogidos que claman a él de día y de noche? ¿Les hará esperar?" (v. 7). Sí, ¡Dios puede contestar la oración!

Aquí hay una promesa. "Dios... hará justicia a sus escogidos" (18:7). Esta promesa la encontramos una y otra vez en la Biblia. Si alguien nos despierta a las dos de la madrugada y nos pide un pasaje de la Biblia sobre la oración, debemos poder citarle Jeremías 33:3: "Clama a mí, y yo te responderé..." Subraye este versículo en su Biblia. Mire Mateo 7:7: "Pedid, y se os dará. Buscad y hallaréis. Llamad, y se os abrirá." Juan 16:24 dice: "Hasta ahora no habéis pedido nada en mi nombre. Pedid y recibiréis, para que vuestro gozo sea completo." Dios sí promete y contesta cuando oramos.

Aquí hay un llamado a perseverar. La viuda siguió con su apelación al juez. Dios habla de "sus escogidos, que claman a él día y noche". Puede ser que no conteste al principio cuando le pedimos. Dios puede querer ver si realmente estamos interesados. Este asunto de perseverar en la oración a menudo olvidado porque algunos creen que solamente necesitamos tronar nuestros dedos para que Dios corra hacia nosotros. Jesús habla acerca de la oración perseverante. Esa fue la experiencia de Moisés en Deuteronomio 9:25 donde él declaró: "Yo me postré delante de Jehovah cuarenta días y cuarenta noches; me postré,..." ¡Esa reunión de oración no terminó en media hora! ¿Sabemos algo de permanecer delante de Dios siquiera media hora o más? La oración perseverante llama la atención de Dios. ¿Cuándo fue la última vez que agonizamos y prevalecimos en oración?

Aquí viene la prescripción de Dios. El contestará. Dios da como él sabe mejor. Algunas veces quiero escribir una fórmula y hacer mi lista de oración en orden de prioridad de necesidades. Sin embargo, Dios puede que no conteste como yo quiero que lo haga. El sabe lo mejor para mí en lo temporal y a largo plazo. El Señor puede estar formándonos a través de las circunstancias agonizantes de la vida para hacernos trofeos de la gracia que quiere que seamos. El precepto de Dios y su respuesta pueden no ser lo que yo había anhelado, pero él contestará la oración.

II. Puede perdonar nuestro pecado

En Lucas 18 leemos la historia del fariseo y el publicano. El publicano era uno de los despreciados bien conocidos de la sociedad. Su pecado lo había separado de Dios y de otros, pero cuando él se humilló en quebrantamiento y arrepentimiento, Dios lo perdonó. El quería perdón y regresó "justificado" a su hogar. ¡Limpio!

Todos necesitamos caminar la ruta del publicano para tener una vida enderezada. ¿Puede Dios darme un nuevo comienzo en la vida? ¿Puede él perdonar *todos* mis pecados? La respuesta es *sí*. Puede ser que el mundo no sepa acerca de todas mis perversidades y de todos sus pecados, pero *Dios sí*. ¿Puede él perdonarnos? La buena noticia del evangelio es que Dios ama al pecador y está esperando que nosotros reconozcamos nuestro pecado para perdonarlo.

Sin embargo, aquí puede haber algo importante. ¿Cómo oramos? Podemos hacerlo como lo hizo el publicano. El no hizo una oración larga e impresionante. El clamó: "Dios, sé propicio a mí, pecador." ¡Seis palabras! Si vamos como él y oramos como él, eso significa que Dios perdonará.

Hace años los pastores en su "oración del púlpito" a veces oraban durante diez a quince minutos. ¿Le gustaría una oración pública por un hombre que sigue y sigue? ¡A nosotros no nos gustaría! No tenemos que extendernos tanto en la confesión si somos sinceros con Dios. No podemos fijar el tiempo para oraciones largas o cortas. Las circunstancias de la vida y el Espíritu Santo indican cómo deben ser nuestras oraciones. Pero cuando se trata del perdón de los pecados, Dios nos limpia en el momento en que nos arrepentimos y le pedimos que nos quite el pecado. Sí, ¡Dios puede perdonar el pecado!

III. Puede librarnos de cualquier tentación que nos destruiría

Recordamos la historia del joven rico. El corrió hacia Jesús. Preguntó qué necesitaba hacer para tener vida eterna. Jesús le repitió algunos de los mandamientos de Moisés. El joven le dijo que los había guardado desde su niñez. El era un gran candidato para el cielo. ¡A un hombre así lo haríamos presidente de cualquier comité o capitán de cualquier equipo! Entonces Jesús le pidió que regalara sus riquezas y lo siguiera. Eso terminó la historia, excepto por la posdata: Dios puede librarnos de cualquier cosa que nos aleje de él, si confiamos en él.

John D. Rockefeller era un millonario a los treinta y tres años, tenía el negocio más grande del mundo a los cuarenta y cuatro, y se convirtió en el hombre más rico del mundo a los cincuenta y tres. El médico de Rockefeller le dijo que moriría dentro de un año. Las cejas y el pelo se le habían caído, y no podía dormir. Una noche se fue a casa, le prometió a Dios que revisaría sus prioridades y empezó a dar millones de dólares a las iglesias, a las escuelas y a los hospitales. Dios le permitió vivir hasta los noventa y ocho años de edad. Sí, Dios es capaz de librarnos de cualquier tentación que nos destruya.

El capítulo 18 de Lucas tiene tres historias con tres verdades poderosas: 1) Dios puede contestar la oración. 2) Dios puede perdonar el pecado, y 3) Dios puede librarnos de cualquier tentación que nos destruya. Podemos confiar en Dios, que quiere hacer todo esto por su pueblo.

Datos para el archivo:

Fecha: _____

Ocasión: _____

Lugar: _____

24

LAS LEYES DE LA COSECHA ESPIRITUAL

Porque en esto es verdadero el dicho: "Uno es el que siembra, y otro es el que siega. Juan 4:37

Los científicos dicen que nuestra tierra gira en el espacio a una velocidad de 102.976 kms. por hora. ¡Qué maravilloso universo ha hecho Dios, y qué tremendas leyes están en operación! Cuando un "objeto" se aleja de la atracción gravitacional de la tierra, sigue en movimiento perpetuo.

Tenemos también leyes espirituales maravillosas que pueden entrar en acción. Una vez que descubrimos esas leyes y actuamos en conformidad con ellas, bendicen nuestras vidas. Encontramos algunas de esas leyes en la notable historia de Jesús y la mujer samaritana. ¿Cuáles son?

I. La renovación viene a los que hacen la obra de Dios

Cuando una persona trabaja, se cansa o se fastidia. Experimentamos el agotamiento porque nuestras energías se consumen. A veces nos sentimos tan cansados que creemos que no podremos dar un paso más. Cuando esto sucede, nos gustaría ser renovados o revitalizados. Podemos tomar unas vacaciones o dormir para renovarnos. Pero cuando realmente dejamos que nuestras vidas se sometan a la voluntad y a la obra de Dios, él nos revitaliza.

Leemos que Jesús y sus discípulos salieron de Jerusalen y llegaron a Samaria. Mientras los apóstoles fueron a comprar pan, Jesús se sentó en el brocal del pozo de Jacob. Luego una mujer de Samaria vino a sacar agua y Jesús empezó a platicar con ella.

Los discípulos pronto regresaron con alimentos. Jesús ya no se sentía cansado. Los discípulos no entendían. Se preguntaban cómo lo había conseguido. El Señor dijo: "Yo tengo una comida que comer, que vosotros no sabéis." El cumplió la voluntad de Dios y fue renovado.

La nuestra es una obra espiritual. Zacarías escribe: "...No con ejército, ni con fuerza, sino con mi Espíritu, ha dicho Jehovah de los Ejércitos" (4:6). De esta manera el Señor llena con su presencia y poder hasta el cuerpo dolorido, los pasos tambaleantes o la lengua balbuceante. Dios nos refresca porque tenemos una obra espiritual que hacer.

Dios honra al que hace su voluntad. No importa quiénes somos; cuando empezamos a hacer la obra de Dios, él nos dará nuevo poder, energía y nueva esperanza.

Durante mis años en el seminario, yo servía como pastor de una iglesia en Little Rock, Arkansas. Albert Evans, un anciano inválido, enseñaba una clase de escuela dominical para muchachos. El visitaba y participaba de la vida de la iglesia en toda manera posible. Una vez le pedí que orara y su oración no la he olvidado. El dijo:

> Señor, bendice a nuestro pastor cuando predique hoy. Dios, bendice a nuestra iglesia y a la gente en derredor de la Iglesia Bautista La Trinidad. Y ahora, Señor, pido por mi clase de Escuela Dominical. Señor, el pequeño Ricardo no estuvo hoy. El vive en la calle Hanger, creo que en el número 1213. Espera, Señor. No estoy seguro, pero creo que ese es el número de su casa...

¡Albert Evans! Un hombre lisiado por causa de una caída de un tren de carga; un hombre que había perdido un ojo en una pelea durante sus años que se emborrachaba antes de ser cristiano; un convertido a Cristo y un inspirado maestro de muchachos; sí, él sabía lo que era ser renovado cuando hacía la obra de Dios. ¡Qué ley espiritual encontramos para cada creyente!

II. Las temporadas de cosecha espiritual se derraman sobre nosotros en cualquier tiempo

Esta ley espiritual la vemos en el texto. Cuando Jesús caminaba por Samaria la gente decía que faltaban cuatro meses para la cosecha. Jesús alzó la vista, vió multitudes de gente y dijo: "¡Los campos ya están blancos! ¡Están listos para la siega!"

Necesitamos estar alerta para el tiempo de la cosecha. Una noche de luna me senté en el coche con un compañero. Ese hombre no tenía más de 18 ó 19 años de edad. El "se agarró" de la oportunidad de recibir a Cristo como su Señor. Muchos están esperando que nosotros les hablemos de Jesús, y nosotros a menudo los pasamos por alto. Los discípulos habían ido a la villa de Sicar sin decirle a nadie que el Mesías estaba cerca. Regresaron y se dieron cuenta que Jesús se había puesto alerta y sensible a las necesidades de una mujer samaritana. ¿Cuál fue la diferencia entre los doce y Jesús? ¡El grupo no vio la oportunidad, pero Jesús sí!

Jeremías declara: "Ha pasado la siega, se ha acabado el verano, ¡y nosotros no hemos sido salvos!" (8:20). Algunos de los samaritanos en la villa pudieron haber perdido la oportunidad de salvación. Asegurémonos que nadie pierde la oportunidad de ser salvo por nuestra negligencia en testificar, invitar y atraer. El tiempo de la siega está sobre nosotros. Participemos de la cosecha.

III. La obra espiritual une a los siervos de todas las edades

Esta es una verdad emocionante. Jesús dice: "Porque en esto es verdadero el dicho: "Uno es el que siembra, y otro es el que siega" (Juan 4:37). El Antiguo Testamento predijo al Mesías. La mujer samaritana no conocía el significado completo de ese mensaje hasta que Jesús la encontró. Y entonces Jesús y los profetas unieron su trabajo. Algunos sembraron. Otros cosecharán como él lo hizo.

Adoniram Judson viajó hasta Birmania el siglo pasado. En ese campo misionero tan lejano sepultó a su esposa y a sus cuatro hijos. Judson sufrió prisiones y dificultades indescriptibles. Los resultados de su trabajo no ocuparían titulares en los periódicos. Pero otros vinieron después y segaron donde él había plantado la semilla.

Piense en la obra espiritual que forma una cadena interminable de obreros, todos unidos. Jesús y los apóstoles trabajaron, y ahora nosotros llegamos a ser parte de lo que ellos hicieron.

IV. Dios nos sorprende con la gente que usa en su cosecha

¿Quiénes son los que Dios usa? Dios utilizará cualquier vaso que esté disponible. ¡Una mujer pecadora! ¡Una samaritana! Ella encontró que Cristo era real para su vida y luego se apresuró a ir a su pueblo como un evangelista ardiente y llevó a la gente a ver a Jesús. El Señor permaneció con los samaritanos por dos días. ¿No nos gustaría conocer toda la emoción que la presencia del Señor trajo a ese lugar?

Cuando Dios tiene acceso a nuestros corazones podemos trastornar a todo un pueblo por él. Un buen número de damas hispanas y anglos en Hammond, Indiana, van a complejos de apartamentos cada semana y ganan a docenas para el Señor. La Primera Iglesia Bautista de esa ciudad vibra de emoción todo el tiempo por el amplio testimonio de su iglesia por Cristo.

Yo me crié en una granja en Arkansas. La tarea de cosechar algodón, cortar mazorcas de maíz y sacar cacahuates de la tierra siempre me emocionaba cuando era muchacho. ¡Me encantaba el trabajo! Pero la cosecha más grande en la que cualquier persona puede participar es en la mies de Dios.

En este tiempo, ¿quiere usted ser una persona que invierte su vida en el servicio del Señor? ¿Quiere hacer un voto público para empezar hoy?

Datos para el archivo:

Fecha: _____

Ocasión: _____

Lugar: _____

25

LAS PALABRAS DE JESUS

Los guardias respondieron: —¡Nunca habló hombre alguno así! Juan 7:46

Un diccionario puede ser una lectura interesante para una persona que realmente tiene interés en las palabras. La persona promedio habla más palabras que las que uno se imagina, millares de palabras cada día. Algunas veces nuestras palabras son buenas; otras veces son malas. Jesús compartió sus mensajes con palabras; pero nunca dijo una palabra ociosa o vana. Haríamos bien en ser como él en nuestro lenguaje. Jesús siempre dijo palabras correctas.

¿Cómo son las palabras de Jesús?

I. Son palabras eternas

En Mateo 24:35 Jesús dijo: "El cielo y la tierra pasarán, pero mis palabras no pasarán." Las palabras de Jesús son citadas desde los púlpitos, en las clases de escuelas dominicales y en testimonios individuales por millones de personas cada semana. Las palabras de Jesús no pierden su significado y su frescura. Son palabras eternas.

Escuche las palabras de algún político, esas se olvidan en una semana. ¡La gente hasta olvida las palabras del predicador! Las palabras de los síquicos con sus predicciones no se cumplen y quedan olvidadas. Pero las palabras de Jesús son eternas.

Lucas 10 nos presenta la famosa historia del Buen Samaritano. El sacerdote y el levita pasaron de largo a un hombre que había sido herido, robado y dejado por muerto. El Buen Samaritano descendió de su asno y ayudó al hombre. La historia tiene un significado eterno para nosotros. Todos los mensajes de Jesús resultaron de esa manera. Sus palabras permanecen frescas y actuales.

II. Son palabras de gracia

Lucas 4:22 declara: "Todos... estaban maravillados de las palabras de gracia que salían de su boca..." Sus palabras de gracia: palabras de ternura, calor, belleza y comprensión. El cumplió la hermosa profecía de Isaías 50:4: "El Señor Jehovah me ha dado una lengua adiestrada para saber responder palabra al cansado." Jesús hizo eso ciertamente.

Fíjese en el caso de la mujer que fue tomada en pecado, según lo cuenta Juan 8. Aquella mujer tomada en el acto de pecado no tuvo que enfrentar a sus acusadores con el hombre que también era culpable. El se fue. Jesús sorprendió a los que trajeron a la mujer con su bondad expresadas a favor de ella. Jesús habló palabras de gracia: "Ni yo te condeno; vete, y no peques más."

¿No hemos sentido todos la gracia de sus palabras viniendo a nosotros por el Espíritu Santo? ¡Esto necesitamos! Hay lugar para la "predicación fuerte", y algunas veces es el evangelista y el pastor los que más las necesitan. Las palabras de Jesús son de gracia (Isa. 42:2, 3). La gente solitaria y desesperada necesita saber que Cristo quiere hablarles con ternura, gracia y amor.

III. Son palabras poderosas

Escuchemos lo que Lucas 4:32 escribió de él: "Y se asombraban de su enseñanza, porque su palabra era con autoridad." Cuando Jesús llamó a sus discípulos, su voz debe haber expresado palabras poderosas y atractivas. El dijo: "Venid en pos de mí, y os haré pescadores de hombres." Ellos respondieron a las palabras de Cristo. Cuando Jesús condenó a los rígidos saduceos y fariseos, ellos sintieron el aguijón de sus palabras poderosas. Recordamos esas palabras en Mateo. El llamó a los líderes religiosos: "Sepulcros blanqueados... llenos de huesos de muertos..." (Mat. 23:29). Las palabras de Jesús a la gente rebelde y contumaz son palabras poderosas.

Las palabras de Jesús contra Satanás son poderosas. El diablo escuchó palabras contra él viniendo de labios del Maestro (Mateo 4).

Esas palabras que escuchamos hoy son de poder y fortaleza espiritual. Penetran los corazones y la mente. Nos hacen volvernos a Dios. Hacen que amemos a nuestro prójimo y aun a nuestros enemigos. Nos animan a tratar a nuestros familiares en la manera correcta, para testificar de él, para hacer todo lo que él nos manda.

IV. Son palabras espirituales

Jesús dijo: "...Las palabras que yo os he hablado son espíritu y son vida" (Juan 6:63). La ocasión había sido la alimentación de las multitudes en el desierto. Jesús dejó que la gente supiera que sus palabras habían venido del cielo y que él es el Pan de Vida.

Las palabras de algunos a menudo no son más que "basura". Vaya a cualquier café, restaurante o negocio. Es chocante lo que se escucha en esos lugares, y hasta en escuelas públicas y en algunos "colegios cristianos". Es similar al personaje Cristiano, de Juan Bunyan, que llegó a la "Feria de Vanidades" en su *Progreso del Peregrino*. Peregrino escuchó palabras corruptas en ese lugar. Así no son las palabras de Jesús. Las suyas son palabras espirituales. Las nuestras debieran ser palabras espirituales también. Escuche su hablar. ¿Cuánto se parece al de Jesús?

V. Son palabras que dan vida

Simón Pedro escuchó cuidadosamente a Jesús cuando habló a las multitudes en el desierto. Luego exclamó: "Tú tienes palabras de vida eterna" (Juan 6:68). Recordamos las palabras de Jesús que dan vida en Juan 3:16. Sus palabras al ladrón en la cruz le dieron vida. Las palabras de Cristo nos dan vida cuando las aceptamos.

VI. Son palabras de juicio

Las palabras de juicio deben darnos temor. El cristiano va a enfrentar un día cuando muchas de sus obras serán quemadas (1 Cor. 3:12, 15). El juicio, la condenación y el infierno vienen a los que rechazan las palabras de Jesús. Juan 12:48 golpea nuestros corazones: "El que me desecha y no recibe mis palabras tiene quien le juzgue: La palabra que he hablado le juzgará en el día final." Otra vez en Mateo 25 Jesús dice a la generación perversa: "Apartaos de mí, malditos, al fuego eterno." El dice a los "traficantes de milagros" en Mateo 7:21-23 que el juicio se acerca.

Podemos no recordar lo que a menudo decimos durante el día. Puede ser fácil hacerse el sordo a lo que otros dicen. Es sumamente importante, sin embargo, que escuchemos y atesoremos las palabras de Jesús. ¡Escuchemos hoy sus palabras!

Datos para el archivo:

Fecha: _____

Ocasión: _____

Lugar: _____

26

LA ESCUELA DE ORACION DE CRISTO

De cierto, de cierto os digo que el que cree en mí, él también hará las obras que yo hago. Y mayores que éstas hará, porque yo voy al Padre. Y todo lo que pidáis en mi nombre, eso haré, para que el Padre sea glorificado en el Hijo. Si me pedís alguna cosa en mi nombre, yo la haré. Juan 14:12-14

Algunos van a la escuela riendo y jugando, otros quizá llorando y con miedo. Sin embargo, tarde o temprano todos aprendemos que la escuela puede ser una experiencia valiosa.

En una ocasión los discípulos de Jesús le pidieron que les enseñara a orar. Ellos pronto fueron matriculados en su "Escuela de Oración". Nosotros también necesitamos aprender más acerca de la oración, ese sencillo arte de hablar con Dios. Cristo nos enseñará a orar si nos matriculamos en su escuela de oración.

I. Nos enseña a acercarnos correctamente a la oración

Las palabras del texto abren nuestra mente. Todas las enseñanzas de Jesús sobre la oración pueden sacudirnos. Por ejemplo, el versículo 14 declara: "Si me pedís alguna cosa en mi nombre, yo la haré." Al leer esas palabras se eliminan todas las barreras. Veamos más de cerca el verdadero enfoque de este pasaje.

Debemos orar dentro de la voluntad de Dios. La "voluntad de Dios" significa su deseo, su decisión, su plan. Dios sabe mejor, y nosotros debemos seguir su plan para toda nuestra vida. Dentro de este pasaje de Juan 14:12-14 está implícita la voluntad de Dios.

Jesús vino como Salvador de acuerdo con la voluntad de Dios. El realizó todas las actividades de la vida dentro de la voluntad de Dios, sin negarla ni descuidarla nunca. En Juan 8:29 el Salvador dijo: "...porque yo hago siempre lo que le agrada a él." El se deleitaba en hacer la voluntad del Padre, cualquiera fuera el costo. En la terrible hora en Getsemaní, Jesús oró: "—Padre mío, si no puede pasar de mí esta copa sin que yo la beba, hágase tu voluntad" (Mat. 26:42). Jesús siempre hizo lo que Dios quería.

Pablo buscaba la voluntad de Dios en su obra misionera. Cerca del fin de uno de sus viajes, Pablo llegó a Cesarea a la casa de Felipe (Hech. 21:8). Cuando hablaba acerca de ir a Jerusalén, cierto profeta trató de persuadirle para que no fuera, por los peligros que había en la ciudad. Pablo declaró: "...Porque yo estoy listo...a morir en Jerusalén por el nombre del Señor Jesús" (Hech. 21:13b). Luego la gente declaró: "Hágase la voluntad del Señor" (v. 14b).

Oramos de la manera correcta cuando lo hacemos en la voluntad de Dios. No debemos desviarnos de esa voluntad divina. Si alguien nos pregunta cómo orar, debemos contestar: "¡Ora dentro de la voluntad de Dios!"

Debemos orar en el nombre de Cristo. Jesús dice: "Si me pedís alguna cosa en mi nombre, yo la haré" (Juan 14:14). Su nombre no es una fórmula mágica que usamos al fin de nuestras oraciones. "En su nombre" representa el carácter y la obra total de Jesús. Orar en el nombre de Jesús nos da entrada al Padre por medio de la muerte expiatoria y la resurrección de Jesús. Basamos nuestras oraciones sobre lo que él ha hecho por nosotros y hasta sobre su ascensión y entronización como Señor de todo. Por su nombre tenemos salvación (Hech. 4:12). Por su nombre tenemos victoria sobre todo enemigo (Luc. 10:17). El es la autoridad.

Debemos orar con fe. "Y todo lo que pidáis (creer está implicado) en mi nombre, eso haré" (Juan 14:13a). Jesús dice: "Todo lo que pidáis en oración, creyendo, lo recibiréis" (Mat. 21:22). Por fe sabemos que Cristo murió y fue exaltado; por fe somos suyos; por fe tenemos acceso a él, y por fe creemos que Cristo tiene la autoridad para conceder nuestras peticiones. Acerquémonos con fe genuina.

Debemos orar por la gloria de Dios. Jesús dice: "Y todo lo que pidáis en mi nombre, eso haré, para que el Padre sea glorificado en el Hijo" (14:13). Las respuestas a las oraciones vienen cuando Dios es de ese modo glorificado.

Un día Jesús caminaba por un lugar en Galilea. Las multitudes vinieron a él trayendo toda clase de enfermos. Cristo los sanó a todos. Luego el pasaje registra que la gente "glorificaban al Dios de Israel" (Mat. 15:31). Alabémosle cuando él dice sí a nuestras peticiones y también cuando en su sabiduría él rehúsa darnos lo que le pedimos.

II. Nos enseña a orar sobre cosas específicas

Es interesante notar que Jesús relaciona este asunto de la oración a su propia obra, así como a la nuestra.

Debemos orar por el extendimiento de la obra de Dios. Miremos Juan 14:12. Jesús declara que el creyente puede hacer lo que él mismo ya ha hecho. Esta declaración nos toca. ¿Cómo hacemos esas "obras" y cuáles son? La nuestra es mundial, mientras que Jesús se limitó principalmente a los judíos. Nosotros podemos alcanzar multitudes para Cristo, tocando cada área de las necesidades del hombre. Este no es un asunto pequeño. La ascensión del Señor nos capacita para romper todas las barreras con el mensaje de vida. *Podemos pedir fuerza para hacer la obra de Dios.* El nos habilita para eso. ¿Cómo puede el siervo del Señor hacer obras poderosas? El nos llena con el Espíritu Santo para su propósito. Juan 7:37-39 es la garantía del dinamismo para nuestros deberes. Cada creyente tiene la ayuda para hacer todo lo que Dios tiene para él.

Dios es el gran Proveedor que capacita a su pueblo para trabajar en lo "secular" tanto como en lo "sagrado". Por ejemplo, cuando un estudiante toma su libro de geometría y aborda una ecuación, el Espíritu Santo nunca declara que ese esfuerzo está fuera de los límites de la ayuda de Dios. Nosotros no escuchamos al Espíritu Santo decir: "Yo te ayudaré a entender tu lección de la escuela dominical, pero me quedaré a la puerta del aula de clases y te dejaré luchar solo con las matemáticas, historia y química."

Podemos pedirle la capacidad para perdonar. Esta es, definitivamente, un terreno para oración concentrada y sincera. Muchos de nosotros luchamos con el resentimiento, la amargura y la ira. Pidamos un "espíritu perdonador". Cuando Cristo colgaba de la cruz, él oró por sus enemigos (Luc. 23:34). Esteban le pidió a Dios que perdonara a los que lo apedreaban (Hech. 7:55, 56). Perdonemos a nuestros enemigos y pidámosle a Dios que les prospere.

Podemos orar por compasión para otros. Jesús tenía interés y amor por la gente. El lloró cuando oraba por Jerusalén (Mat. 23:37). El veía a la gente como "ovejas dispersas" y nos pidió que oráramos por más obreros que pudieran satisfacer esas grandes necesidades.

Una dama había estado postrada en cama por meses. Henry Ward Beecher la visitó un día en su humilde casa. Ella se lamentaba de su inutilidad. El doctor Beecher le dijo: "Oh, no, usted es la mujer más útil en mi congregación. Usted ora por mí y yo creo que Dios la escucha." La dama dijo: "Bueno, yo sí oro por usted cada día sin falta. Y luego 'viajo' de un lado a otro por las calles de nuestro pueblito, orando por todas las familias y todos los que están en esas casas. Y cuando termino con cada casa en el pueblo, empiezo de nuevo si no estoy muy cansada."

Incontables millones se matriculan en instituciones educativas en algún lugar cada año. Cada cristiano tiene la oportunidad de matricularse en la mejor escuela conocida. No tenemos que preocuparnos por el costo y no tenemos que temer ser echados. Unase a mí y aliente a otros a unirse a usted en una nueva aventura en la oración en "la Escuela de Oración de Cristo", ¿quiere hacerlo hoy?

Datos para el archivo:

Fecha: _____

Ocasión: _____

Lugar: _____

27

UNA ORACION DE SANTIFICACION

Santifícalos en la verdad; tu palabra es verdad. Juan 17:17

Cuando alguien ora por nosotros nos sentimos alentados. Juan 17 contiene la oración más larga de Jesús conocida, en la cual él ora por nosotros. El pide a Dios que nos proteja, nos guarde y nos santifique en esta vida. Jesús pide que seamos apartados como pueblo santo. La impresión del pasaje es que tenemos una posición de santidad en Cristo como también una santificación progresiva. Aquí está la oración de Jesús para nuestra santificación. Notemos dos ideas principales acerca de la santificación. El ser santo o justo es posible y práctico.

I. La santificación es posible

Cualquier creyente puede ser santificado. Podemos ser hechos santos y vivir en santidad y justicia. Realmente podemos ser santificados. ¿Cómo es posible esto?

Somos santificados por el sacrificio de Jesús. El dio su vida por nosotros. Las ofrendas del Antiguo Testamento, puestas sobre altares, eran declaradas "santificadas". Cristo puso su vida en un "altar" por nosotros. El es mucho más grande que los sacrificios de animales del Antiguo Testamento. Hebreos 10:10 dice: "Somos santificados, mediante la ofrenda del cuerpo de Jesucristo." El cristiano es santificado mediante la sangre de Jesucristo (Heb. 13:12). Cuando Jesús murió en la cruz, él tomó nuestro lugar. Lo aceptamos como Salvador y su justicia, que es perfecta, nos es dada gratuitamente. El hace por nosotros lo que nadie más puede hacer.

Somos santificados por la obra del Espíritu Santo. El continuamente nos santifica. Vive en el corazón de *todos* los salvados (1 Cor. 12:13; 3:16, 17). El Espíritu Santo lleva a cabo la obra de aplicarnos la justicia de Cristo. Su relación con nosotros es íntima y continua (1 Tes. 2:13; Roms. 8:2, 3). En el momento en que un pecador perdido confía en Jesús, el Espíritu Santo le da la vida y la justicia de

Cristo. Y el Espíritu Santo hace una obra continua de moldear nuestras vidas como vasos sagrados de Dios. El "aparta" al pueblo de Dios y nos hace santos.

La Palabra de Dios nos santifica. La Palabra de Dios, llena de gracia y poder, es usada por el Espíritu Santo eficazmente a nuestro favor. Juan 17:17 declara que al recibir la Palabra de Dios somos hechos santos y apartados por esa Palabra. Jesús declara en Juan 15:3: "Ya vosotros estáis limpios por la palabra que os he hablado."

Los sacerdotes en el Antiguo Testamento lavaban sus manos y pies en la palangana antes de entrar al lugar santo en el templo. Si queremos limpieza, el creyente tiene la seguridad de que "...el lavamiento del agua con la palabra" cumplirá esto (Efe. 5:26). Es vital que nosotros no solamente creamos en Jesús y rindamos nuestra vida diariamente al Espíritu Santo, sino que también "permanezcamos en el libro de Dios". La santidad viene por la sangre de Cristo, por el Espíritu Santo y por la Palabra de Dios. En verdad, es más que evidente que el descuido de cualquiera de estos hará más lenta nuestra santificación progresiva.

La santificación viene mediante la fe. Esta es nuestra rendición a Dios. Cuando Pablo se convirtió, Dios le dio "papeles para predicar". El escuchó al Señor decirle que él tenía la tarea de convertir a la gente —de la potestad de Satanás a Dios; para que reciban, por la fe— herencia entre los santificados (Hech. 26:18). Nosotros participamos en el proceso de santificación mediante la fe en todo lo que Dios hace disponible para nosotros.

También somos santificados por la oración. Cuando menos, Jesús en su oración pide que sus seguidores sean santificados. Murray McCheyne de Escocia oraba: "Señor, hazme tan santo como puede serlo un pecador salvado." Me gusta eso. Debiéramos orar por nuestra propia "expansión" en santidad.

II. La santificación es práctica

La santificación no sólo es posible; también es práctica. Es preciosa y vale la pena. Es imperativa. ¿Por qué?

La santidad en la vida es la manera de honrar a Dios. Los perdidos ven nuestras vidas más que escuchan nuestros sermones. Una vida santa es una tremenda arma en las manos de Dios para convencer al incrédulo de la validez del Hijo de Dios. Esteban ciertamente hizo una gran impresión en Pablo (Hech. 7:55-60).

Pero, ¿qué si el cristiano es de manga ancha y descuidado en su manera de vivir? El puede dar una impresión negativa a los incrédulos. Podemos recordar el encuentro que Sansón tuvo con los filisteos. El se divertía con muchachas paganas filisteas. Sus enemigos finalmente lo atraparon y él perdió su poder por causa de su deslealtad a Dios. Después los filisteos se burlaron del Dios de Sansón. Es un día trágico cuando el mundo se ríe de nuestra fe por causa de nuestra vida impía.

La santificación nos prepara para el servicio de Dios. Esa es la razón por lo que es tan práctico, tan importante, vivir vidas santas. Dios usa a sus siervos en una manera poderosa cuando están consagrados a él. Alguien preguntaba por qué Dios usa a Billy Graham a escala mundial. Su asociado Grady Wilson contestó rápidamente: "¡Dios ha encontrado un hombre en el que puede confiar!"

¿Alguna vez alguien le ha servido café en una taza sucia? Cuando vamos a un banquete, ¿esperamos encontrar la comida en una mesa sucia? "¡Absurdo!", diría usted. Y tiene razón. Ninguna persona sensata agasajaría a otra con cubiertos sucios.

De manera similar, nuestras vidas deben ser limpias si van a ser usadas en el servicio de Dios. El Señor de gloria hace que su evangelio sea canalizado a través de vasos santos, no impíos.

La santificación acepta la disciplina de Dios. La desobediencia es peligrosa. Por eso es práctico ser de conducta santa. Levítico 11:20 declara: "Todo insecto alado que se desplaza sobre cuatro patas os será detestable." Las criaturas con alas han sido creadas para volar. Para ellos quedarse en la tierra significa que no realizan su destino.

El cristiano está sentado "en los lugares celestiales [con Cristo Jesús]" (Efe. 2:6). Que nosotros nos volvamos criaturas terrenales, mundanas, es una abominación para Dios. El nos ha llamado a vivir en lo más elevado, en lugares celestiales con Cristo. Hacerlo de otra manera trae la mano disciplinadora de Dios sobre su pueblo.

Nos preguntamos, ¿por qué Dios permitió que su pueblo cayera varias veces en cautividad? Su desobediencia la trajo. Las Escrituras anuncian que Dios disciplina a los que ama para hacerlos regresar a él (Heb. 12:5). Hasta se nos dice que no despreciemos el castigo de Dios (Job 5:17). Se nos aplica la disciplina a nuestras vidas para recordarnos que somos propiedad de Dios y para hacernos regresar a una vida que lo honre a él.

La santificación también nos prepara para la gloria futura. El estado celestial, eterno será de perfección. Dios nos tiene en entrenamiento, en la senda de santidad para que estemos listos para la vida que un día tendremos cara a cara con el Señor de gloria.

Cuando el pueblo de Dios se preparaba para cruzar el río Jordán y entrar a la tierra prometida, Josué dijo: "Purificaos, porque mañana Jehovah hará maravillas entre vosotros" (Jos. 3:5). Puesto que Dios quiere obrar poderosamente entre nosotros, seamos también su pueblo apartado y santo.

Datos para el archivo:

Fecha: _____

Ocasión: _____

Lugar: _____

28

TODO CRISTIANO DEBE TESTIFICAR

Un ángel del Señor habló a Felipe diciendo: "Levántate y vé...
El se levantó y fue... Hechos 8:26, 27a

En una villa francesa un muchachito yacía muriendo de una temible enfermedad conocida como hidrofobia. Se originó por la mordedura de un perro que clavó sus dientes en la pierna del niño. Vecinos compasivos se acercaron al circulo familiar para ofrecer palabras de amor a la familia conforme el drama de muerte seguía su curso en esa vida joven. En la multitud de espectadores había un joven científico que decidió hacer algo por esa enfermedad. Meses después Luis Pasteur produjo un suero que quebrantó el poder de esa enfermedad en la vida humana.

Vivimos en un mundo de incontables descubrimientos. ¿Qué queda por encontrar? ¿Hemos llegado a la última frontera? No. El testimonio cristiano debe ser redescubierto por cada nueva generación. Debemos descubrir que cada cristiano puede testificar por Cristo. Nuestra misión es testificar.

¿Por qué esta tarea?

I. Porque esta es la voluntad de Dios para cada cristiano

Dios quiere que contemos la historia de Jesús, quiere quitar el sello de nuestros labios y liberar nuestra lengua para decir que él ama a todo hombre. Todos los redimidos necesitan saber que Dios quiere que todos los salvos compartan su mensaje.

Hechos 8:26, 27a dice: "Un ángel del Señor habló a Felipe diciendo: 'Levántate y vé... El se levantó y fue...' " Felipe no dilató ni discutió. No le pidió a Dios que encontrara un substituto. Y el Señor que envió a Felipe al sur a testificar puede querer que nosotros vayamos al norte, al este o al oeste, pero él quiere que testifiquemos en algún lugar. Podemos testificar en nuestra cuadra, en nuestro vecindario, en los barrios pobres o en algunos apartamentos de clase alta. Podemos testificar en zonas de peligro o en lugares de seguridad. Pero podemos hablar por Jesús.

Daniel Acuña se crió y educó en su ciudad natal de Mendoza, Argentina. En su primer año de secundaria el maestro pidió a los alumnos que escribieran un poema o una página en prosa. El mejor escrito sería seleccionado para leerlo en un día especial cuando el alcalde de la ciudad iría a visitar la escuela. El escrito de Daniel fue escogido como el mejor.

Los estudiantes marcharon al campo de fútbol para la ceremonia en la que el alcalde iba a ser honrado. Daniel se sintió conmovido cuando vio al alcalde, un paralítico que era conducido en una silla de ruedas. Unos cuantos días después Daniel le escribió al alcalde una carta explicándole que él era el muchacho que había leído en esa ocasión especial. También le dijo que era cristiano y que le gustaría poder visitarlo.

El alcalde invitó al joven estudiante a ir a verlo. La visita se cumplió. Los dos conversaron animadamente. Antes de irse Daniel preguntó si podía leerle la Biblia y orar. Durante esos momentos corrieron lágrimas por el rostro del alcalde . El alcalde le pidió a Daniel que volviera a visitarlo cuando quisiera. Así lo hizo y en una ocasión llevó a Samuel Libert, el pastor evangélico. Entonces un día recibieron la noticia de que el alcalde había muerto; pero Daniel había sido un testigo para él. ¿Por qué debemos testificar?, porque esa es la voluntad de Dios para nosotros.

II. Porque la Palabra de Dios es poderosa

El mensaje del evangelio alcanza a la gente en todo lugar. Felipe había estado predicando en Samaria. El libro de los Hechos narra la historia. Felipe había visto milagros en su derredor. Pero luego Dios lo apartó del lugar donde había visto tantas victorias espirituales para mostrarle lo que su Palabra podía hacer en la vida de un hombre de Etiopía.

Ese encuentro del etíope y de Felipe fue cordial desde el principio. El no podía entender lo que leía y Felipe empezó a explicarle cuidadosamente el significado de Isaías 53. El etíope aceptó a Jesucristo, fue bautizado y siguió su camino gozosamente.

La Palabra de Dios es poderosa. Penetra el corazón de una persona perdida y ésta puede creer y nacer de nuevo. Hace años Billy Graham plantó su carpa evangelística en Los Angeles, California. La campaña de evangelización duró por un tiempo inesperado de seis semanas con millares de vidas cambiadas por el mensaje de Dios. Cuando la gente le preguntaba a Billy Graham el secreto de las multitudes que se volvían a Cristo, él decía: "Yo conté unas cuantas historias, las rocié con la Palabra de Dios y me hice a un lado para ver a Dios actuar." ¡Testifiquemos porque su Palabra hace su obra!

Saquemos la Biblia de su encierro dentro de su cubierta y dejemos que se libere su poder transformador.

III. Por el valor de cada persona

El valor químico de una persona es pequeño. Espiritualmente, un hombre es invaluable. Dios puso a Felipe en el desierto de modo que pudiera descubrir que un hombre puede dejar las multitudes para encontrar una persona valiosa. Recordamos que Jesús quitó sus ojos de la multitud un día para ver a un hombre en un árbol (Lucas 19). Una vez Jesús dejó que sus discípulos fueran al pueblo mientras él esperaba ver a una mujer pecadora (Juan 4).

Una persona puede necesitarnos. Una vida herida y quebrantada puede estar esperándonos en alguna parte. Un pastor predicó en una campaña de evangelización hace algunos años. Un muchacho aceptó a Cristo. El predicador se sintió mal por el "pobre resultado". Pero ese muchachito resulto ser A. T. Robertson, el gran erudito de griego del siglo veinte.

IV. Por el gozo que trae la salvación

Nuestro texto dice: "...el eunuco... seguía su camino gozoso" (Hech. 8:39). El eunuco había buscado en vano la paz con Dios. No la había encontrado en su religión politeísta. Su peregrinación a Jerusalén no pareció servirle de mucho. Su servicio como un funcionario de gobierno no le ayudó tampoco. Lo que marcó la diferencia en su vida fue Jesucristo.

Art Fowler es un consejero y hombre de negocios cristiano. Cuando Art entró en un restaurante un día, vio a un hombre sentado solo. Se acercó y le dijo: "¿Me permite tomar una taza de café con usted?"

Art le dijo al hombre que trabajaba como consejero y que su principal interés era hablarle a la gente acerca de Jesucristo. El hombre con el que hablaba era un siquiatra que estaba pasando por un torbellino en su vida personal. Cuando hablaban de Jesús y de su poder para enderezar la vida, el siquiatra dijo: "No quiero dejar este lugar sin Cristo en mi corazón."

Un día de vida y alegría amanecieron en la vida de ese siquiatra cuando él se inclinó en oración y le pidió a Jesús que lo salvara, allí ¡en medio de una cafetería! El entonces le dijo: "Art, no dejes de hablarles a otros de Cristo. Si no nos hubiéramos encontrado, me hubiera ido al infierno." Una relación con Dios trae gozo.

Alguien preguntará: "¿Dónde empezamos?" Esa es una pregunta fácil. Empecemos donde estamos: en nuestros hogares, en nuestra escuela, en nuestros lugares de negocios, en nuestros contactos diarios. Podemos pedirle a un pastor, a un maestro o a un amigo que se una a nosotros en esta empresa tan emocionante. ¿Estamos listos para dedicar nuestra vida a la tarea de ser testigos dinámicos de Cristo? Ahora es el tiempo de empezar una vida de testimonio.

Datos para el archivo:

Fecha: _____

Ocasión: _____

Lugar: _____

29

NUESTRA CONVERSION A CRISTO

El, temblando y temeroso, dijo: Señor, ¿qué quieres que yo haga? Hechos 9:6 RVR

Por diez años Gilberto Herrera vivió como un rebelde pistolero. Necesitaba cuatrocientos dólares a la semana para mantener su adicción a la heroína. Después de cumplir dos sentencias en la penitenciaría, Gilberto se unió a los "boinas pardas", una organización hispana paramilitar. Sus actividades en el mundo de la droga, la política y los negocios nunca satisfacieron sus anhelos no realizados.

En una ocasión, mientras estaba en profunda depresión por causa de la heroína, Gilberto apuntó una pistola a su cabeza y oprimió el gatillo; la pistola no disparó. Ese mismo día escuchó en la televisión a un evangelista y Dios le habló. Después de que Gilberto vivió muchos meses bajo profunda convicción de pecado, Dios ganó la victoria en la vida de este hombre. Hoy, Gilberto Herrera y su equipo evangelístico están haciendo un poderoso impacto para Cristo en los Estados Unidos, México y en otro países.

La conversión más notable que conocemos es la de Pablo. El contaba su experiencia una y otra vez. Jesús habló de conversión en estos términos: "Si no os volvéis y os hacéis como niños, no entraréis en el reino de los cielos" (Mat.18:3). En Hechos 3:19 Pedro dijo: "Arrepentíos y convertíos." Todos necesitamos convertirnos a Cristo. Cada persona necesita ser salvada y tener una experiencia de conversión.

I. La conversión es posible

Vivimos en una época difícil. El pecado corre desenfrenado en todas direcciones. Sin embargo, cada persona puede ser cambiada. La conversión es posible para el pecador endurecido y también para el hombre bueno.

Es posible para los que escuchan y reciben la Palabra de Dios. Pablo había sido sordo al mensaje. Pero según el texto él sí escuchó al Señor. Creyó, le recibió y se convirtió.

La Palabra de Dios tiene poder para convertir. El Salmo 19:7, Juan 5:24 y Romanos 10:13 nos enseñan cuán eficaz puede ser la Palabra de Dios. El problema que tiene el hombre perdido es el de escuchar y recibir la Palabra. Por eso debemos testificar, predicar y enseñar las Escrituras. Pidamos que Dios haga que la Palabra viva en los corazones de los perdidos. San Agustín vivió una vida pecaminosa. Un día escuchó a un niño leer la Escritura, quien le dijo: "Toma y lee." Agustín lo hizo y la Palabra de Romanos 13:11-14 cambio su vida. La conversión viene por la Palabra de Dios. Cuando damos a Dios y a su Palabra un lugar en el corazón, la conversión ocurre.

Es posible para los que vienen bajo la influencia de un testigo cristiano noble. ¡Qué historia encontramos en Hechos 7:54-60! Pablo nunca se apartó del efecto de la predicación y del martirio de Esteban.

Un día Susan Ford Vance, hija del expresidente Gerald Ford, aceptó una invitación para asistir a un almuerzo de mujeres profesionistas y de negocios en la ciudad de Washington. Después de la comida la oradora habló acerca de una relación personal con Cristo. Al final del discurso, la dama, de " Cruzada Universitaria", pidió a todos que inclinaran su cabeza en oración y confiaran en Cristo como su Salvador personal. La invitación, dice Susan Ford Vance, fue "absolutamente irresistible".

Diana McGinty, miembro del personal de "Aquí hay vida", se encontró con Susan para un estudio bíblico por varias semanas. Pronto Chuck Vance, un antiguo agente del servicio secreto y esposo de Susan, vio y sintió el impacto del cambio en la vida de su esposa. El también recibió a Cristo como Salvador personal diciendo: "Cuando uno nace de nuevo tiene una nueva actitud hacia todo." Sí, la conversión es posible para los que caen bajo la influencia de un testigo cristiano. Usted y yo podemos ser testigos nobles y sanos de Cristo para los que nos rodean día tras día. Podemos permitirle al Espíritu de Dios dirigirnos, y podemos testificar eficientemente de modo que los perdidos puedan escuchar el mensaje y venir a la vida en Cristo.

Es posible para los que están dispuestos y listos a pagar el precio por seguir a Jesús. En la historia de la conversión de Pablo leemos que él escuchó que debía sufrir muchas cosas por Cristo. El discipulado tiene un precio: Debemos estar dispuestos a "tomar la cruz, negarnos a nosotros mismos y seguir a Jesús" cada día. Muchos posibles discípulos se retiran de Jesús cuando se dan cuenta del precio del discipulado.

El hombre llamado "Flexible" en *El progreso del peregrino* de Juan Bunyan, fue con Cristiano y con Fiel por un tiempo, pero cuando el camino se puso difícil, regresó a la Ciudad de Destrucción. Jesús dice que la conversión es posible para los que están dispuestos a seguirlo a cualquier costo.

II. La conversión es práctica

¿Qué caso tiene ser cristiano? ¿Realmente vale nuestro tiempo? ¿Vale la pena?

La conversión da una nueva vida, un cambio de vida. De hecho, Pablo había cambiado tanto y tan radicalmente que ni los discípulos primitivos creían la historia (Hechos 9:21). Un antiguo caníbal se sentó un día bajo un árbol a leer un libro. Un hombre pasó y le preguntó qué estaba leyendo. El hombre dijo: "Estoy leyendo la Biblia, señor." El hombre blanco respondió: "Pero hombre, ¿no sabías que ese libro es anticuado? En mi país ya ni siquiera lo leemos." El antiguo caníbal contestó: "Si este libro no fuera verdad, ya te hubiéramos comido hace mucho tiempo." Sí, la conversión es práctica porque cambia al hombre. Le da una nueva vida (2 Cor. 5:17).

Es práctica porque nos trae los ricos recursos de Cristo en el presente. ¿Quiere paz, amor y gozo? ¿Quiere una conciencia clara? A una niñita negra de una isla del Caribe le preguntaron qué había hecho Jesús por ella. Ella contestó: "Ahora he aprendido a perdonar al hombre que mató a mi papá." La conversión es tan práctica que podemos vivir con el espíritu de perdón y amor. Podemos vivir una vida autocontrolada, una vida llena del Espíritu. Esto es algo de lo que Jesús quería decir en Juan 10:10 con "la vida abundante". Eso es ahora. La vida abundante no es solamente en el cielo, sino en la tierra, donde vivimos hoy.

Es práctica porque nos une a la vida futura de bendición y esperanza. Tenemos vida inmortal, interminable, con el Señor en gloria. Lo que Pablo esperaba y por lo que trabajaba no puede encontrarse nunca bajo la ley. El encontró lo que soñaba de la vida en Cristo Jesús. El al fin de la vida nos dejó las palabras de 2 Timoteo 4:7, 8. Aunque el hacha del verdugo cortara la cabeza de Pablo, eso no extinguía la luz de gloria de su vida. La muerte no puede quitar la seguridad de vida eterna en gloria. Sólo encontramos esta vida cuando vamos con fe a Jesucristo.

La conversión es posible y práctica. Podemos pedirle a la gente en todo lugar a donde vayamos que se convierta al Señor y Cristo crucificado y viviente.

Datos para el archivo:

Fecha: _____

Ocasión: _____

Lugar: _____

30

EL EVANGELIO DE JESUCRISTO

Porque no me avergüenzo del evangelio; pues es poder de Dios para salvación a todo aquel que cree, al judío primero y también al griego. Rom. 1:16

A mediados del primer siglo, el apóstol Pablo quiso hacer un viaje a Roma. El expresó su deseo de ir a la capital política y militar del mundo. Tenía una historia que contar de Jesucristo, que es muy superior a cualquier emperador romano y cuyas conquistas van más allá de las que cualquier nación puede hacer.

Jesús había conquistado la muerte y todos los poderes demoníacos. Pablo quería contar esa historia. En el texto él declaró que no se avergonzaba del evangelio. Dios nos ha dado el evangelio para que sea dado a conocer. Notemos lo que puede decirse del evangelio.

I. El evangelio puede ser definido

Cuando Pablo dice: "Porque no me avergüenzo del evangelio...", el escribía de Jesucristo. La palabra "evangelio" significa "buenas nuevas" de salvación. Es la historia de la muerte y resurrección de Cristo. Es la historia de Jesús, quien derramó su sangre por nuestra redención. El mensaje es proclamado en el himno *Dime la historia de Cristo.*[1]

El primer destello del evangelio se ve en Génesis 3:15, antes que Adán y Eva salieran del Edén. Otro vislumbre de luz y esperanza se declara en Isaías 9:2: "El pueblo que andaba en tinieblas...A los que habitaban en tierra de sombra de muerte, la luz les resplandeció."

Después de la salida de Israel de Egipto, pasaron varios años peregrinando por el desierto. Debido a las quejas y murmuraciones de los hebreos, Dios les envió serpientes para castigarlos. Muchos fueron mordidos y murieron. Moisés apeló a Dios por ayuda. El le dio

---

1 Fanny J. Crosby, "Dime la Historia de Cristo", Núm. 456 H.B. (El Paso: Casa Bautista de Publicaciones).

instrucciones de colocar una serpiente de bronce sobre un asta en medio del campamento. La salud y la vida venían a todo el que miraba a la serpiente. Jesús se refirió a este evento al hablarle a Nicodemo: "Y como Moisés levantó la serpiente en el desierto, así es necesario que el Hijo del Hombre sea levantado, para que todo aquel que cree en él tenga vida eterna" (Juan 3:14, 15).

II. Podemos dedicar la vida al evangelio

Pablo lo hizo. El expresó esa dedicación así: "No me avergüenzo." Nosotros no debiéramos avergonzarnos nunca del evangelio.

Los logros en la educación no debieran ser causa de avergonzarnos de Jesús. No debiéramos sentirnos turbados ni defendernos por causa de la preparación que recibamos, no importa que sea ordinaria o avanzada. Recuerde: "Cristo es el poder de Dios y la sabiduría de Dios" (1 Cor. 1:24).

Las ventajas sociales no debieran hacer que nos avergonzáramos de Jesús. Miren el perfil de Pablo. El tenía la distinción de ser llamado "hebreo de hebreos". El descendía de la tribu de Benjamín. Su herencia noble nunca le llevó a avergonzarse del evangelio.

Las dificultades no debieran ser causa de avergonzarnos de Jesús. Una vez estaba yo predicando en una penitenciaría. El servicio se terminó y nadie fue salvo. Cuando los prisioneros empezaron a regresar a sus celdas, un hombre de apariencia distinguida entre ellos se detuvo, estrechó mi mano y dijo:

—Disfruté su sermón.

Yo contesté:

—Gracias. ¿Es usted cristiano?

El respondió:

—¡Oh, no! Parece que usted no se da cuenta. Uno no puede ser cristiano en una prisión. Los demás prisioneros se reirían de mí. Un día puede que yo sea cristiano, pero no aquí.

Sin embargo, cuando Pablo y Silas fueron maltratados y metidos en prisión, ellos no se avergonzaron ni sintieron miedo. ¿Está usted dispuesto a demostrar su lealtad a Jesucristo sin ningún temor?

III. El evangelio de Cristo es dinámico

El texto dice: "Es poder de Dios." La palabra para "poder" es *dunamis* y de la que se deriva dinamita. El mensaje del evangelio rebosa del poder de Dios. No tenemos un mensaje anémico. El poder explosivo del cielo está contenido en el evangelio de Jesucristo.

Nosotros a veces pensamos en el poder militar. Las naciones se arman "hasta los dientes". Hoy se presta atención a los submarinos nucleares que podrían aniquilar las ciudades más grandes del mundo. Ese arsenal puede hacernos estremecer, pero la Biblia habla de un poder que sobrepasa el poder militar. Este es el "poder del evangelio". Es el poder del Señor y Cristo crucificado y resucitado. El poder del evangelio es más asombroso que el poder de Roma del primer siglo o que el poder de las fuerzas combinadas de todo el mundo de todos los siglos. ¡El poder de Dios es infinito!

Nos volvemos conscientes del poder económico. El dinero es poderoso. Las naciones quieren un "equilibrio de comercio" porque el dinero es poder. Las empresas que "mueven el dinero" tarde o temprano se vuelven conscientes del poder de la economía. Por supuesto, el dinero es "amoral". No es bueno ni malo por sí mismo. Lo que uno hace con sus finanzas es lo que determina que el dinero sea una bendición o una maldición. Pablo y Pedro hablaban y escribían del poder del evangelio que excede todo el poder de la economía.

IV. El evangelio de Cristo tiene un propósito

Su propósito es llevar a la gente a una fe personal en Jesucristo. El texto dice que el evangelio: "... es poder de Dios para salvación..." Esto significa que Dios quiere que el hombre sea salvo. La salvación significa perdón, aceptación y vida.

Jesús puede redimir la vida. El pecado puede ser perdonado por la sangre de Jesucristo. El evangelio da al hombre una nueva orientación. Cambia lo torcido y descarriado de la vida. Uno puede arrepentirse de su estilo de vida perverso y tener una nueva vida en Jesucristo. El designio del evangelio es "para salvación".

Cristo puede salvar a una persona del poder destructivo del diablo. Satanás es el "jefe" de las fuerzas espirituales caídas. Su propósito para la raza humana es nuestra destrucción. El diablo ciega al hombre para el evangelio. Sin embargo, el evangelio de Cristo puede liberar a una persona de la perversión del mal.

Cristo quiere liberar al hombre del hechizo de Satanás. Los jóvenes a menudo se encuentran atrapados por el maligno. Mucha gente vive por años bajo el control del diablo. La muerte y la resurrección de Cristo hacen que su glorioso poder esté disponible para liberar a los esclavizados. El evangelio es "para salvación" para todos nosotros. La sujeción del hombre por Satanás puede ser rota.

Cristo puede salvar a la persona de la esclavitud del pecado. Multitudes se hunden diariamente en el fango del pecado. El fruto del pecado puede parecer apetitoso, pero es fatal. Los hábitos pecaminosos pronto atan a sus víctimas como tenazas de acero. Una persona puede caer en la red de las drogas, del alcohol, del odio, del juego, de las impurezas sexuales, etc.. Una vez enredado en tales redes de pecado, sólo el poder de Dios podrá liberarla.

Margaret Slattery, una trabajadora social de Boston, decía haber encontrado a un muchachito que había llegado a estar terriblemente tullido y enflaquecido. Ella lo llevó a un hospital para ver si podían ayudarle. Después de una operación de cirugía y de un tiempo de cuidado intensivo, el tullido estaba bien de nuevo. Algunos años después la trabajadora social preguntaba:

—¿Saben dónde está ese hombre ahora?

Y la respuesta fue:

—Está cumpliendo una sentencia de por vida en la cárcel por crímenes cometidos. La ciencia puede hacer caminar a un hombre, pero solamente Dios puede mostrarle por dónde caminar.

V. El destino del evangelio puede verse

Las palabras de Pablo en Romanos 1:16 dicen: "...a todo aquel que cree, al judío primero y también al griego." El evangelio es para todos. Pablo declaró que Jesús es el Salvador universal. Esto significa que los hebreos y todas las otras naciones del mundo se encuentran dentro del círculo de la invitación del evangelio.

El mensaje de Dios "para todos" se repite una y otra vez en la Biblia. Isaías 55:1 declara: "Oh, todos los sedientos, ¡venid a las aguas! Y los que no tienen dinero, ¡venid, comprad y comed! Venid, comprad sin dinero y sin precio, vino y leche." Jesús invita así: "Venid a mí, todos los que estáis fatigados y cargados, y yo os haré descansar" (Mat. 11:28). Podemos gritar desde los techos de las casas que la promesa de vida de Dios es para todos.

Aunque Jesús es bastante fuerte para salvar a todos, no todos se convierten en hijos de Dios. El texto habla de un "requisito". El evangelio es para *todos los que creen*. En el texto está implícita y declarada la demanda del arrepentimiento y la fe. Juan 1:12 subraya la verdad de que una persona debe creer que Cristo murió y resucitó, y esa gloriosa verdad debe ser confesada abiertamente y sin vergüenza. Si una persona quiere vida ahora, y vida eterna, debe creer en Jesucristo.

Así como Pablo hizo un viaje a Roma para compartir el evangelio, nosotros podemos ir a todos los que conocemos con las buenas nuevas de la vida eterna. El que necesita salvación, vaya a la cruz y crea. Todos podemos regocijarnos por el glorioso evangelio de Jesucristo.

Datos para el archivo:

Fecha: _____

Ocasión: _____

Lugar: _____

31

ES TIEMPO DE DESPERTAR

Y haced esto conociendo el tiempo, que ya es hora de despertaros del sueño; porque ahora la salvación está más cercana de nosotros que cuando creímos. La noche está muy avanzada, y el día está cerca. Despojémonos, pues, de las obras de las tinieblas y vistámonos con las armas de la luz. Romanos 13:11, 12

Algunas veces un miembro de una congregación puede caer en un sueño profundo. Eso pasó durante uno de los sermones de Pablo. Un joven miembro de la congregación de Troas se durmió cuando Pablo predicó hasta pasada la medianoche, y el pobre Eutico ya no pudo escuchar más a Pablo. Se cayó desde la ventana del tercer piso hasta la acera exterior, pero el Señor lo revivió. Adivinen qué pasó entonces. Pablo siguió predicando hasta que amaneció.

Algunos se duermen espiritualmente, y eso es peor que dormirse físicamente. Los que están dormidos necesitan despertar. ¡Ahora es tiempo de despertar!

¿Quién necesita despertar?

I. Los perdidos necesitan despertar

La gente que no es cristiana necesita ser sacudida para que despierte de su sueño espiritual, de su estado de "no vida". Necesitamos los truenos de Juan el Bautista que les digan a los perdidos en donde quiera: "Es tiempo de que vuelvan en sí sobre este asunto de vida, muerte y eternidad" (Rom. 13:11. Paráfrasis del autor). ¡La iglesia tiene el deber de despertar a los perdidos!

Hay que despertarlos a la conciencia de la brevedad del tiempo. El tiempo avanza rápidamente. Todos imaginan que es posible para uno el escape de la realidad, pero eso no es cierto. El fin del camino está a la vista de todos los que tienen ojos para ver. Job 9:25, 26 RVR, declara: "Mis días han sido más ligeros que un correo; huyeron, y no vieron el bien. Pasaron cual naves veloces; como el águila que se arroja sobre la presa." Job dice que nuestros días se pierden de vista tan rápidamente como naves veloces. Si nosotros vemos un barco en alta mar, muy pronto trasciende el horizonte y no lo vemos más. Así son nuestros días, dice el escritor. Nuestros años vuelan de nosotros como el vuelo de un águila tras su presa. Vemos una ave que deja su lugar de descanso y vuela al cielo, muy pronto se vuelve un pequeño punto y pronto se pierde de vista.

Santiago 4:14 dice: "...sois un vapor que aparece por un poco de tiempo..." La vida se compara al vapor que se ve y luego se disipa. David nos dice en el Salmo 90:9: "Pues todos nuestros días pasan a causa de tu ira; acabamos nuestros años como un suspiro." Un suspiro no es de larga vida. Y así de corta es la vida. Por eso debemos orar al Señor así: "Enséñanos a contar nuestros días, de tal manera que traigamos al corazón sabiduría" (Sal. 90:12). ¡Despertemos a la gente a la brevedad de la vida!

Necesitamos despertarlos al peligro de su perdición. Este no es asunto ligero. Toda persona necesita comprender lo que significa quedar "separado de Dios". Juan 3:36b dice: "...la ira de Dios permanece sobre él." Romanos 3:23a declara: "Porque todos pecaron...", y 6:23a clama: "Porque la paga del pecado es muerte..." Estar separado de Dios significa condenación eterna y destrucción en el infierno. En Marcos 9:44, Jesús hablaba de ese lugar así: "Donde el gusano de ellos no muere, y el fuego nunca se apaga." Todos nosotros conocemos a los que necesitan ser despertados a la realidad de su perdición eterna. Necesitamos salir de las cuatro paredes del templo y llevar el mensaje de que el juicio ya viene.

Debemos despertarlos a la grandeza del Salvador. Romanos 5:8 dice: "Pero Dios demuestra su amor para con nosotros, en que siendo aún pecadores, Cristo murió por nosotros." Juan 3:16 declara que Dios nos ama y Jesús dio su vida por nosotros. El intercede en nuestro favor en el cielo. El vino del cielo y vivió una vida impecable, para que mediante él pudiéramos vivir para siempre. Juan 14:6 es ¡una realidad! Cristo es el camino, la verdad y la vida. El lenguaje humano es limitado y no puede contar la grandeza, el amor y las glorias del Salvador. Despertemos a los perdidos a la realidad de quién es Cristo realmente.

Necesitamos despertarlos a los beneficios de la salvación. El nos perdona de todo pecado. El nos da paz en nuestros corazones hoy. El nos da la promesa de plenitud en el viaje de la vida. El nos ofrece a todos nosotros vida perpetua, permanente, eterna. Sí, necesitamos despertar a los perdidos a la grandeza de la vida en Cristo que todos pueden tener.

II. La iglesia necesita despertar

Nosotros a veces caemos en un sueño profundo. Necesitamos otro Martín Lutero que nos despierte y nos recuerde de los tiempos en que vivimos. Los miembros de las iglesias ¡necesitan despertar!

Necesitamos despertar a la realidad de ir a trabajar para el Señor de gloria. Jeremías 48:10a dice: "¡Maldito el que haga con negligencia la obra de Jehovah!" Eso significa "a lo loco, descuidadamente". Debemos tener en mente las palabras de Jesús en Mateo 9:36, 37: "Y cuando vio las multitudes, tuvo compasión de ellas;... estaban acosadas y desamparadas como ovejas que no tienen pastor...dijo: ... la mies es mucha... los obreros pocos." Y debemos orar que el Señor envíe obreros a su mies (v. 38). La palabra "enviar" es la misma que se usa para "echar fuera" los demonios de los poseídos. Jesús pide que los obreros sean "lanzados, echados" al campo de trabajo.

Necesitamos despertar a la disciplina que Dios trae sobre los desobedientes. Dios castiga. Hemos leído u oído la historia del gran pez que se tragó a Jonás, el profeta desobediente. El Señor no va a ponernos en el vientre de un gran pez, como lo hizo con Jonás, pero ciertamente puede que sea igual de dolorosa. Necesitamos despertar a la conciencia de la mano disciplinadora de Dios que viene sobre nosotros si nos negamos a servirlo.

Necesitamos despertar a los recursos que Dios nos da para cumplir nuestra tarea. El provee todo lo que necesitamos para hacer nuestro trabajo. Arthur Blessit, de los Estados Unidos, ha llevado una gran cruz como de 45 kilos a través de muchos países del mundo. El lo hace y predica a muchos en dondequiera que va. El ha ido a Australia, a Polonia, a Egipto, al Líbano, a América del Sur y a la India; a donde quiera que el Señor le diga "ve". Millares se han convertido por su testimonio de Cristo. Y Dios se ha hecho cargo de sus necesidades a través de los años conforme él ha caminado miles de kilómetros. Y Dios se hará cargo de cada uno de nosotros conforme vayamos a hacer la obra que él quiere que hagamos.

Algunas veces la gente usa relojes despertadores para no quedarse dormida. Unos cuantos tienen sistemas despertadores "integrados internamente" para poder despertar a cualquier hora dada. El Espíritu Santo usa ahora la Palabra de Dios para despertar a los perdidos a su profunda necesidad espiritual. El Espíritu de Dios también pincha y toca la vida de cada cristiano para recordarnos que necesitamos estar despiertos y alerta a nuestros deberes espirituales de cada día. Si el sistema despertador de Dios está sonando ahora en nuestros oídos, prestemos atención a su llamado.

Datos para el archivo:

Fecha: _____

Ocasión: _____

Lugar: _____

32

COLABORADORES DE DIOS

Porque nosotros somos colaboradores de Dios... Si permanece la obra que alguien ha edificado... Si la obra de alguien es quemada. 1 Corintios 3:9, 14, 15

La mayoría de nosotros hemos observado a las hormigas trabajando. Son insectos interesantes. Durante el día se mantienen en el trabajo. Una enciclopedia describe su compleja organización y da detalles del trabajo de una colonia de hormigas que es fascinante.

El cristiano es una persona que trabaja para Dios. El Señor colocó al hombre en el huerto de Edén para cultivarlo y cuidarlo. El propósito original de Dios, aun antes de su caída, era que él trabajara. Jesús dijo: "Me es preciso hacer las obras del que me envió..." (Juan 9:4a). En los sermones de Jesús notamos el sabor del trabajo. El hablaba del pastor que cuida de las ovejas, de la mujer que barre la casa, del agricultor que siembra la semilla, etc. Pablo también nos anima a ser "colaboradores de Dios".

I. Aquí hay una verdad positiva

"...Somos colaboradores de Dios..." Esta oración es clara. Podemos entenderla. Es positiva: "...Somos colaboradores de Dios..."

Esta oración significa que hay un lugar de servicio para todos. El texto dice: "...Somos..." Eso nos incluye a todos. Nadie está excluido.

Cada iglesia necesita un "ejército de obreros". Al pensar en los líderes de la escuela dominical, en los líderes de los jóvenes y de las organizaciones misioneras, en los que trabajan en el campo de la música, en los diáconos, en los de la cuna, en los que visitan, en los que oran, en los que asisten y nos alientan, cuando todas esas personas sirven, entonces empezamos a comprender lo importante y grande que es ese pronombre personal *nosotros*. La mayoría de todos esos santos ofrecen voluntariamente su tiempo y su esfuerzo.

Cuando se inventó la despepitadora de algodón se hizo una gran celebración. La máquina separaba más semilla del algodón en un día que lo que un centenar de obreros podía hacer en todo el invierno. Sin embargo, no tenemos ninguna máquina que pueda tomar el lugar que cada cristiano tiene que llenar en la obra de Dios. Dios le dio a Gedeón la victoria sobre los madianitas porque: "Cada uno permaneció en su lugar..." (Jue. 7:21). Esa es la manera en que la iglesia avanza y gana victorias: cada uno fiel en su lugar.

Cuando Pablo habló y escribió de "colaboradores" él pensaba en lo mejor que hay en nosotros. Somos "colaboradores". Eso significa sudor y trabajo duro, de lo que Pablo sabía. El servía como pastor "bivocacional". Hacía tiendas durante el día y predicaba de noche. El viajó por dos continentes y predicó en numerosas ciudades y villas; organizó iglesias, escribió cartas y testificó en dondequiera que fue. Ser un "colaborador de Dios" significa dar lo mejor.

II. Aquí hay un honor personal

"...Somos colaboradores de Dios..." ¿Se da cuenta de la música que hay en esas palabras? Estamos cooperando con Dios. ¿Hay un honor más grande en cualquier parte que estar unido en servicio con el Señor? Esa será parte de nuestra actividad en el cielo. Ese honor lo compartimos ahora. Pensamos en trabajar unos con otros; y eso es cierto, porque sí trabajamos juntos. Pero también el texto dice que trabajamos con Dios. El Señor infinito del universo nos concede el honor de unir la vida en servicio con él. Esto es más grande que asociarnos con el presidente del país, o el jefe de estado de cualquier nación. Sin embargo, muchos pierden ese honor.

Si estamos ociosos no participaremos del honor personal de trabajar con Dios. Las listas de las iglesias están llenas de gente que dice que ha sido salva, pero no lo demuestran. Ahora no vamos a seguir las tácticas de las abejas mieleras. Sabemos que los zánganos son abejas machos que no trabajan. Cuando las abejas obreras han juntado todo el néctar, se deshacen de los zánganos. Sacan a los zánganos del panal para que mueran. ¿Cuántos deberíamos ser echados fuera por no ser productivos? En verdad perdemos mucho de la gloria de Dios en esta vida al excusarnos para no trabajar.

Si somos inmaduros no compartiremos el honor personal de trabajar con Dios. Pablo encontraba gente que sufría de deformidad espiritual. Cuando leemos la primera parte del capítulo de nuestro texto, vemos inmadurez, discordia entre los creyentes, y disgusto por el "alimento espiritual". Así como un niño no sabe cómo compartir el honor y la gloria de su padre, así el creyente subdesarrollado no sabe apreciar lo que el Padre tiene para nosotros.

Si somos impuros no podemos conocer el honor de colaborar con Dios. Los creyentes tenían problemas serios en este punto y necesitaban corregirlo. ¡Se habían vuelto laxos! La borrachera, la inmoralidad y las batallas legales eran de dominio público en aquella iglesia. La impureza marchita y disminuye nuestra relación de trabajo con Dios. Necesitamos pedirle a Dios que perdone nuestra ociosidad, nuestra inmadurez y nuestra inmoralidad.

III. Aquí hay una recompensa prometida

Pablo escribe: "Recibirá recompensa." Esto significa más que la salvación. Este versículo tiene que ver con la calidad de vida en el cielo. Los beneficios de Dios serán grandes para su pueblo fiel.

Las recompensas serán dadas de acuerdo a la fidelidad de uno. La palabra "obra" que aquí se usa podría ser interpretada como "fidelidad en el servicio". Necesitamos ser fieles cuando el camino se pone difícil, sabiendo que Dios nos recompensará.

La recompensa será dada según el material que usemos en la obra. Si usamos heno, madera y hojarasca, serán quemados. Pero si usamos oro, plata y piedras preciosas, ese material soportará los fuegos del juicio de Dios. Lot edificó en el fundamento equivocado. El perdió todos sus bienes cuando el día del juicio vino sobre Sodoma. ¿Cómo será para nosotros cuando nuestras obras sean colocadas bajo el escrutinio de Dios? ¿Serán de las que permanecen o de las que perecerán?

Henry Van Dyke nos dice de un hombre rico que murió y fue al cielo. El guía le mostró al "recién llegado" muchas de las vistas del cielo mientras guiaba al hombre a su "mansión". El hombre pensaba que el guía se detendría en cualquier momento en una de las hermosas mansiones y le diría: "Esta es la suya." Pero siguieron caminando hasta que el guía se detuvo en una choza humilde. Cuando el hombre rico le preguntó por qué se detenían en un lugar tan "bajo", el guía contestó: "Esto es lo que pudimos construir con los materiales que usted nos envió."

Todos nosotros necesitamos dar importancia a lo que estamos enviando por anticipado, para nuestro beneficio eterno. Nuestra salvación depende de nuestra fe en Cristo Jesús. Sin embargo, nuestra recompensa depende de la vida que vivimos y el servicio que rendimos a Dios.

Una de las grandes necesidades en casi toda iglesia es la de más obreros. La Biblia declara: "¡Alzad vuestros ojos ...los campos... están blancos para la siega!" (Juan 4: 35), y "...la mies es mucha, pero los obreros son pocos" (Mat. 9:37). Los cristianos no tienen por qué quedarse ociosos. ¡Necesitamos comprometernos en el trabajo del reino de Dios!

Datos para el archivo:

Fecha: _____

Ocasión: _____

Lugar: _____

33

SEGURIDAD EN LA TENTACION

No os ha sobrevenido ninguna tentación que no sea humana; pero fiel es Dios, que no os dejará ser tentados más de lo que podéis soportar, sino que juntamente con la tentación dará la salida, para que la podáis resistir. 1 Corintios 10:13

El apóstol escribió dos cartas a la iglesia de Corinto donde él había vivido y trabajado por dieciocho meses. En esa carta se encuentran muchos temas. La referencia a la tentación nos interesa. Las tentaciones son reales. Encontramos su realidad a cada momento. Pueden verse dos hechos relacionados con la tentación: primero, todos enfrentamos la tentación; segundo, las tentaciones pueden ser conquistadas.

I. Todos enfrentamos la tentación

El texto nos habla de la tentación como algo universal: "...que no sea humana..." Nadie escapa de ellas. Las tentaciones las enfrentan ricos y pobres, los educados y los sin educación, los santos y los pecadores, los jóvenes y los viejos. La tentación es de los humanos.

Cada uno enfrenta la tentación o prueba del cansancio. El trasfondo del texto es la historia hebrea, y nos remonta al libro de Exodo y a la esclavitud del pueblo de Dios. Después de su liberación de 400 años de esclavitud, los hebreos enfrentaron la fatiga de las desoladas tierras del desierto. Dios les dio "codornices y maná" y "maná y codornices" por cuarenta años. Ellos se hartaron de esa "dieta del desierto". La vida en el desierto no les ofreció bastante variedad y emoción. Ellos simplemente vagaron y vagaron sin ninguna meta a la vista. Los hebreos tuvieron que esperar hasta que la "generación incrédula" pereciera y apareciera la "generación nueva" para poder entrar a la tierra prometida.

Los pastores frecuentemente visitan los hogares para los ancianos. El personal de esos lugares provee juegos o recreación para sus ocupantes. Ofrecen pausas para bocadillos y otras pausas para el aburrimiento. No obstante, muchas de esas personas pasean por los pasillos, contemplan largas horas las paredes o el vacío. Están cansados. El poema de Edwin Markham, "El hombre con el azadón", describe la condición de muchos que están "encorvados por el peso de los siglos... por el vacío de las edades en su rostro y en su espalda la carga del mundo..."

El hombre enfrenta la tentación de colocar otros intereses antes de los de Dios. Los primeros versículos del capítulo 10 de 1 Corintios es un agudo recordatorio de la trágica historia que se encuentra en Exodo 32. Los hebreos, bajo la dirección de Aarón, hicieron un dios de oro a semejanza de un becerro egipcio. Durante ese tiempo Moisés estaba en la montaña hablando con Dios. Cuando Moisés bajó de la montaña, su hermano le dio una excusa absurda por la conducta rebelde del recientemente redimido pueblo de Dios.

Aarón cedió y les concedió su petición. Ellos hicieron su espléndido ídolo. Moisés le pidió a Aarón que le explicara. El hermano menor no dijo la verdad. "No sabemos cómo pasó esto. Nomás echamos oro y plata en el fuego y salió este becerro." ¡Ridículo! Eso estaba tan lejos de la verdad como la declaración de los evolucionistas que dicen: "¡Bang! y ¡presto! ¡Un orden cosmológico!" Así como el orden creado llegó a existir por el diseño del Diseñador y Creador, de la misma manera el ídolo de oro tomó forma por las manos de Aarón y de los otros hebreos.

La idolatría está entre nosotros hoy. Cualquiera que trate de eclipsar a Dios con cualquier substituto es culpable de ello.

El hombre enfrenta la tentación de rebajar su norma de conducta. Números 25 nos declara que ellos cometieron fornicación y por esta razón fueron castigados. Cada persona enfrenta la tentación de la laxitud moral y la pérdida de la integridad personal. Los hebreos hicieron una fiesta desenfrenada. Tuvieron una orgía sexual más allá de toda descripción.

La tentación de la moral licenciosa y del relajamiento nunca pasa de moda. Los estudiantes de universidad enfrentan la tentación de la moral licenciosa. Los niños en la escuela elemental también. Nadie parece exento de esta tentación que ha vencido aun al poderoso Sansón y a un rey como David.

El insecto que zumba en torno a la llama de fuego disfruta "del juego", pero en otro momento se acerca demasiado, sus alas se consumen y su cuerpo retorcido cae quemado en las llamas. Una persona puede coquetear con la tentación, pero finalmente cae en brazos de la muerte. El tiempo de la cosecha es horrible.

El hombre enfrenta la tentación de murmurar y quejarse. Esa es una tentación real también. Números 21 nos da la historia. Moisés había sido el "pastor" por años, Josué había servido como director de la escuela dominical, Caleb había dirigido la sociedad varonil, Miriam había servido como presidenta del grupo de damas; sin embargo, la gente se quejaba. Ni siquiera encontraban satisfacción con Aarón, el pastor asociado. Murmurar, alborotar y quejarse es un hábito viejo, antiguo; una grave tentación.

II. Dios es fiel a los tentados

Pablo escribe: "Fiel es Dios..." (1 Cor. 1:9a). La tentación nos rodea, pero Dios está a nuestro lado. No importa cuán atractiva e inocente en apariencia pueda ser la tentación: tenga en mente que la tentación puede llevarlo a uno a la muerte. Sin embargo, Dios está presente para darnos la victoria.

Dios limita nuestras tentaciones. "...no os dejará ser tentados más de lo que podéis soportar..." Este es terreno para aclamar. Dios pone frenos a la tentación, si lo dejamos. Job enfrentó días difíciles, pero Dios le permitió al diablo solamente ir hasta cierto límite con Job. El Señor conoce nuestras fuerzas y debilidades.

Muchos de nosotros hemos visto los avisos de límite de carga en ciertas carreteras. Un puente sobre un río o el camino de una granja al mercado puede tener este aviso: "Límite de carga: 10 toneladas." Dios pone un aviso preventivo de límite en nosotros, y él no permitirá que Satán haga más contra nosotros de lo que podemos soportar.

Dios proveerá un escape a la tentación (Stg. 4:7). Resistencia, una ciudad Argentina, recibió su nombre de los pobladores inmigrantes que resistieron veranos calientes, mosquitos, inundaciones y ataques de los indios. Ellos permanecieron, vencieron y fundaron una ciudad. Nosotros también podemos "permanecer". Podemos resistir. No tenemos que sucumbir a la tentación y el pecado.

Una persona puede alejarse de la tentación. Génesis 39 nos cuenta la historia de José huyendo de la tentación. Jóvenes o adultos pueden apartarse de la zona de tentación. No tenemos que coquetear con las tentaciones. Todos nosotros enfrentamos tentaciones, pero podemos apartarnos de ellas. Obremos de acuerdo con las leyes de la justicia. Temamos a Dios y hagamos su voluntad. Hacerlo así no es una acción cobarde. Es sabiduría.

Una persona puede escapar de las tentaciones dependiendo de Dios. El nos da su ayuda. Entonces confiamos en él cuando empieza la batalla (Heb. 2:18; Nah. 1:7). Necesitamos recordar quién es Dios y confiar en él cuando las tentaciones vienen como una inundación.

El Cristo siempre viviente nos dará su fuerza y su sabiduría. La victoria es nuestra en él. Cualquiera que sea la tentación, y quienquiera que sea el que esté enfrentando esas tentaciones, Dios quiere darnos el triunfo. No tenemos que quedarnos con las cenizas de la derrota cuando Dios nos ofrece el oro de la victoria.

Datos para el archivo:

Fecha: _____

Ocasión: _____

Lugar: _____

34

HACED ESTO EN MEMORIA DE MI

Todas las veces que comáis este pan, y bebáis esta copa, anunciáis la muerte del Señor, hasta que él venga. 1 Corintios 11:26

En 1 Corintios 11 el apóstol Pablo escribió acerca de la cena del Señor. Esa comida conmemorativa siempre es en honor de Jesús. Aprendemos grandes lecciones cuando examinamos este evento.

Recordamos que Jesús se reunió con sus discípulos en el "aposento alto" en Jerusalén. Eso sucedió probablemente un jueves en la noche. Después Jesús y los discípulos atravesaron el valle de Cedrón, yendo hacia el "Jardín de Getsemaní", que está a media distancia entre la ciudad de Jerusalén y el monte de los Olivos. Más tarde tuvo lugar el arresto de Jesús. De ahí en adelante, los eventos preparatorios hasta su muerte se precipitaron sobre él en un torrente de actividades. La cena del Señor y los eventos relacionados nos enseñan algunas verdades centrales de Jesús.

I. El pan representa el cuerpo de Cristo que es partido por nosotros

Cuando Jesús dijo: "...Esto es mi cuerpo..." (1 Cor. 11:24), él sostenía el pan en sus manos. Ese pan representaba su cuerpo que iba a ser partido.

El pan había sido hecho de grano quebrado. El cuerpo de Jesús iba a ser quebrado como el grano; iba a ser partido como se parte el pan.

Por supuesto, el grano y el pan son insensibles. No pueden sentir dolor. Sin embargo, el cuerpo de Jesús sí sufrió. No tenemos manera de medir esa intensa agonía que Jesús soportó. Un látigo cayó sobre sus espaldas. El profeta Isaías dice: "No hay parecer en él, ni hermosura; le veremos, mas sin atractivo para que le deseemos... como que escondimos de él el rostro..." (Isa. 53:3, 4). Es decir, el sufrimiento que Jesús soportó dejó su cuerpo lacerado, roto y sangrante. Así pues, el pan nos recuerda de un sufrimiento profundo y lleno de dolor que Jesús soportó por nosotros.

II. La copa y el vino representan la sangre de Jesús que derramó por nuestra redención

El vino, fruto de la vid, se obtuvo de las uvas que fueron aplastadas. El pasar las uvas por un moledor o molino para aplastarlas significa que la vida de la uva fue vertida, derramada. Y así fue con Jesús. Cuando él murió en la cruz dio su sangre por nuestra redención. No podemos imaginarnos el quebrantamiento de corazón que Jesús soportó por nosotros cuando derramó su preciosa sangre por nuestra redención. Por eso la Biblia declara: "La sangre de Jesucristo su Hijo nos limpia de todo pecado" (1 Jn. 1:7). Y añade: "...sin derramamiento de sangre no hay perdón" (Heb. 9:22). Jesús cumplió todos los tipos y símbolos de derramamiento de sangre del Antiguo Testamento al dar su vida por nosotros en la cruz.

Es muy interesante que el antiguo pueblo hebreo no ha continuado esos sacrificios de animales desde los días del Nuevo Testamento. ¿Por qué? Sólo puede darse una respuesta. El precio completo de nuestra redención ya ha sido pagado. Los sacrificios de animales ya no son necesarios porque Jesús ha cumplido todo.

III. La corona de espinas nos recuerda que Jesús ahora lleva una corona de gloria

Por supuesto, los que crucificaron a Jesús colocaron esa corona de espinas en la cabeza del Salvador para burlarse y ridiculizarlo. Sin embargo, nosotros debemos recordar que Jesús es nuestro "rey coronado". El es el Señor de Gloria. La corona de espinas que él llevó le causó agonía y sufrimiento. Las espinas fueron presionadas contra su cabeza. Las espinas traspasaron su cabeza y la sangre corrió por su rostro. Pero ahora él tiene una "corona de gloria" que nos recuerda de su estado exaltado de rey.

IV. El manto púrpura que le pusieron a Jesús nos recuerda su realeza

Otra vez, los críticos colocaron ese manto sobre Jesús para mofarse. Lo ridiculizaron. Se inclinaron ante él para burlarse, declarando: "Salve, rey de los judíos." No obstante, él siempre fue rey, a pesar de que sus enemigos le dieron un lugar de degradación y vergüenza al ponerle un manto.

V. La cruz sobre la que Jesús murió es para siempre el símbolo de su sufrimiento y vergüenza

Los romanos habían estado haciendo cruces de madera por muchos años para ejecutar a los malhechores sobre ellas. Jesús fue al Calvario llevando esa cruz. Los soldados cumplieron las órdenes de los dirigentes religiosos que dijeron que Jesús merecía la muerte de un criminal. Clavaron las manos y los pies a la cruz, la suspendieron entre el cielo y la tierra y lo dejaron colgado allí, hasta morir.

Los que estaban allí mirando y los que pasaban se burlaban de él. Algunos decían: "Si eres el Hijo de Dios desciende de esa cruz." Muchos de la multitud se burlaban de Jesús mientras él soportaba las agonías de su hora.

El acto del sacrificio llegó a su fin. Jesús murió por nosotros. El sufrió una agonía indecible de mente, alma y espíritu por nuestra redención. Y entonces toda la naturaleza se sacudió. El sol rehusó brillar. Jesús en un momento gritó en agonía: "Dios mío, Dios mío, ¿por que me has abandonado?" La muerte vino. La muerte substitutoria. La muerte vicaria. La expiación. El cubrimiento y eliminación del pecado, de una vez para siempre, tuvo lugar por el derramamiento de sangre del Hijo de Dios. ¡Sí, recordamos esto!

VI. El velo del templo, que abría camino a la presencia de Dios, se rompió

El velo se partió de arriba a abajo. Dios hizo este acto del cielo a la tierra. Los sacerdotes del orden levítico eran los únicos que podían entrar en el lugar santo, y el sumo sacerdote de la tribu de Leví sólo una vez al año podía entrar en el lugar santísimo. Ahora ese lugar no tenía más impedimento. Dios abrió el camino de modo que todo creyente pudiera entrar en la santa presencia de Dios por sí mismo.

VII. Tenemos un gran Sumo Sacerdote que siempre intercede por nosotros

Ese es el mensaje del Salvador resucitado y glorificado. Al tercer día después de su muerte, Jesús salió de la tumba con su cuerpo transformado y glorificado. El ascendió al cielo. Ahora ha llevado la sangre sacrificial a la presencia de Dios por nosotros. Está en el "asiento de misericordia" en la presencia de Dios para que podamos tener todos nuestros pecados cubiertos y expiados. Sí, el precio de la redención ha sido pagado. Ahora podemos "descansar en su amor". Podemos celebrar por lo que Jesús ha hecho eternamente a favor de todos los que creen en él.

Hasta que Jesús regrese continuaremos en la observancia del cuerpo partido y de la sangre derramada. Recibimos estos elementos del pan y la copa en esta ocasión que dedicamos a nuestro Salvador, para tener comunión con él, y para alentarnos con la verdad de que vamos a "comerlo y beberlo de nuevo" con el rey de gloria en el cielo un día, con todos los redimidos de todas las épocas. Que nuestros corazones sean avivados al sentarnos a "su mesa" en esta ocasión.

Datos para el archivo:

Fecha: _____

Ocasión: _____

Lugar: _____

35

EL ESPIRITU SANTO

...Tampoco nadie puede decir: "Jesús es el Señor", sino por el Espíritu Santo. 1 Corintios 12:3

Un científico entiende mucho acerca del mundo. Un nutricionista debe estar al día en cuanto a los alimentos. Como cristianos debemos saber acerca del Espíritu Santo.

Jesús prometió enviar el Espíritu Santo a tomar su lugar cuando él regresara al cielo. Diez días después de la ascensión, el día de Pentecostés, vino el Paracleto prometido o Espíritu Santo, a vivir en el corazón de todos los creyentes.

En este mensaje consideraremos brevemente que venimos a la fe en Cristo Jesús por el poder del Espíritu Santo. En ese tiempo el creyente es "bautizado" por el Espíritu Santo en el cuerpo de Cristo. Este es el "don" del Espíritu Santo prometido por Cristo. Como cristianos nosotros debiéramos tratar de ser obedientes a Jesús y ser continuamente "llenados" con el Espíritu Santo de modo que también podamos producir el "fruto del Espíritu". Tres verdades básicas del Espíritu Santo son estas:

I. Somos salvos por el poder del Espíritu Santo

Jesús dijo que él enviaría al Espíritu Santo, quien convencería a los incrédulos de sus pecados y de su necesidad de creer en el Hijo de Dios (Juan 16:7-11). Por supuesto, sabemos que Jesús murió para salvarnos, y somos salvos por él. Sin embargo, es el Espíritu Santo el que nos regenera; él nos acerca a Jesús para la salvación.

El Espíritu Santo hace la obra de convencer al pecador de su extravío. El nos hace conscientes de nuestra rebelión. Más gente sería salva si solamente le permitieran al Espíritu de Dios abrirse camino en sus vidas (Hech. 2:37). Recordamos la historia de Jonás predicando en Nínive donde la gente perversa fue convicta de su pecado, se arrepintió y se volvió a Dios. Esa conversión de los ninivitas fue la obra del Espíritu Santo.

El Espíritu Santo tiene también la obra de convertir a los perdidos, o llevarlos a Jesús el Salvador. Primera Corintios 12:3, 13 nos presenta esta verdad. ¡Ni siquiera podemos decir que Jesús es nuestro Señor sin el poder del Espíritu Santo!

Sin embargo, necesitamos entender que las experiencias de salvación varían. Algunas pueden ser dramáticas como la de Pablo. Otras pueden ser graduales como la de Nicodemo, que llegó a ser creyente tres años después que Jesús le habló. Algunos no pueden "señalar" la ocasión de su salvación. Si tenemos una relación vital con Jesús hoy, es que él nos ha salvado.

II. Somos fortalecidos por el Espíritu Santo

En nuestra obediencia al Espíritu Santo llegamos a ser poseídos o controlados por él, y así somos hechos fuertes.

Porque somos salvados por el poder regenerador del Espíritu Santo, debemos ser "dotados" o "revestidos" con su poder (Hech. 1:8; Ef. 5:18).

El Espíritu Santo nos capacita para hacer nuestro trabajo. En nuestras tareas diarias necesitamos de su ayuda y de su unción. Necesitamos más que fuerza física, humana. Las historias acerca de Sansón, Juan el Bautista y Jesús reflejan nuestra propia necesidad del Espíritu Santo preparándonos para cualquier tarea que necesitemos hacer en cualquier área de la vida.

El Espíritu Santo nos fortalece para vencer la tentación. Jesús estaba dotado del Espíritu Santo y venció al diablo en el desierto. Podemos vivir en el mundo y ser victoriosos por ese poder prometido y cumplido. Un hombre negro enfrentó tentaciones un día y dijo: "Señor, tu propiedad está en peligro." El Señor nos da nueva fuerza en tiempos de dificultad.

El Espíritu Santo nos fortalece dándonos la justicia de Jesús. Jesús es la vida total y completa de Dios para nosotros. Tenemos su propia vida y santidad por el Espíritu Santo. El es la persona dinámica de nuestro Dios Trino, que nos ofrece poder ilimitado para cada necesidad de la vida.

III. Debemos servir por el poder del Espíritu Santo

John R. W. Stott, de Inglaterra, señala muy claramente en su obra sobre el Espíritu Santo que cuando somos salvados recibimos el don del Espíritu Santo. También recibimos dones del Espíritu que nos capacitan para servir a Dios y al hombre. Usamos nuestros dones espirituales por su poder. En 1 Corintios 12, Romanos 12, Efesios 4 y en 1 Pedro 4:10, 11 se citan cuando menos veinte dones espirituales. No están listados todos los dones de Dios, sin embargo. El cantante tiene un don, pero ese don no está en la lista. Dios nos da dones en diversas maneras.

Tenemos dones *diferentes* (pero es el mismo Espíritu). No debe haber rivalidad en el Cuerpo Espiritual, así como no debe existir rivalidad entre el ojo, la lengua, el oído, el pie o la mano. ¡Somos diferentes!

Ralph Waldo Emerson, ensayista y poeta americano, escribió un hermoso poema titulado "Fábula". El poema cuenta la historia de una montaña y una ardilla que tenían una disputa. La montaña habló ásperamente a la ardilla por su pequeñez. El pequeño animal contestó que no parecía una desgracia ocupar tan pequeño lugar. La ardilla continuó diciendo: "Los talentos son diferentes. Si yo no puedo llevar bosques en mi espalda, ¡tú tampoco puedes quebrar una nuez!" Sabemos que nuestros dones y habilidades difieren. Y sin embargo, cada uno puede cumplir su propia misión en la vida para la gloria de Dios.

Tenemos dones *definidos*. Todos nosotros tenemos uno o más dones. ¿Cuál es el suyo? Algunos son administradores y otros son constructores de casas. Los hijos de Dios están dotados como músicos, gente de oración, y en todas las áreas en las que debe cumplirse una tarea.

Debemos tener dones *disciplinados*. O los usamos o los perdemos. La historia de los talentos (Mat. 25) indica la necesidad de usar nuestros dones.

Mary Edgar, una viuda de 88 años de edad, residente en San Antonio, Texas, trabaja en su "taller" cada mañana, sacando más de sus productos inspiradores: "Rocas Bíblicas." Con una docena de pinceles, Mary Edgar pinta flores, símbolos religiosos y versículos bíblicos en piedras suaves y planas. Helen Cade de la Iglesia Bautista Castle Hills lleva centenares de esas rocas bíblicas a pacientes de hospitales y de clínicas de convalecientes. Los pacientes usan los regalos como pisapapeles o adornos, pero la mayoría de ellos sirven para inspirar y consolar a los que los reciben. Mary Edgar ayuda a otros y glorifica al Señor mediante su ministerio.

Mantengamos en mente que el Espíritu Santo nos trae salvación en Cristo Jesús. El nos fortalece y nos equipa para servir al Señor mediante nuestros dones espirituales. El Espíritu Santo anhela llenarnos, controlarnos, dotarnos y usarnos. Un día brillante y nuevo amanecerá para cada uno de nosotros cuando digamos: "Espíritu Santo, aquí está mi vida. Me entrego a ti. Haz tu obra de gracia en mi corazón ahora mismo." Cada uno de nosotros puede hacer un compromiso de vida con él hoy mismo. ¿Lo hará usted?

Datos para el archivo:

Fecha: _____

Ocasión: _____

Lugar: _____

36

EL TRIBUNAL DE CRISTO

Porque es necesario que todos nosotros comparezcamos ante el tribunal de Cristo, para que cada uno reciba según lo que haya hecho por medio del cuerpo, sea bueno o malo. 2 Corintios 5:10

Todos nosotros recordamos algunos exámenes que hemos pasado. En uno de historia en el seminario, yo reduje todas mis notas a veinticinco páginas escritas a máquina. Memoricé esas páginas y anduve jactándome que yo lograría una calificación perfecta.

El día del examen llegó. El maestro escribió una pregunta en el pizarrón y luego salió. Esa pregunta se relacionaba con Juan Wesley y sus avivamientos. Yo estuve ausente la semana que el profesor enseñó acerca de Wesley y no me había preparado para ese tipo de prueba. Salí mal en el examen final y casi suspendí el curso.

Un examen importante nos espera a todos nosotros como cristianos. La prueba se llama "el tribunal de Cristo". Aunque esa prueba no determinará si vamos o no a ser salvos, sí nos dejará saber qué clase de vida tendremos eternamente. Si hemos cumplido bien en el servicio del Señor nuestra recompensa será maravillosa.

I. Seremos juzgados por el uso que hagamos de nuestros cuerpos

El texto en 2 Corintios 5:10 nos recuerda que seremos juzgados por todas las cosas que hacemos en el cuerpo, "sea bueno o sea malo". Esta verdad necesita despertarnos, ¿no es cierto?

Pablo escribió en 1 Corintios 9:27 de mantener su cuerpo bajo control. Eso significa que él peleaba consigo mismo para impedir que fuera eliminado. Nuestros cuerpos son importantes. Son la morada del Espíritu Santo. Los cuerpos físicos son el "palacio" para Cristo que nos habita. Necesitamos usar sabiamente nuestros cuerpos.

Necesitamos cuidar el cerebro. ¡Qué fabulosa parte del cuerpo es el cerebro! Sin embargo, mucha gente abusa de este don de Dios. Un gran trago de alcohol puede arruinar diez millones de células del cerebro que nunca podrán ser repuestas.

Necesitamos cuidar de nuestros pulmones. No ponemos arena o grava en los tanques de los automóviles. ¿Por qué contaminar el cuerpo con drogas que lo destruyen y le impiden funcionar? Debemos mantener puros nuestros cuerpos. Vivimos es una época cuando la perversión homosexual tiene lugar. Dios dice en el libro de Levítico que hay que cuidarse de las personas. Pablo escribió de los hábitos pervertidos del mundo de su tiempo en Romanos 1. En 1 Corintios él menciona que el poder de Dios salvó a muchos en Corinto de este estilo de vida pervertido. Necesitamos saber que Dios no mira con agrado a los que pervierten y contaminan el cuerpo. Debe ser el lugar santísimo de Dios.

II. Vamos a ser juzgados por las relaciones familiares terrenales

Dios creó al hombre y luego hizo a la mujer de un costado del hombre. El Señor los unió en matrimonio y les dijo que se multiplicaran y se sometieran el uno al otro.

La Biblia nos recuerda que el esposo debe amar a su esposa como Cristo amó a la iglesia. Las Escrituras dicen que la esposa debe ser la ayuda del esposo... y que deben ser sumisos el uno al otro.

La relación familiar significa que la relación entre hijos y padres y entre padres e hijos y todos unos con otros debe ser un pequeño paraíso aquí en la tierra.

Debemos amarnos, respetarnos y apoyarnos unos a otros. Los hijos deben ser criados en disciplina y amonestación del Señor. Los hijos deben escuchar a sus padres orar. Tenemos una responsabilidad de unos a otros tan amplia como la misma vida.

Recordamos la historia de Elí, en el Antiguo Testamento. El fracasó en reprender y dirigir a sus dos hijos, Finees y Ofni. Por causa de ese fracaso Dios los juzgó y perdieron la vida el padre y los hijos.

III. Vamos a ser juzgados por nuestra relación con la iglesia

Es decir que en el tribunal de Cristo seremos recompensados o perderemos las recompensas que podríamos haber tenido de acuerdo con nuestra fidelidad a la iglesia del Señor vivo.

Cristo amaba la iglesia y se dio a sí mismo por ella. No debemos tratar ligeramente a la iglesia. Debemos amarla y ser fieles a nuestro Señor por medio del compañerismo de los creyentes. El salmo 122:1 y Hebreos 10:25 nos hablan de este particular. Nuestra relación con la iglesia es vital ahora y para la eternidad.

Algunas personas pueden servir en ciertas tareas y otras cumplir otros deberes. Algunos pueden enseñar, otros cantar o tocar instrumentos musicales, y otros ministrar de otra manera. Si somos fieles en el área en la que estamos, Dios nos recompensará por ello.

Primero Samuel 30:23 establece un principio interesante. David y sus soldados habían estado en batalla. Cuando regresaron a Siclag descubrieron que los amalecitas se habían llevado a sus esposas, sus hijos y sus pertenencias y habían destruido todo lo demás. David preguntó al Señor lo que debían hacer. Dios le dijo que fueran tras los que los habían robado. Cuando David y sus 600 soldados llegaron al río Besor, 200 de los soldados estaban tan cansados que no pudieron seguir. David les dijo que se quedaran con el bagaje al otro lado del río. El y los 400 restantes cayeron sobre el enemigo, lo derrotaron, rescataron a sus esposas y muchas riquezas del enemigo. Algunos de los 400 declararon que solamente ellos se repartirían el botín que le habían quitado al enemigo. Pero David dijo que se dividiría en partes iguales con los 200 que se habían quedado con el bagaje.

Cuando somos fieles, Dios nos recompensa. Cuando vengamos ante el Señor, él nos recompensará de acuerdo con nuestra fidelidad en la tarea donde él nos haya colocado.

IV. Seremos juzgados por nuestro testimonio por Cristo

Necesitamos interesarnos por la corona de los ganadores de almas. Necesitamos conocer la verdad de Romanos 1:16 y nunca avergonzarnos de Jesús.

Al considerar quién es Jesús y lo que hace por nosotros no tenemos razón para avergonzarnos de él. Necesitamos ser sus testigos.

Recordamos muy bien la historia de la mujer samaritana en el pozo. En Juan 4 leemos que ella llevó a muchos a ver a Jesús. Necesitamos unos cuantos miembros como esa mujer, ¿no es cierto? Necesitamos tener algunos como ese al que Jesús sanó y que contó la historia de Jesús a todos.

Sabemos de grandes evangelistas de nuestro tiempo, muchos pastores y laicos, a los que Dios usa en maneras maravillosas. Dios no nos pone a todos como evangelistas en su viña, y sin embargo, Dios nos llama a todos a evangelizar. Daniel 12:3 dice: "Los entendidos resplandecerán con el resplandor del firmamento; y los que enseñan justicia a la multitud, como las estrellas, por toda la eternidad."

Necesitamos mantener en mente las palabras del que escribió: "Sólo una vida que pronto pasará...Sólo lo que se hace por Cristo es lo que va a durar." ¿Estamos listos para el tribunal de Cristo? La persona perdida necesita creer en Jesús y estar ocupada para el Señor de modo que no enfrente "el gran trono blanco" para los perdidos. Todos nosotros como cristianos, dice Pablo en el texto, enfrentaremos al Señor en su tribunal. ¿Estamos listos para eso?

Datos para el archivo:

Fecha: _____

Ocasión: _____

Lugar: _____

37

NUESTRA GUERRA ESPIRITUAL

Porque las armas de nuestra milicia no son carnales, sino poderosas en Dios para la destrucción de fortalezas. Destruimos los argumentos y toda altivez que se levanta contra el conocimiento de Dios; llevamos cautivo todo pensamiento a la obediencia de Cristo. 2 Corintios 10:4, 5

Durante la Guerra Civil de los Estados Unidos, tuvo lugar la batalla de Gettysburg, Pensilvania. En ese campo empapado en sangre, el Norte y el Sur perdieron casi 50.000 soldados. Esa guerra segó las vidas de medio millón de combatientes, dejando gran parte de la nación humeando en ruinas.

Muchos de nosotros no recordamos detalles de guerras pasadas. Sin embargo, como cristianos tenemos una guerra diaria que no debe ser olvidada. Pablo nos recuerda en 2 Corintios que la nuestra es una guerra espiritual. No podemos escapar a la batalla contra el mundo, la carne y el diablo. La nuestra es una batalla diaria, interminable, que está en el corazón mismo de la vida. Nosotros somos el campo de batalla y también tenemos un campo de batalla que nos rodea. Debemos pelear sin desesperarnos.

¿Por qué debemos pelear sin desesperarnos?

I. Porque tenemos las armas para luchar

El texto nos recuerda que nuestras armas no son corporales ni carnales. Nosotros no llevamos espadas ni pistolas. Por el contrario, tenemos un arsenal espiritual lleno de armas eficaces.

Tenemos la poderosa arma de la Biblia. Las Escrituras son vitales para nuestro ataque contra el mal. Podemos sentirnos seguros con la Palabra de Dios. Hebreos 4:12 declara: "Porque la Palabra de Dios es viva y eficaz, y más penetrante que toda espada de dos filos..." Refiriéndose al poder de la Palabra de Dios, otros textos nos dicen: "¿No es mi palabra como el fuego y como el martillo que despedaza la roca?" (Jer. 23:29). "Tomad ... la espada del Espíritu, que es la palabra de Dios" (Ef. 6:17).

Tenemos la poderosa arma de la oración. Podemos hablar con Dios para presentar nuestras necesidades y pedir su dirección. Podemos ponernos de rodillas para clamar ante Dios. La oración es una arma inapreciable en nuestra lucha diaria contra el mal.

A principios de los años 1500 William Tyndale de Inglaterra empezó a trabajar en la traducción de la Biblia, del latín al inglés. El rey Enrique VIII se opuso y también la "iglesia". Tyndale viajó a Francia para continuar con la traducción. Cuando estuvo lista la envió de regreso a Inglaterra donde fue quemada. Tyndale la volvió a escribir. Finalmente lo encarcelaron y murió en la hoguera. Sus últimas palabras fueron: "Oh Señor, abre los ojos del rey de Inglaterra." Poco después el rey dio el permiso para la traducción porque Dios contestó las oraciones de Tyndale.

¿Usamos el arma de la oración? Cuando la tentación ataca, ¿oramos? Cuando la soledad invade la vida, ¿oramos? Cuando estamos propensos a desobedecer la Palabra de Dios, ¿oramos?

Tenemos el arma de la fe. Esto significa confianza. Esto significa creencia en Dios y en todos sus recursos. Debemos seguir sus órdenes. Este es un armamento que podemos usar cada día.

¡Qué historia tan notable leemos en Josué 6! Dios mandó a su pueblo marchar alrededor de los muros de Jericó una vez al día por seis días y siete veces el séptimo día. Cuando los sacerdotes entonces hicieron sonar las trompetas y Josué y el pueblo gritaron, los muros de la ciudad cayeron y la victoria vino al pueblo de Dios.

Tenemos el arma de las vidas santas. Debemos estar "en forma" espiritualmente. Somos redimidos. Debemos vivir con la justicia del Señor fluyendo en nuestras vidas.

Tenemos el arma del Espíritu Santo. El vive dentro de cada cristiano y anhela controlarnos y dirigirnos hacia la victoria.

El Espíritu Santo quiere que todas las armas de nuestra guerra espiritual sean útiles. ¡Qué poder el suyo! El Espíritu del Dios vivo puede dar victoria en cada tiroteo o batalla.

II. Porque tenemos toda la posibilidad de ganar

Pablo nos dice que nuestras armas son poderosas para "la destrucción de fortalezas". Leemos que los ejércitos antiguos usaban arietes para derribar los muros de las ciudades enemigas. El cristiano tiene "arietes" más eficientes que los ejércitos de antaño.

Con nuestras armas podemos vencer sobre las filosofías mundanas de nuestro día. Veamos algunos de estos "argumentos".

Algunos desechan la redención por Cristo. Tratan de imaginar la vida "sin la sangre de la cruz". Ellos piensan "mi manera de ir al cielo es tan buena como la tuya". No obstante, la Biblia declara que tenemos solamente un camino a Dios y a la vida eterna. Este camino es en Cristo Jesús (Hech. 4:12 y Juan 14:6).

Algunos creen que pueden vivir como les apetezca. Así, las drogas, el tabaco, el alcohol y la homosexualidad no tienen reacción negativa en la filosofía de "vive y deja vivir". Pero, de nuevo, la Biblia habla de las crueles consecuencias de las desviaciones del hombre. La paga del pecado es muerte.

Algunos remplazan al Creador con la idea de un "fango primordial". Algunos declaran que el cosmos surgió de una "gran explosión", o de un "concurso fortuito (accidental) de átomos". La Biblia declara que los mundos fueron creados por la Palabra de Dios. El omnisciente, el omnipotente Dios creó el orden cósmico.

El doctor Karl Saagan apareció en un programa de televisión en Inglaterra con dos científicos. El entrevistador le preguntó al astrónomo Saagan qué posibilidad había de que la vida surgiera de lo inanimado. El doctor Saagan contestó: "Oh, como de una en diez."

Uno de los científicos contestó: "¡Sí, una en diez elevada al cuarenta milésimo poder!" Eso es un 10 con 40.000 ceros detrás. El universo no es un accidente de la historia. Un diseño tiene un diseñador. Hay una primera causa detrás de lo causado, un Creador detrás de lo creado. Dios lo declara y la fe lo acepta.

Con nuestras armas espirituales vencemos sobre el orgullo del hombre. Somos capaces de derribar "toda altivez que se levante contra el conocimiento de Dios". El texto se refiere al orgullo de posición, de poder y de conocimiento del hombre, en contraste con la ilimitada sabiduría de Dios.

El rey Senaquerib de Asiria se infló de orgullo. Marchó contra Jerusalén en los días de Isaías; pero su orgullo terminó cuando 185.000 de sus soldados murieron y él ya no pudo pavonearse ante las puertas de Jerusalén. Su orgullo cayó en el polvo de la derrota.

Con nuestras armas espirituales podemos llevar "cautivo todo pensamiento a la obediencia de Cristo". Hasta el pensamiento del hombre puede ser capturado y llevado cautivo. Nuestras mentes no tienen por qué vagar por caminos solitarios. Por el poder de Dios nuestros propios pensamientos pueden ser controlados. Martín Lutero probablemente citó a alguien cuando declaró: "No puedo evitar que los pájaros vuelen sobre mi cabeza, pero sí que construyan su nido en mi pelo."

Estamos en una batalla espiritual. Podemos ganar si entramos a la pelea. Podemos usar nuestras armas y obtener la victoria porque Cristo es el vencedor. Esto significa que peleamos *desde* la victoria y no *hacia* la victoria.

Estamos en una guerra espiritual. Debemos tener nuestras armas a la mano. La Biblia, la oración, la fe, la vida santa y el Espíritu Santo son indispensables en el conflicto.

Datos para el archivo:

Fecha: _____

Ocasión: _____

Lugar: _____

38

MANTENGAMONOS RENOVADOS EN LA OBRA DE DIOS

No nos cansemos, pues, de hacer el bien; porque a su tiempo cosecharemos, si no desmayamos. Gálatas 6:9

¿Aprecia usted a personas que dicen palabras que lo inspiran? Entonces le encantará Pablo. El escribió sus cartas para inspirar, motivar y para ayudar a los cristianos.

El dice en Romanos 8:28: "Y sabemos que Dios hace que todas las cosas ayuden para bien a los que le aman..." Las lágrimas y las sonrisas, los retrocesos y los avances, lo trágico y lo gozoso. Pablo dice que Dios va a tomarlo todo y sacar bien de ello. Eso nos alienta, frente a la tristeza y la pérdida, a comprender que Dios todavía es soberano y en su propio tiempo él controla todas las cosas, y el cielo va a ser la prueba.

Nos gusta lo que Pablo dice en Filipenses 4:13. Podemos hacer todas las cosas que necesitan ser hechas porque Cristo nos da el poder para hacerlo.

Ahora Gálatas 6:9 es un versículo personal y poderoso. Es uno que enciende nueva vida dentro de nosotros; esas palabras nos alientan y refrescan. Escuchemos de nuevo: "No nos cansemos, pues, de hacer el bien; porque a su tiempo cosecharemos, si no desmayamos." A la luz de este pasaje podemos permanecer renovados en la obra de Dios. No tenemos que desmayar ni rendirnos. Notemos primero, sin embargo, un hecho alentador.

I. Es posible cansarse en la obra de Dios

Miembros fieles confiesan: "Sí, yo me canso en la obra de Dios." Pablo sabía de la posibilidad de llegar a cansarse y agotarse con el trabajo. Por eso, él apela a nosotros en la Escritura para que no nos cansemos. Si nos cansamos, ¿por qué ocurre?

Nos cansamos en la obra de Dios por causa de las limitaciones humanas. Pablo llegó a cansarse, y también Jesús, y los discípulos. En Getsemaní Jesús dijo: "El espíritu a la verdad está dispuesto, pero la carne es débil" (Mar. 14:38). Agotamos nuestras fuerzas después de varias horas. Debemos tener un día de descanso. Necesitamos "rejuvenecernos". Si llegamos a cansarnos en (y no de) la obra de Dios puede ser por agotamiento físico. Elías se agotó mientras huía de Jezabel. El se cayó debajo de un arbusto y le pidió a Dios que lo dejara morir. ¿Quién no se cansa? La gente más grande y mejor de Dios se cansa hoy en día.

Nos cansamos porque los obreros son pocos. Varios colaboradores ayudaron a Pablo. Fueron en viajes misioneros con él. En el último capítulo de Romanos, Pablo dio una larga lista de cristianos. Sin embargo, nunca tenemos suficientes ayudantes. No tenemos bastantes para visitar, para evangelizar, para enseñar ni para hacer todos los otros trabajos que necesitan hacerse. La mayoría de los obreros de las iglesias están sobrecargados. Podríamos usar más. Una persona puede agotarse en la obra de Dios por la escasez de obreros.

Nos cansamos porque la obra es grande. Pablo tenía a toda Galacia en su corazón; y luego, más allá, él veía Europa, Asia y otras ciudades y países que eran una carga sobre su alma.

Nosotros tenemos nuestra provincia, nuestra nación, nuestra ciudad y nuestro barrio. Tenemos nuestra clase, nuestros prospectos, nuestras familias y mucho más. Nos cansamos cuando comprendemos que los campos son tan vastos.

Nos cansamos porque los resultados nunca son lo que esperábamos. Pablo nunca vio todos los resultados que quería ver. Ni en Atenas, ni en Roma, ni en Jerusalén ni en Galacia. Noé no vio ningún resultado aunque predicó 120 años. El profeta Isaías dice en Isaías 6:8-12 que Dios le dijo que siguiera predicando aunque no tuviera éxito. Podemos cansarnos si las masas no son alcanzadas. Pero la mayoría nunca ha sido alcanzada. Esto nos hace candidatos principales para el cansancio. Pero Pablo dice: "Por favor, no se cansen de hacer el bien."

Nos cansamos porque enfrentamos problemas en nuestro trabajo. Pablo los enfrentó entre las iglesias en Galacia. En realidad él tenía también problemas en la iglesia de Corinto. Fue expulsado del pueblo y echado en prisiones. Sus problemas parecían no tener fin.

Nosotros tenemos nuestra parte de problemas. Algunas personas no tienen empleo. Las tragedias nos atacan. Las enfermedades vienen. Algunos abandonan el trabajo. Otros se mudan. Algunos se apartan. Pablo, sin embargo, dice: "¡Quédate allí! ¡No te canses!"

II. Es posible tener victoria en la obra de Dios

Pablo vio sus labores coronadas de victoria. El dice que necesitamos mantenernos frescos en la obra de Dios porque viene el éxito. La victoria viene "a su debido tiempo". El texto dice: "A su tiempo cosecharemos." El tiempo de Dios no siempre es el que usted y yo tenemos. ¿Cuál cree usted que es el correcto?

A la semilla le toma tiempo germinar y crecer. No plantamos semilla de algodón o de maíz un día y vemos la cosecha al siguiente día. Los estudiantes permanecen en la escuela. Los médicos, los ingenieros, los contadores públicos, los maestros, los electricistas y todos los trabajadores deben pasar tiempo para ser eficientes en su trabajo. Los que se preparan para el trabajo de su vida no pueden prepararse en un tiempo corto.

La cosecha espiritual de Dios requiere tiempo. El campo del corazón humano debe ser preparado. La semilla de la Palabra de Dios necesita ser regada con nuestras lágrimas. Las oraciones del pueblo de Dios necesitan preparar el trabajo. Todo esto toma tiempo. A menudo, mucho tiempo.

Jesús permaneció con sus discípulos noche y día por tres años. Toma tiempo preparar gente. La cosecha espiritual es lenta y agonizante. Viene en el tiempo de Dios. Nosotros entendemos esto.

La victoria viene "si no desmayamos". Dios va a bendecir su obra, pero su demanda sobre nosotros es que no desmayemos.

Adoniram y Ana Judson fueron a Birmania como misioneros. Después de siete años el señor Judson no podía informar de conversiones. Después de catorce años tenía las tumbas de su esposa y de sus cuatro hijos. ¡Pero él dijo que se quedaría y vería una iglesia de un millar de miembros! Y lo hizo. El no desmayó. Nosotros no debemos desmayar tampoco.

Mire el texto nuevamente. Mantengámonos renovados, no desmayemos y veremos a Dios darnos victoria. Es posible llegar a cansarse en la obra de Dios; lo más emocionante es que podemos ver nuestro trabajo coronado de victoria y éxito. Conocer esas verdades debiera ayudarnos a mantenernos frescos y renovados en la obra de Dios. Yo necesito este mensaje hoy. ¿Usted no?

Datos para el archivo:

Fecha: _____

Ocasión: _____

Lugar: _____

39

EL DON DE DIOS PARA NOSOTROS

Porque no nos ha dado Dios un espíritu de cobardía, sino de poder, de amor y de dominio propio. 2 Timoteo 1:7

Somos gente que da y gente que recibe. La Navidad, los cumpleaños, los aniversarios y otras ocasiones son oportunidades para derramar con abundancia regalos unos a otros.

El don más grande que el hombre haya recibido es el de la vida en Jesucristo. Pablo nos recuerda que somos bendecidos también con otros dones. En la segunda carta a Timoteo se nos dice que Dios da dones especiales a su pueblo. Miremos algunos de esos dones.

I. Dios nos da valor

El texto dice: "...no nos ha dado Dios un espíritu de cobardía..." La idea de ser tímido, cobarde, débil y temeroso está incluida en la palabra cobardía. En una ocasión, cuando Jesús y los discípulos iban a cruzar el mar de Galilea, una tormenta azotó su ruta. Los discípulos despertaron a Jesús, quien preguntó: "¿Por qué estáis así amedrentados?" (Mar. 4:40).

Lo opuesto del temor es el valor, la osadía, la temeridad. Timoteo necesitaba el don del valor. El parecía haber tenido una timidez natural. Tal vez era porque había visto a Pablo sin pizca de temor y Timoteo se desanimaba inconscientemente por eso. Cuando Pablo y Bernabé vinieron por primera vez al pueblo natal de Timoteo, Pablo fue apedreado, arrojado de la ciudad y dejado por muerto (Hech. 14:19). Pero cuando Dios lo revivió, ¡Pablo regresó a la ciudad! Timoteo lo vio y pudo haber pensado que él nunca podría enfrentar días difíciles como Pablo lo había hecho.

El Espíritu Santo nos llena del valor de Dios. "No nos ha dado Dios espíritu de cobardía." El nos da el Espíritu Santo. El mismo Espíritu que vivió y obró en Pablo quiere obrar en nuestras vidas.

La Palabra de Dios nos da valor. Fíjese en todas esas promesas de la Biblia. Las Escrituras dicen que Dios va delante de nosotros, él está detrás de nosotros, debajo de nosotros, al lado de nosotros, sobre nosotros, ¡y él está dentro de nosotros! Cuando la Palabra de Dios llena la vida, el temor no puede acampar dentro de nosotros.

Los hermanos cristianos nos dan valor. Vamos al templo y encontramos cristianos en derredor nuestro que nos inspiran y nos alientan. En su compañía nos llenamos de su espíritu de justicia.

II. Dios nos da poder

La palabra para poder, en el texto, es "dunamis" o dinamita. Dios usó su poder para crear el mundo, el universo. El usó ese poder para abrir el mar Rojo y dejar que los hebreos lo atravesaran; Dios usó ese mismo poder para levantar a Jesús de entre los muertos y sentarlo a su diestra en el cielo. ¡Dios nos da ese mismo poder!

El poder de Dios nos hace fuertes para testificar. La segunda carta a Timoteo fue la última de Pablo desde su prisión en Roma. Pablo había testificado a los soldados romanos en el esplendor de la ciudad de Roma. ¿Podría también Timoteo ir a esa capital con su poder militar y político y hablar de Jesucristo? Sí, él tenía el poder de Dios como un don para hacer eso. ¡Y nosotros también!

El poder de Dios nos hace fuertes para mantenernos firmes contra la oposición y el ridículo. Timoteo enfrentaba ese problema. Dios puede hacernos fuertes para superar esas dificultades. Su poder nos ayudará. Podemos ser identificados como gente de Cristo en cualquier lugar, porque él nos da el poder para mantenernos firmes.

El poder de Dios nos hace fuertes para resistir la tentación. Timoteo había escuchado de Demas, el acompañante de Pablo, que había abandonado al apóstol en Roma. Demas se había apartado "amando más este mundo". Timoteo enfrentaba las mismas agudas sutilezas satánicas. Pero él recibió la seguridad de que el poder de Dios no le fallaría.

Como cristianos enfrentamos la tentación de una sociedad dominada por el diablo y saturada por el pecado. Cuando uno camina por las calles de cualquier ciudad o enciende el televisor, el mal parece estar listo a saltar sobre el que no está prevenido. Drogas, pornografía, prostitución y alcohol han perdido su poder de sorprender. En lugar de eso, casi se han convertido en una norma aceptable de la sociedad. Muchos caen presa de tales tentaciones. Pero Dios nos da su poder para que seamos victoriosos sobre esos pecados y tentaciones y no sus víctimas.

III. Dios nos da amor

La palabra del texto es "ágape". Significa el amor de Dios en su expresión más elevada. Esto es lo que necesitamos. La gente como Pablo necesita el amor de Dios en su corazón para mantenerlo "templado" para vivir. Es fácil volverse frío, encallecido e indiferente. Por eso el don de Dios para nosotros es su amor.

Necesitamos su amor para demostrar la semejanza a Cristo. Los creyentes son gente de Dios, selecta, escogida. ¿Cómo sabe el mundo incrédulo de qué lado estamos?

Necesitamos su amor si vamos a alcanzar a otra gente. Jesús cuenta esa notable historia en Lucas 15. Es acerca de un pastor que deja noventa y nueve ovejas y va en busca de una que está en la montaña, perdida, sola y expuesta al peligro.

Necesitamos el amor de Dios en nuestros corazones para mantener significativa y vital nuestra relación con Dios. Su amor significará que se guardará "la comunión de los santos".

IV. Dios nos da dominio propio

El dominio propio nos da una percepción de lo que debemos hacer. Podremos entender y comprender lo que es nuestro trabajo y cómo debe ser la vida cristiana. El "espíritu de dominio propio" es un don de Dios y nos ayuda a ver la vida como es en realidad.

Un hombre se acercó una vez a Jesús diciendo: "—¡Te seguiré adondequiera que vayas!" Jesús le respondió: "Las zorras tienen cuevas, y las aves del cielo tienen nidos; pero el Hijo del Hombre no tiene donde recostar la cabeza" (Luc. 9:58). Ese hombre "se enfrió" y nunca siguió a Jesús. El vio un duro camino delante de él y no quiso recorrerlo. La persona con dominio propio entiende y percibe "el alto riesgo del discipulado". Conoce su costo y está listo para el desafío.

Carlton Massey, quien jugó como defensa con el equipo de una universidad de Texas, dice: "Los entrenamientos eran duros, teníamos seis horas de ejercicio físico cada día. Además, los sábados, teníamos un encuentro de entrenamiento que duraba cinco horas. Un jugador era "despedido en el acto" si fumaba o tomaba alcohol. Nunca podía llegar tarde a una reunión. En todas sus apariciones públicas tenía que ir bien vestido. Sus modales en la mesa debían ser los de un caballero." Los jugadores tenían demandas que cumplir.

Pablo escribió a Timoteo acerca de prepararse para el servicio de Dios. Si un equipo de fútbol puede demandar tan dura preparación para jugar hora y media por semana sobre el campo, ¿qué acerca de la preparación cristiana para hacer la voluntad de Dios? El dominio propio, la "mente del espíritu" nos dirige a prepararnos.

Un Cadillac nuevo o un regalo de 100.000 dólares sería aceptado por cualquiera de nosotros, si tuviéramos la buena fortuna de que nos ofrecieran una cosa así. Dios ya ha concedido al cristiano su don de valor, poder, amor y dominio propio. Los dones espirituales de Dios son inapreciables. Y fíjese, podemos usarlos libremente para nuestro bien y para la gloria de Dios.

Datos para el archivo:

Fecha: _____

Ocasión: _____

Lugar: _____

40

NOSOTROS VEMOS A JESUS

*Sin embargo, vemos a Jesús, quien por poco tiempo fue
hecho menor que los ángeles, coronado de gloria y honra...*
Hebreos 2:9-18

El hombre todavía lucha por conquistar el mundo. Vamos al
"espacio exterior" y al fondo de los mares; penetramos en bosques y
sondeamos el cuerpo y la mente del hombre. Queremos "conquistar".
Pero Hebreos 2:8 dice: "Pero ahora no vemos todavía todas las cosas
sometidas a él."

En contraste, Hebreos 2:9 también declara: "...vemos a Jesús..."
Eso es mucho mejor. Mejor que la conquista del mundo es contemplar al Salvador. Nosotros podemos ver a Jesús.

¿En qué manera podemos ver a Jesús?

I. Vemos a Jesús como rey

Ese es el significado del versículo 9. El fue hecho menor que los
ángeles, ¡pero fue coronado! En Mateo, Jesús es presentado como
rey. Apocalipsis dice que Cristo es "Rey de reyes y Señor de señores".

Vemos a Jesús como un rey humilde. Su lugar de nacimiento nos
recuerda su humildad. Todo lugar de hospedaje estaba lleno cuando
llegó el tiempo de su nacimiento. El ganado se apretujó haciendo
lugar para María, José y el niñito Jesús. ¡El rey de gloria tuvo un
nacimiento humilde!

Su estilo de vida nos recuerda la humildad de Jesús. El Salvador
que es dueño de todo vivió sobre la tierra con escasez. El dijo a los
que serían sus discípulos: "Las zorras tienen cuevas, y las aves del
cielo tienen nidos; pero el Hijo del Hombre no tiene dónde recostar
la cabeza" (Luc. 9:58). Durante su ministerio terrenal Jesús no tuvo
un lugar que pudiera llamar "hogar".

Vemos a Jesús en ese cuerpo de humildad: golpeado y herido. El
Rey de gloria llevó sobre sí mismo nuestra semejanza. El se volvió
hombre. El es el Dios-hombre. Es el Rey de gloria vestido en humildad de modo que podamos entender, creer y acercarnos a él.

Vemos a Jesús como un Rey que recibe honra. Hebreos 2:9b dice: "...coronado de gloria y honra..." Después de su sufrimiento y muerte, Cristo volvió a la vida. Nunca volvería a tener hambre ni sed. ¡Nunca volvería a morir! ¡Qué Salvador! Esteban lo vio (Hech. 7:55, 56). Juan el apóstol tuvo una visión del radiante Redentor en la isla de Patmos. Filipenses 2:9, 10 declara que Jesús tiene un "nombre que es sobre todo nombre".

Se vistió de humildad durante un tiempo, pero ahora está vestido de gloria y poder. Necesitamos comprender la grandeza de aquel al que seguimos. Jesús no es una fábula. El es nuestro Dios y Señor.

II. Vemos a Jesús como capitán

En el versículo 10 vemos a Jesús como capitán. "Capitán" puede ser traducido como pionero, príncipe, líder o autor. Esto es lo que Jesús es. El abre el camino y nos ilumina la senda. Nosotros somos su pueblo y debemos seguirle.

Jesús es el capitán de nuestra salvación. Somos salvados mediante él y por él. En él vivimos. El murió por nosotros. El dio su sangre por nuestra redención. El resucitó para que podamos vivir.

Si una persona trata de entrar al cielo por otro camino, fracasa. Juan 14:6 dice la verdad. La historia de Babel (Gén. 11), nos cuenta que la gente quiso hacerse un nombre para ellos mismos. Realmente "procuraban" la salvación de la vida mediante el esfuerzo propio, pero fracasaron. Cualquier acción lejos del camino de Dios trae ruina y lamento. Jesús es nuestro camino.

Jesús es el capitán de nuestra santificación. "Pues tanto el que santifica como los que son santificados, todos provienen de uno..." (Heb. 2:11). El nos aparta para vivir santamente. El hace posible nuestro desarrollo espiritual. Mediante la oración, su Palabra y el Espíritu Santo, Cristo que mora en nosotros puede hacer una obra espiritual en nuestras vidas. Con la vida de Cristo en nosotros, tenemos el potencial para "lo imposible". ¡El es nuestro Capitán!

El Señor Jesús fue clavado sobre una cruz. Pero pronto fue libre de nuevo. El se levantó de la tumba. Necesitamos dejarle el control completo de nuestras vidas para dirigirnos a donde necesitamos ir. ¡Dele a Jesús la libertad para guiar su vida!

III. Vemos a Jesús como hermano

El es nuestro hermano mayor. Somos redimidos por él y hemos llegado a ser hijos de Dios. Ahora Cristo, nuestro hermano mayor, nos ha dado una hermosa relación consigo mismo.

Jesús es el hermano que no se avergüenza de nosotros. ¡El está orgulloso de nosotros! "Por lo cual no se avergüenza de llamarlos hermanos." ¡Es hermoso el texto de Hebreos 2:11! Jesús podría estar avergonzado a veces de nosotros, pero él dice que no lo está. Por supuesto, el Señor no aprueba la conducta vergonzosa del cristiano, pero Cristo no se avergüenza de llamar "hermanos" a los redimidos. *Jesús es nuestro hermano que nos protege.* El versículo 14 dice que Cristo quitó el garrote de la muerte de las manos del diablo, que él balanceaba sobre nuestras cabezas para atemorizarnos. El angustioso temor de la muerte fue quitado del corazón del cristiano. Jesús nos protege de Satanás y del terror de la muerte.

Un muchachito jugaba en una playa. El hizo "una ciudad en la arena". Construyó las casas y los negocios e hizo calles imaginarias. Siguió jugando sin darse cuenta de que el sol se ponía y que las olas del mar se acercaban. Finalmente, una ola poderosa cayó sobre el muchacho, arrojándolo al suelo y destruyendo su ciudad en la arena. El atemorizado muchacho sintió entonces el calor de una mano fuerte. Era su hermano mayor que lo alcanzó y lo levantó. El hermano mayor echó su brazo alrededor del menor y juntos caminaron a la cabaña de su padre. ¡Así es Jesús!

IV. Vemos a Jesús como nuestro sumo sacerdote

Los sacerdotes y los sacrificios eran comunes en el tiempo del Antiguo Testamento. Nosotros necesitamos comprender bien que Cristo es nuestro eterno sumo sacerdote.

El hace posible la redención. El "socorrió a la descendencia de Abraham" (Hebreos 2:16). Jesús es "misericordioso y fiel sumo sacerdote" (2:17). El es misericordioso. ¿No hemos visto eso los pecadores? ¡No hemos sido consumidos! Una y otra vez, su misericordia nos alcanza. El es el Sumo Sacerdote que puede ser bueno con nosotros cuando fallamos. El provee para nosotros un refugio.

El es fiel con nosotros. El ha provisto una redención que es completa y costosa. Como nuestro Sumo Sacerdote que se convirtió en el sacrificio por nuestro pecado, él permanece fiel a nosotros. El no nos faltará en ningún nivel de necesidad.

El hace posible la renovación. El nos renueva: "es poderoso para socorrer." El sostiene y apoya a su pueblo. El puede renovar al cristiano débil. El es nuestro Sumo Sacerdote que tiene el deseo de dar a cada "Sansón" una oportunidad de regreso. El está listo para alentar al fuerte para que vaya a nuevas alturas.

Jesús ha invertido su vida por nosotros. Necesitamos verlo y entender su majestad, su grandeza. Cuando nosotros entendemos que Jesús es nuestro rey, nuestro capitán, nuestro hermano y nuestro sumo sacerdote, seguirle a él es más significativo para nosotros. Necesitamos ver a Jesús como el que es adecuado para toda necesidad. El, y sólo él, puede satisfacer nuestras necesidades. ¿Estamos dispuestos a creer en Jesús y seguirlo? ¿Lo hará usted ahora?

Datos para el archivo:

Fecha: _____

Ocasión: _____

Lugar: _____

41

JESUS ORA POR NOSOTROS

Por esto también puede salvar por completo a los que por medio de él se acercan a Dios, puesto que vive para siempre para interceder por ellos. Hebreos 7:25

El pasaje de Hebreos 7:25 nos recuerda del viejo orden de sacerdotes que se turnaba en el lugar de oración. Ellos se turnaban para ir al tabernáculo primero y después al templo para orar y cumplir con sus deberes. Cuando el sumo sacerdote entraba al lugar santísimo una vez al año para interceder y hacer un sacrificio por todo el pueblo, ellos se sentían abrumados por el pensamiento. Sin embargo, ni el sumo sacerdote con la multitud de otros sacerdotes podían orar constantemente por el pueblo.

Pero note Hebreos 7:25. Qué gran revelación tenemos aquí. ¡Cristo ora por cada uno de nosotros todo el tiempo! Esto sorprende, produce alivio y aliento. Cristo, ahora "ilimitado" y omnipotente, está en gloria orando e intercediendo en favor de cada uno de nosotros.

¿Cuándo ora Jesús por nosotros?

I. Cuando necesitamos creer

Tal vez Jesús ora para que toda la gente entienda el gran costo que él pagó por la redención del hombre. El debe orar también para que cada pecador conozca su necesidad de esa salvación. Jesús probablemente ora por nosotros cuando luchamos por arrepentirnos y volvernos de la incredulidad para venir a la fe en él como el Salvador todo suficiente. El quiere que sepamos lo que significa ser adoptado en la familia celestial y tener nuestros nombres escritos en el "libro de la vida del Cordero". El desea que sepamos que estamos relacionados con él en una manera dinámica y vital por la presencia del Espíritu Santo. Sí, Jesús ora por el que está a la puerta de la fe para recibirlo como Salvador.

II. Para que amemos a Dios con todo nuestro ser

La Biblia nos dice que debemos amar a Dios con todo nuestro ser. Es el mandato en el Antiguo Testamento, y Jesús lo repite en el Nuevo Testamento. La mayoría de los problemas llegarían a su fin si realmente amáramos a Dios como debemos. La comunión rota sería reparada y la falta de devoción y espiritualidad se acabarían si amáramos a Dios como debemos.

La pureza que necesitamos sería una realidad si solamente amáramos a Dios. No seríamos infieles a él. No lo negaríamos.

III. Cuando necesitamos ayuda en las luchas y tentaciones

Jesús mismo fue tentado en todo como nosotros, pero nunca pecó. El entiende las tentaciones, de aquí que él sabe cómo orar por el que es tentado.

El mundo trata de apartarnos. Las atracciones de esta era son incontables. Pablo habla de Demas, que lo abandonó "habiendo amado el mundo presente". Recordamos las palabras de advertencia acerca del mundo con todas sus seducciones (1 Jn 2:15, 16).

La carne nos desvía. Hasta los redimidos debemos ser precavidos en cuanto a la "carne". La "debilidad de la carne" hizo que los discípulos se durmieran en el monte de la Transfiguración y en el huerto de Getsemaní. Jesús ora que seamos fuertes y no le fallemos.

Satanás es implacable. El arruina a la gente. Jesús le dijo a Pedro: "Satanás os ha pedido para zarandearos como a trigo; pero yo he rogado por ti..." (Luc. 22:31, 32). El saber que Cristo ora por la persona que está en las garras de la tentación debe ayudarla.

IV. Cuando necesitamos estudiar su Palabra

La Palabra de Dios se discierne espiritualmente. El "hombre natural" no puede entenderla. Jesús quiere que conozcamos su Palabra, él quiere que el libro de Dios cambie nuestra vida. Quiere que estimemos y amemos su Palabra y que sea todo lo que el Salmo 119:9, 11, 105, 165 dice. Su Palabra es nuestra arma de defensa. Cristo quiere que seamos capaces de usar su "espada del Espíritu". El ora por nuestro recto entendimiento de la Biblia.

Jesús ora para que nosotros seamos útiles en su servicio. Hudson Taylor fue a China como misionero. El sabía que Cristo lo amaba y oraba por él. Jesús ora por nosotros para que nuestras vidas también sean útiles.

Jesús, nuestro gran Sumo Sacerdote, ora por nosotros. El es santo y victorioso y puede ver nuestras necesidades. Regocijémonos y gocémonos porque él siempre ora por nosotros. Podemos triunfar porque tenemos al Salvador que nos levanta en oración.

Datos para el archivo:

Fecha: _____

Ocasión: _____

Lugar: _____

42

LA SANGRE DE CRISTO

Pues según la ley casi todo es purificado con sangre, y sin derramamiento de sangre no hay perdón. Hebreos 9:22

El siglo pasado, cuando el evangelista D. L. Moody hizo por primera vez un viaje a Inglaterra para una campaña de evangelización, los periodistas lo recibieron en el barco y le preguntaron si él tenía un credo. El dijo, "Sí". Ellos rápidamente empuñaron sus plumas para escribir su declaración de fe. Entonces el evangelista citó Isaías 53:5: "Pero él fue herido por nuestras transgresiones, molido por nuestros pecados. El castigo que nos trajo paz fue sobre él, y por sus heridas fuimos nosotros sanados."

La Biblia nos recuerda, una y otra vez, que Cristo murió por nosotros. El Antiguo Testamento nos cuenta del sufrimiento y muerte de Jesús incontables veces. El Nuevo Testamento lo menciona cerca de 200 veces. La historia de "la sangre de Cristo" puede ser trazada desde Génesis hasta Apocalipsis. Los escritores de himnos han cantado la historia: "Hay una fuente sin igual de sangre de Emmanuel, en donde lava cada cual las manchas que hay en él." Cristo derramó su sangre por nosotros.

¿Qué significa la sangre de Cristo?

I. Tenemos redención mediante la sangre de Cristo

Dicho simplemente, somos salvados por su sangre. Hebreos 9:12 dice que por el sacrificio de Jesús tenemos "eterna redención". El apóstol Pablo habla de "volver a comprar" o de la redención en Efesios 1:7: "En él tenemos redención por medio de su sangre, el perdón de nuestras transgresiones, según las riquezas de su gracia." Ese es el mensaje en Romanos 3:24, 25 que declara: "Siendo justificados gratuitamente por su gracia, mediante la redención que es en Cristo Jesús... como expiación por la fe en su sangre..." El hombre es tenido cautivo por el pecado y está en la prisión del pecado. Está esclavizado y necesita liberación y libertad. Por eso es que Cristo vino: a darnos libertad.

El hombre está esclavizado por su naturaleza pecaminosa. Si alguien duda de esta verdad, que eche una mirada a su propio ser interior o que lea Efesios 2:3, que dice: "En otro tiempo...por naturaleza éramos hijos de ira..." ¡Hasta el Antiguo Testamento dice que muy pronto después del nacimiento hablamos mentiras! Hasta los preciosos niños pequeños tienen una naturaleza pecaminosa. Estamos esclavizados y necesitamos redención de esta condición que nos persigue. Necesitamos libertad de esa tendencia pecaminosa.

II. Tenemos paz mediante la sangre

Los alborotos y las contiendas abundan en torno nuestro. El hombre está en guerra consigo mismo. De la misma manera vemos frecuentemente a las familias en guerra consigo mismas, y trágicamente los hogares cristianos no están exentos de esa situación. Tras las puertas cerradas las batallas siguen con algunos, aunque los vecinos no lo sepan. Lo que esa gente tiene que entender es que Cristo murió en la cruz de modo que esa "paz" pueda ser experimentada. Colosenses 1:20 dice: "Haciendo la paz mediante la sangre de su cruz." Clamemos y vivamos en esa paz.

Qué tremendo es ver nuestra tierra bombardeada y destruida porque el hombre no ha aprendido a vivir en paz. La guerra de Vietnam duró muchos años, matando incontables millares de personas en ese país distante y extinguiendo la vida de 55.000 soldados de los Estados Unidos. Francia antes que los Estados Unidos había peleado por años en ese país, perdiendo millares de soldados. Y una y otra vez se dan otras clases de guerras no militares: guerra de drogas, trata de blancas, y disputas económicas. Cristo vino a darnos una paz duradera, pero no podemos conocer ese fin de hostilidades hasta que lo recibamos a él como Príncipe de paz.

III. Tenemos un refugio del pecado por la sangre de Cristo

En el Antiguo Testamento el sumo sacerdote entraba en el lugar santísimo una vez al año en el día llamado "Día de la Expiación". Entraba al lugar sagrado y rociaba sangre encima del propiciatorio del arca del pacto. Ese acto cubría simbólicamente los pecados de la gente por ese año. El rito tenía que repetirse al año siguiente.

Cuando Jesús murió en la cruz, el velo del templo se rompió de arriba a abajo. Ahora cada uno de nosotros puede entrar al "lugar santísimo" por sí mismo, continuamente. La sangre de Jesucristo ha sido derramada para que no tengamos una cubierta temporaria, sino una que es eterna. Nuestros pecados son apartados para siempre. Cristo es la propiciación o cubierta satisfactoria para nuestros pecados (1 Juan 2:1). ¡Y ahora el pecado es borrado para siempre!

IV. Tenemos limpieza del pecado

Primera Juan 1:7 dice: "La sangre de su Hijo Jesús nos limpia de todo pecado." Cada cristiano debe marcar y aprender de memoria esta pepita de oro de la Palabra de Dios. Esta promesa nos dice que tenemos limpieza continua de todo pecado. La promesa es universal: NOS limpia de TODO pecado. ¿Cuáles son nuestros pecados? No importa. No tenemos que revelar las manchas y desdoros que hemos experimentado en nuestras vidas, porque ahora todas nos han sido quitadas. Han sido echadas en lo más profundo del mar. No deben ser recordadas contra nosotros ya.

En el Antiguo Testamento vemos la terrible historia de Manasés. El hijo del buen rey Ezequías no anduvo en los caminos de su padre. Hizo el mal a la vista del Señor. El sacrificaba los niños hebreos en los altares levantados a Baal y a Moloch y practicaba hechicerías y encantamientos. Dios lo afligió por sus pecados y lo hizo llevar en cautividad. En la tierra de esclavitud, Manasés clamó al Señor, quien lo escuchó y contestó su oración (2 Crónicas 33).

Todos nosotros podemos tener perdón y la limpieza de todos nuestros pecados si solamente clamamos al Señor por ese perdón. La buena noticia de la cruz es que Jesús murió por nosotros. La sangre derramada de Jesús quita toda mancha de nuestro pecado. Podemos decir ¡Aleluya! por este efecto limpiador de la sangre de Jesús.

V. Nosotros somos hechos cercanos por la sangre de Jesús

¿Hemos querido acercarnos a Dios? Efesios 2:13 declara: "...habéis sido acercados por la sangre de Cristo." Cuando Moisés recibió la ley en el monte Sinaí, los hijos de Israel tuvieron que mantenerse alejados para no morir (Exodo 14:1, 2). Pero ahora, en la gracia, Cristo ha muerto por nosotros, y podemos acercarnos a Dios sin temor. Tenemos acceso a él. Hebreos 4:16 nos dice: "Acerquémonos, pues, con confianza al trono de la gracia..."

Podemos servir a Dios en completa seguridad. En verdad podemos ir a trabajar por Dios y encontrar su autorización y bendición sobre nuestros trabajos para él.

Cuando Jesús murió en la cruz dijo: "Consumado es" (Juan 19:30). Su sangre cumplió nuestra redención y nos puso en una gloriosa relación con él. Esa sangre derramada está disponible para borrar la iniquidad de todo incrédulo y darle a cada persona vida eterna. Todo el que confía en que Jesús dio su vida por nosotros puede vivir eternamente. ¿Se ha arrepentido de su pecado y le ha pedido al Salvador que le perdone? Ese paso de fe puede darlo cualquiera. ¿Necesitas confiar en Jesús para salvación ahora?

Datos para el archivo:

Fecha: _____

Ocasión: _____

Lugar: _____

43

LA VIDA SANTA

Procurad la paz con todos, y la santidad sin la cual nadie verá al Señor. Hebreos 12:14

Millares de personas visitan la Tierra Santa cada año. Ese es un gran viaje para cualquiera que quiere "andar donde Jesús anduvo". Sin embargo, todos diríamos que es mejor vivir una vida santa que andar en la Tierra Santa.

Dios quiere que vivamos rectamente. El ha hecho provisión para que todos podamos vivir una vida santa. En Levítico, Dios le dijo siete veces a su pueblo: "Sed santos porque yo soy santo." A los redimidos se les manda vivir en santidad.

Si dejamos de vivir como Dios desea, se causa daño a la obra de Cristo. Eso pasó en la vida de Sansón. Un autor de mucho éxito hizo daño a la causa de Dios cuando se divorció de su esposa y se casó con su secretaria. Los actos impíos dañan la causa de Dios.

Si vivimos justamente, se experimenta una delicia en nuestros corazones. Cuando complacemos a nuestro Maestro, él nos da el gozo espiritual que sobrepasa la explicación.

El escritor de Hebreos llama a los cristianos a procurar la santidad. Debemos vivir la justicia implantada de Dios. Los cristianos debemos vivir vidas santas.

¿Cómo es una vida santa?

I. Es renovada a la imagen de Dios

Todos nosotros recordamos la historia de Adán y Eva. Dios formó al hombre del polvo de la tierra y sopló en su nariz aliento de vida, y el hombre se convirtió en una alma viviente. Adán tenía la vida de Dios dentro de él. El no tenía faltas ni imperfecciones. El era perfecto. ¡Era santo! Luego vino Satanás y el hombre escuchó la voz del engañador y pecó. El hombre perdió la comunión con Dios. Su futuro estaba en un mundo de pecado y vergüenza.

Dios quiso redimir al hombre. Regresar al hombre a su propia imagen y vida demandaba un sacrificio eterno. La respuesta vino solamente en Jesucristo. El perfecto Dios-hombre se convirtió en pecado por nosotros para que pudiéramos llegar a ser la justicia de Dios en él. ¡Qué palabras se nos dan en 2 Corintios 5:21! ¡Aquí es donde empieza la vida santa! Allí es donde tiene lugar nuestra renovación espiritual.

El acto sobrenatural de Dios es esa obra de hacer al hombre de nuevo mediante Jesucristo. El "sopla de nuevo en nosotros" su propia vida. Esto es regeneración, es el segundo nacimiento.

Esto es conversión o justificación. Dios nos adopta en su propia familia. Este es "el lavamiento de la regeneración y la renovación del Espíritu Santo". Tenemos una vida santa cuando Dios nos rehace a su propia imagen. No podemos tener santidad o pureza aparte de Dios. El nos salva. Ahora somos santos por él. El nos renueva.

II. Es reservada para Dios y sus propósitos

Dios "aparta" a su pueblo para sí mismo. 1 Corintios 6:19, 20 dice que somos su morada.

Recordamos la historia del "lugar santísimo" en el templo. El sumo sacerdote podía entrar en ese lugar una vez al año por todo el pueblo de Dios. Cuando Jesús murió, "la cortina de separación" fue quitada de una vez y para siempre. Ahora Dios nos ha hecho su "lugar santísimo". El mora dentro de nosotros. Pertenecemos a él. Somos su "santuario".

Nabucodonosor conquistó Jerusalén en 586 a. de J.C. Años después su hijo gobernó en su lugar. Belsasar hizo una fiesta una noche para un millar de sus vasallos. Mandó traer los "vasos sagrados" que habían sido sacados de Jerusalén. Esos vasos habían sido "apartados" para el servicio sagrado y nunca debían ser "paganizados". Belsasar pagó un terrible precio por esa perversión de la propiedad de Dios.

Nuestras vidas están reservadas para que Dios las use terrenalmente. Puede ser arando, predicando, cocinando, edificando o enseñando. Toda la vida debe ser dedicada a él.

Nuestras vidas están reservadas para el uso eterno de Dios. Serviremos y alabaremos al Señor por los siglos de los siglos sin cansarnos. Nuestro ser está reservado para él, ahora y para siempre.

III. Rechaza lo impío

¡Al menos así debemos hacerlo! Debemos morir a nosotros mismos y resucitar a una nueva vida. Debemos experimentar Gálatas 2:20 y ser crucificados con Cristo. Debe ser una dedicación de una vez para siempre, pero Satanás se mantiene "brincándose el cerco" y nos encontramos en una guerra continua con el pecado y la injusticia.

Debemos rehusar lo sucio. Lo impuro no debe ser permitido. La impureza daña nuestros cuerpos físicos. También fumar y las drogas. Los actos inmorales de fornicación, homosexualidad y otros "pecados de la carne" se pagan a gran precio.

Debemos rehusar la invasión idólatra de nuestro día. Los horóscopos y los hechiceros están vedados a los cristianos. Nuestro recurso es Dios. El es nuestra sabiduría.

Debemos rechazar acciones mezquinas. Jesús hablaba de adultos que son "como niños en juego". Debemos rehusar esa clase de vida. C. S. Lewis en *El peso de gloria* cuenta de una dama en Irlanda que venía de confesarse. Cuando caminaba por las calles de su villa, encontró a un encarnizado enemigo, que empezó a reñirla. La dama, que acababa de salir de la confesión, dijo: "Es una vergüenza que le hablen a una de esa manera cuando está en estado de gracia. ¡Pero espere y verá! ¡No estaré en estado de gracia por mucho tiempo!" ¿Algunas veces nos sentimos así? Dame tiempo. ¡Ya ajustaremos cuentas! Pero recordemos que la vida santa rechaza la inmadurez.

IV. Es reforzada por la gloria de Dios

Debemos alcanzar las alturas que Dios se propone en la vida santa y feliz. Por la cruz, por el Espíritu Santo, por su Palabra, por la fe, por la disciplina y la obediencia, debemos ser lo que Dios quiere que seamos. Su voluntad es la nuestra.

La santidad es nuestra posición. ¡AHORA somos santos! La Biblia dice: "...habéis sido lavados, ... sois santificados, ...habéis sido justificados" (1 Cor. 6:11). La disposición eterna de Dios hacia nosotros es de gracia y benevolencia.

La santidad es progresiva. Como los hebreos dentro de la tierra prometida, debemos progresar dentro de la santidad que ya es nuestra. Como Abraham debemos aumentar en fe; como José, debemos mantenernos puros; como Job, debemos perseverar; como Pablo, debemos evangelizar; como Bernabé, debemos ser generosos. Nuestro objetivo es la semejanza máxima a Cristo en gloria.

Todo el ser debe estar abierto a la voluntad de Dios. El nos capacita para ser santos. Podemos confiar en Dios por esta vida. Somos el pueblo santo de Dios. La santidad de Cristo puede expresarse a través de nuestras vidas sin cesar. ¿Cómo le va en su vida santa cada día?

Datos para el archivo:

Fecha: _____

Ocasión: _____

Lugar: _____

44

¿ESTAS ESCUCHANDO LA VOZ DE DIOS?

Mirad que no rechacéis al que habla. Hebreos 12:25

El primer vuelo en aeroplano ocurrió el 17 de diciembre de 1903. Los hermanos Wright hicieron historia con su primer vuelo que duró doce segundos y los elevó 40 metros sobre un pastizal. Hemos avanzado mucho desde ese vuelo. Aviones supersónicos circundan la tierra en unas cuantas horas.

Algunos pueden recordar su primer recorrido en automóvil. Cuando los fabricantes de automóviles empezaron a hablar de coches que podían ir a diez kilómetros por hora, los escépticos se reían y decían: "¡Eso no es posible! La gente se sofocará por causa del viento que se enfrenta a esa velocidad!" Los primeros automóviles también tenían manivelas para echarlos a andar y otros artefactos elementales que resultaron anticuados con el tiempo.

Sinceramente, preferimos la era moderna. Nos gustan los edificios con aire acondicionado en vez de las estructuras que no podían ser enfriadas o calentadas muy bien. Apreciamos las comodidades de la vida que están al alcance de nuestros dedos.

Espiritualmente, con Jesús estamos en la era del "Cadillac". El escritor de Hebreos habla del antiguo sistema antes de Jesús y todo lo que nos pasó desde que Cristo vino. ¿Reconocemos cuán maravilloso es estar en la nueva era espiritual con el don y el poder del Espíritu Santo, con una Biblia completa, y con una redención gloriosa en Cristo? Puesto que Dios es tan bueno debemos escuchar su voz cuando él nos habla. Fíjese lo que el texto nos dice a nosotros.

I. Una persona puede que no escuche cuando Dios le habla

La Escritura nos dice esta verdad: "Mirad que no rechacéis al que habla" (Heb. 12:25). ¡Dios está hablando ahora! Por su Espíritu Santo y mediante su Palabra, el Señor de gloria nos habla. Mediante la cruz él nos habla en el tiempo presente. ¡El está hablando! Pero algunos no pueden escuchar. ¿Por qué no escuchan a Dios?

Algunos no quieren escuchar hablar a Dios. Muchos no quisieron escuchar a Jesús cuando él vino. Lucas 4:28, 29 nos dice que algunos trataron de matar a Jesús, arrojándolo por un precipicio, cuando él empezó su ministerio. Los corazones endurecidos no quieren escuchar.

Juan Wesley era un gran predicador. En los mercados y en los servicios de predicación en los campos, a menudo venían alborotadores con grandes tambores que hacían sonar para apagar la voz del predicador. Algunos tratan de apagar la voz de Dios hoy.

Algunos no escuchan porque no consideran importante el mensaje. Nosotros entendemos esta idea. Algunas veces los esposos, las esposas, o los hijos, hablan uno al otro sin que el otro ponga atención. Podemos estar en la casa o en el auto con la familia y no escuchar una palabra de lo que otros dicen. ¿Por qué? Porque realmente creemos que lo que están diciendo no es tan importante. Pero *escuche esto*. Cuando Dios habla, él tiene algo que decir. ¡Siempre! Mejor no nos hagamos sordos a la voz de Dios ni al mensaje del Calvario. Esto es mucho más importante que los asuntos temporales de la vida, como comida, bebida, vestido y dónde pasar las vacaciones. El mensaje de Dios es eterno. Es vitalmente importante. Ahora fíjese en otra verdad:

II. Una persona es castigada cuando rehúsa escuchar a Dios

El texto nos habla del contraste entre la gente del día de Moisés y hoy. Antiguamente la gente desobediente moría por el testimonio de dos o tres testigos. La Biblia declara: "...mucho menos escaparemos nosotros si nos apartamos del que advierte desde los cielos" (Heb. 12:25b).

Si desobedecemos las leyes de la salud, viene el sufrimiento. El doctor Ray Summers contaba acerca de uno de sus estudiantes que tenía problemas del estómago. Se estableció un fondo especial para ayudar al estudiante a pagar las cuentas del hospital. Algún tiempo después el profesor vio al estudiante tomar su desayuno. Comió una toronja, después devoró tres bizcochos calientes con miel, después vino una tortilla de tres huevos con tres tazas de café. ¡Y luego una gaseosa! El maestro dijo: "¡Quiero que me devuelvan mi dinero!" Sufrimos físicamente por romper las leyes de la salud. Espiritualmente debemos pagar un gran precio si rechazamos la voz de Dios. ¿Cuál es el precio?

¡Perdemos la experiencia de la gloria de Dios! Los judíos desobedientes no vieron detenerse el río Jordán, ni vieron caer los muros de Jericó, ni la gloria manifiesta de Dios. La gente que hoy rechaza al Señor no ve a Dios en acción en redención y poder.

Morimos en el desierto de la carnalidad cuando rehusamos escuchar la voz de Dios. El castigo que los hebreos sufrieron fue de muerte con sus huesos blanqueados en el sol del desierto. Esos que hoy rechazan a Dios morirán en la misma clase de desierto.

Los que rehúsan escuchar la voz de Dios caen en las manos de Dios, que juzga al desobediente. El versículo 29 dice: "Nuestro Dios es fuego consumidor." ¡Castigo! Hebreos 10:31 suena con terror: "¡Horrenda cosa es caer en las manos del Dios vivo!"

En 1900 el gobierno de los Estados Unidos advirtió a la gente de la isla de Galveston, Texas, de un huracán que se aproximaba. La gente veía un cielo azul y no tuvo temor. Esa noche el huracán cayó con fuerza y millares de personas murieron. El texto nos advierte de no mirar con ligereza el juicio de Dios.

III. La persona que escucha a Dios será recompensada

Tenemos la seguridad de la bondad de Dios. Dios quiere hacer algo sobrenatural por los suyos. ¡El puede hacer todas las cosas! La Biblia nos deja saber la manera en que Dios nos recompensará.

¡Dios nos dará un reino eterno! "Un reino que no puede ser removido." Dios sacudió el mundo con su voz en el tiempo de Moisés. El lo sacudirá todavía más en el futuro. Los paganos arrasaron Roma el año 410 a. de J.C., saqueando y destruyendo "la ciudad eterna". Agustín escribió *La ciudad de Dios* en esos años y habló de la ciudad eterna de Dios que nunca será destruida. Los que aman al Señor y escuchan su voz compartirán y participarán en una ciudad y reino eternos.

Dios nos dejará servirlo ahora y en la eternidad (ver. 28). Esa será también nuestra recompensa. Podemos servirlo aceptablemente, como Abel en su adoración. Lo servimos con reverencia y temor piadoso. El doctor Hal Boone sirvió a Dios por veinte años en Africa Oriental como médico. En ese campo misionero tuvo un choque de automóvil de frente. El está paralizado de la cintura para abajo. El ahora sirve a Dios en la Iglesia Sagemont, en Houston, Texas, como director de misiones. ¡Y qué gran servicio está prestando! Nosotros tenemos el gran privilegio de entrar también en su servicio. ¿Cómo puede alguien permitirse perder esta increíble oportunidad? De parte de algunos ya se ha perdido mucho tiempo.

Hoy es el día de escuchar la voz de Dios. El le habló claramente a Moisés. El Señor ha hablado a los escritores del Nuevo Testamento. El te habla a ti y a mí en nuestro día. ¿Escucharemos su voz?

Datos para el archivo:

Fecha: _____

Ocasión: _____

Lugar: _____

45

LAS MARCAS DE UN CRISTIANO

Permanezca el amor fraternal. No os olvidéis de la hospitalidad... Acordaos de los presos... Honroso es para todos el matrimonio... Sean vuestras costumbres sin amor al dinero, contentos con lo que tenéis... De manera que podemos decir confiadamente: El Señor es mi socorro, y no temeré... Hebreos 13:1-6

Los ganaderos son conocidos por marcar el ganado con un hierro caliente. El hierro caliente imprime las iniciales o alguna otra marca de identificación en el ganado. A menudo se monta una exhibición de las diversas marcas que son comunes en una zona. Los dueños están orgullosos de sus marcas en cualquier feria.

Los cristianos deben ser notados por sus propias "marcas". No vamos por la vida como sin dueño. El Señor es nuestro dueño. Tenemos, por supuesto, la marca o sello del Espíritu Santo, pero tenemos otras maneras de ser identificados. El escritor de la carta a los Hebreos sugiere maneras en que el cristiano puede ser conocido.

¿Cuáles son las marcas de un cristiano?

I. Amamos a nuestros hermanos cristianos

El escritor dice: "Permanezca el amor fraternal." La palabra que él usa en griego es "Filadelfia". La primera parte de la palabra significa amor en el buen sentido de la palabra: un amor fuerte, sano. La segunda parte de Filadelfia es "Adelfos", que significa hermano. Así que debemos amarnos unos a otros como hermanos. Cuando el escritor dice: "Permanezca el amor..." quiere decir que debemos tener un amor fuerte, de fluir continuo.

El amor fraternal nos identifica como cristianos. En Juan 13:35 Jesús dice: "En esto conocerán todos que sois mis discípulos, si tenéis amor los unos por los otros." No somos conocidos como cristianos porque tenemos un gran número de miembros o mucho dinero. Tampoco somos conocidos porque llevamos una Biblia con nosotros o porque asistimos a la iglesia. La verdadera marca que nos identifica es que nos amamos unos a otros.

El amor fraternal nos inspira. Tres de las palabras más grandes conocidas para el hombre son "yo te amo". Dígale eso a un niño y véalo sonreír. Dígale eso a una esposa o esposo solitario y verá el cambio en su personalidad. Juan 11:36 es inspirador. Cuando Jesús vino a la tumba de Lázaro y lloró, la gente declaró: "Mirad cómo le amaba." María, Martha y Lázaro debieron sentirse emocionados una y otra vez con el amor de Jesús que fluía hacia ellos (No importa la diferencia entre amor "ágape" y amor "fileo"; pueden ser intercambiables a veces).

El amor fraternal invalida o hace ineficaz la crítica que expresamos hacia otros. El amor es una póliza de seguros para los creyentes. Encontramos protección cuando somos amados.

II. Mostramos hospitalidad

La hospitalidad es la segunda marca de un genuino cristiano. En la obra de teatro titulada *Las ranas*, Aristófanes, el escritor griego, mencionaba a los que en el mundo antiguo buscaban alojamiento. En la obra uno dice a otro: "¿Dónde hay un lugar donde me pueda quedar, donde hay pocas pulgas?" La hospitalidad significa que damos el mejor cuidado posible a otros. Esto significa: "Ayuda por todo el camino de la vida."

Puede sorprendernos saber a quién ayudamos o a quién rehusamos ayudar. Un "emigrante" pasó por una granja en Ohio unos cuantos años antes de la Guerra Civil. El granjero le dio al muchacho emigrante un trabajo cortando leña para la cocina y ordeñando vacas. El muchacho se enamoró de la hija del granjero, pero no le permitieron casarse con ella. Treinta y cinco años después el granjero echó abajo el pajar y encontró el nombre "James A. Garfield" tallado a navaja en una de las vigas. Garfield había sido ya un general en la Guerra Civil y era el presidente de los Estados Unidos cuando el viejo pajar fue echado abajo. Cuando mostramos hospitalidad puede ser que algunas veces "hospedamos ángeles".

III. Mostramos simpatía por los que están en desgracia

Los "presos" debe referirse a los que están en prisión. También necesitamos simpatizar con los que están moral, emocional, económica y espiritualmente en prisión.

Una manera de simpatizar es con nuestra presencia. Estamos con ellos. Ellos no tienen que sufrir solos. Una niña tenía rota su muñeca. Sus amigos se sentaron y lloraron con ella. Nuestra presencia con otros en un tiempo de dolor puede ser nuestro servicio más grande.

Mostramos simpatía con nuestras oraciones. Le pedimos a Dios ayuda. Cuando Jesús y los tres discípulos bajaron del monte de la transfiguración encontraron a un padre con su hijo poseído de demonios. Jesús sanó a ese muchacho. Luego le explicó a sus seguidores que esa dificultad particular que ellos habían enfrentado podía ser resuelta "con oración y ayuno" (Mateo 17:21 RVR-60).

Cuando nos encontremos con los que están entristecidos por la muerte y otras dificultades, oremos por ellos.

Mostramos simpatía proveyendo para ellos. ¡Gloria al Señor por la ayuda que sale para las víctimas de terremotos, de guerras, de sequías, de inundaciones y de otras calamidades! Si vemos en torno de nosotros hoy, podemos ver a otros que necesitan nuestra ayuda.

IV. Debemos mantener una vida hogareña respetable

Debemos exhibir las relaciones ordenadas por Dios. Nos desviamos por la impureza. Para los que han pecado, hay perdón. Dios promete bendecir a los que son fieles a sus votos matrimoniales. Si él juzga al que es infiel como él promete, (y él cumple su palabra), entonces mucha gente va a saber lo que es tener "la vara del Señor" aplicada a sus espaldas. El cristiano debe esforzarse por tener una buena vida de hogar.

V. Aprendemos el contentamiento

Vivimos en la era del descontento. Somos una generación mimada. Tenemos más que ningún otro pueblo ha tenido desde Adán, y nos esforzamos por más. El contentamiento ofrece grandes ventajas.

La codicia muere cuando tenemos el contentamiento de Cristo. Jesús dijo: "Mirad, y guardaos de toda avaricia; porque la vida del hombre no consiste en la abundancia de los bienes que posee" (Luc. 12:15). El texto declara: "Sean vuestras costumbres sin avaricia, contentos con lo que tenéis ahora" (v. 5). No tenemos que estar escarbando por más, como la gallina escarba en la tierra, ni tenemos que comer a través de las cercas como las ovejas que codician el pasto más verde fuera del pastadero.

El cuidado de Dios se hace evidente cuando no codiciamos. El texto declara: "El Señor es mi ayudador." El no nos dejará. Así como Dios ayudó a Amasías a derrotar a los edomitas (2 Crón. 25), el Señor nos ayudará cuando descansamos en él.

El valor llena nuestras vidas cuando la codicia muere. El texto declara: "No temeré lo que me pueda hacer el hombre."

Las marcas de un cristiano se establecen claramente en el pasaje de Hebreos. Algunos de nosotros tal vez necesitamos "pulir" esas marcas. Si alguien no tiene las "marcas del cristiano", Jesús puede llenar su vida con ellas cuando ejerza fe y confianza en él.

Datos para el archivo:

Fecha: _____

Ocasión: _____

Lugar: _____

46

LA NUEVA VIDA DEL CRISTIANO

Si sabéis que él es justo, sabed también que todo aquel que hace justicia es nacido de él. Mirad cuán grande amor nos ha dado el Padre para que seamos llamados hijos de Dios. ¡Y lo somos! Por esto el mundo no nos conoce, porque no le conoció a él. Amados, ahora somos hijos de Dios, y aún no se ha manifestado lo que seremos. Pero sabemos que cuando él sea manifestado, seremos semejantes a él, porque le veremos tal como él es. Y todo aquel que tiene esta esperanza en él, se purifica a sí mismo, como él también es puro. 1 Juan 2:29—3:3

¿Qué clase de regalo nos gustaría dar o recibir? Primera de Juan nos recuerda que Dios nos da el regalo de una nueva vida en Cristo. La maravilla y el esplendor de la vida cristiana debieran emocionar a todos. Dios nos ha hecho tal favor que las palabras difícilmente pueden captar el significado de la vida que tenemos.

¿Qué es lo que tenemos en esta nueva vida?

I. Un nuevo nacimiento

Al final de 1 Juan 2:29, leemos: "...es nacido de él." El nuevo nacimiento es una experiencia básica en la vida de un cristiano. Somos gente nacida dos veces. No solamente hemos venido al mundo mediante un nacimiento físico, sino también hemos entrado al mundo de Dios mediante un nacimiento espiritual. Tenemos un padre terrenal, pero nos regocijamos porque también tenemos un Padre celestial. Hoy vivimos en el tiempo, pero esa no es nuestra única extensión de vida. Tenemos la seguridad de la vida eterna.

El nuevo nacimiento ocurre cuando recibimos a Cristo como Salvador y Señor. El es "el justo". De él recibimos vida. No somos salvados por nuestros propios esfuerzos, méritos o bondad. Si esto fuera así, entonces no hubiera habido nunca necesidad de que Cristo viniera. Nuestra religión o buenas obras no se convierten en nuestro pasaporte al cielo. La salvación es *el don de Dios* mediante Jesucristo. "Somos nacidos de él" mediante la fe.

Juan 1:13 dice: "Los cuales nacieron no de sangre, ni de la voluntad de la carne, ni de la voluntad de varón, sino de Dios." La Escritura afirma que ese nacimiento sucede cuando recibimos a Cristo como el Señor de la vida. El es el que llevó nuestros pecados. Juan 1:29 declara: "—¡He aquí el Cordero de Dios que quita el pecado del mundo!" Jesucristo se convirtió en el cumplimiento de todos los sacrificios del Antiguo Testamento. El sacrificio de Cristo terminó con el antiguo sistema legal y quitó nuestros pecados permanentemente. El nuevo nacimiento nos equipa para una vida de justicia. Primera de Juan 2:29 declara: "...todo aquel que hace justicia es...de él." Esto sencillamente significa que dejamos que Cristo viva su vida a través de nosotros.

II. Un nuevo nombre

El texto nos recuerda que somos llamados "hijos de Dios" (1 Jn. 3:1). Dios nos adopta en su familia espiritual y nos llama hijos suyos. Tenemos el nombre más grande que hombre alguno haya recibido. Somos hijos y herederos del Señor Eterno.

Nuestro nuevo nombre lo recibimos por causa del amor de Dios. El texto en 1 Juan 3:1 emociona al que medita en él. Allí está la palabra "mirad", significa "contemplar". En ocasiones hemos visto un hermoso atardecer o un magnífico arco iris. Podemos decirle a un amigo: "¡Mira!" Queremos que otros lo disfruten con nosotros. El apóstol Juan grita en la Escritura: "¡Miren, vean el amor de Dios!" El Padre ha derramado su amor sobre nosotros. Otra traducción dice: "¡Contemplad! Qué país de amor..." Es decir, el amor es tan espléndido y maravilloso porque viene de las alturas de la gloria. Viene del Dios de las edades.

Nuestro nuevo nombre nos es dado en el momento presente. Las palabras en el texto pueden sorprender a algunas personas. El versículo 2 declara: "Ahora somos hijos de Dios." El adverbio de tiempo, ahora, significa lo que declara. En esta hora, en esta vida terrenal presente, ya somos hijos de Dios. No tenemos que esperar hasta la muerte para serlo. Cuando recibimos a Cristo en una manera personal, en ese momento somos adoptados en la familia de Dios. No tenemos que ponernos en fila de espera. Nosotros podemos cantar jubilosamente cada día: "Hay un nombre nuevo en la gloria, ¡Mío es! ¡Oh, mío es!" Puesto que Dios ya nos declara como sus hijos, no tenemos que esperar hasta la muerte para descubrir a dónde vamos.

Nuestro nombre significa que el mundo no puede entender nuestra vida, nuestro llamamiento, nuestra dignidad. El texto declara: "Por esto el mundo no nos conoce." Los vecinos y amigos nos reconocen. Saben que comemos, que respiramos aire y bebemos agua. Otros nos entienden desde el nivel de vida físico y sensual. Sin embargo, el que no es cristiano no puede comprender cabalmente quiénes somos en el sentido espiritual.

III. Una nueva esperanza

Tenemos la esperanza del regreso de Cristo. El apóstol Juan escribió de esa esperanza. El había vivido con Jesús y había estado asociado con él por tres años. Estaba con los otros en el monte de los Olivos y vio a Jesús ascender al cielo. Al lado de ellos aparecieron visitantes celestiales que les aseguraron que Cristo vendría de nuevo. Los seguidores de Jesús le habían escuchado decir a él mismo que regresaría, una esperanza que él expresó vez tras vez. Años después Juan escribió la carta de la que tomamos este texto donde declara que Cristo vendrá de nuevo.

Tenemos la esperanza de ser como Jesús. El texto dice: "Seremos semejantes a él." No seremos como Jesús cuando caminaba sobre la tierra. En ese entonces él se cansaba y tenía sed. Pero Cristo ha sido glorificado. El es el Dios-hombre en un cuerpo de gloria que nunca se gastará ni se cansará de nuevo.

Seremos como Jesús que está ahora en su estado exaltado. El está para siempre más allá del alcance de una corona de espinas, de una lanza que traspase su costado, y de una tumba que lo retenga. Cristo está exaltado y glorificado. ¡Vamos a ser como Jesús después de su resurrección!

Roberto Morrison sirvió como misionero en China en el siglo pasado. El tradujo la Biblia al idioma chino. Cuando llegó a este versículo del texto que declara que "seremos semejantes a él", el secretario chino se detuvo y dijo:

—Oh, doctor Morrison, mi gente no creerá esto. No diga que 'seremos semejantes a él.' En vez de eso déjeme escribir: 'Los chinos pueden besar sus pies.'

El doctor Morrison saltó en su asiento y dijo:

—¡No! Ponga por escrito las palabras que digan: '¡Los chinos serán semejantes a él, porque lo verán como él es!'"

La esperanza que nos pertenece arde con esplendor. Cristo viene, y seremos semejantes a él.

¡El cristiano tiene una nueva vida inapreciable! Y esta es la vida que Dios quiere que todos tengan. El quiere que compartamos esta vida en Cristo y que participemos de ella. El Señor pone en claro el mensaje a través de la Biblia que Dios quiere que toda la creación venga a una relación viva con él y que tenga la mejor vida que es posible conocer. Que nadie se pierda lo que Dios nos ofrece gratuitamente en Jesucristo.

Datos para el archivo:

Fecha: _____

Ocasión: _____

Lugar: _____

47

LA SEGURIDAD DE LA SALVACION

Estas cosas os he escrito a vosotros que creéis en el nombre del Hijo de Dios, para que sepáis que tenéis vida eterna, y para que creáis en el nombre del Hijo de Dios. 1 Juan 5:13 (RV-60).

El apóstol Juan era un anciano cuando escribió esta carta; puede que tuviera cerca de noventa años en ese tiempo. Todos los otros apóstoles habían muerto, dejando a Juan como el último que había caminado y hablado con Jesús. El escribió esta carta para que los cristianos supieran que podían tener la seguridad de la salvación. Resaltan en cada página las noticias de que el cristiano puede conocer de su relación con Dios. El texto específicamente nos recuerda que podemos tener la seguridad de la salvación. Sin embargo, podemos notar dos verdades.

¿Cuáles son estas dos verdades?

I. El cristiano puede dudar de su salvación

Juan escribió esta carta a cristianos. Algunos no tenían la certeza de su salvación. Este hecho se expresa por el uso del modo subjuntivo en el texto, en vez del modo indicativo: "Para que sepáis." La palabrita (ina) que se traduce "para que" mostraba la posibilidad de su duda. Muchos de los redimidos de Dios pueden dudar hoy de su salvación. ¿Por qué es esto así?

Una persona que no entiende claramente cómo se salva uno puede dudar de su salvación. Muchos no entienden que la salvación es el don de la vida de Dios mediante lo que Jesús ha hecho por nosotros. Ni siquiera las obras, el mérito, el bautismo o ser miembro de una iglesia salvan a una persona. Jesús es el Salvador. El murió por nosotros y él es Señor viviente y Cristo. Nos arrepentimos de pecado y lo recibimos por fe, y la salvación es nuestra (Ef. 2:8-10; Rom. 10:9, 10; Isa. 53:6).

En Levítico 16 encontramos una historia significativa acerca de los sacrificios por el pecado. El sumo sacerdote recibía dos machos cabríos del pueblo para ofrenda por el pecado. Uno de los machos cabríos se convertía en el *animal sacrificial* de Dios. El segundo animal era llamado *víctima propiciatoria*.

La historia de Levítico 16 se repite en el Nuevo Testamento en aquella escena en la que Juan el Bautista está predicando. El levanta la vista, ve a Jesús y declara: "—¡He aquí el Cordero de Dios que quita el pecado del mundo!"

Una persona puede dudar si su experiencia difiere de la de otro. Pero, ¿quién dice que debemos tener la misma experiencia emocional o el mismo tipo de experiencia de salvación? Pongamos en contraste al apóstol Juan y a Pablo. Juan era un pescador. Un día Cristo le habló a Juan y le pidió que lo siguiera. El dejó sus redes y se convirtió en discípulo de Jesús, una sencilla experiencia de conversión. Pablo tuvo una experiencia de conversión revolucionaria (Hech. 9). Llegamos a ser salvos al creer en Jesús, aunque nuestras experiencias emocionales sean diferentes. La gente no actúa ni reacciona igual cuando pone su fe en Jesucristo. Pero cuando ponemos nuestra confianza en Cristo, ¡somos salvos!

Una persona puede dudar cuando está en rebelión contra la voluntad de Dios. Algunos son salvados genuinamente y caminan apartados de Cristo. Algunos vienen renuentemente a la iglesia. Algunos dan su dinero con dolor. Algunos cristianos rara vez leen la Biblia. No amamos como debemos. Multitudes van a la deriva con un estilo de vida espiritual descuidado. Estos dudan de su salvación porque no andan en comunión íntima con el Señor. Sí, los cristianos pueden dudar de su salvación.

II. Los cristianos pueden estar seguros de su salvación

Estamos seguros de nuestra salvación por el testimonio de la Palabra de Dios. Primera de Juan 5:1 dice: "Todo aquel que cree." Esto significa confianza y aceptación de Cristo. Sabemos que Jesús es el Mesías, el Cristo, el Ungido de Dios. Su Palabra es clara en este punto. A un hombre le preguntaron en una ocasión por qué pensaba que era cristiano. El contestó: "Dios lo dice en su Palabra, y eso me basta." Basamos nuestra certeza en lo que Dios ha escrito.

San Agustín luchó por años antes de llegar al conocimiento cierto de su vida en Cristo. Un día, al escuchar a alguien leer las palabras de Romanos 13:14 que dicen: "...vestíos del Señor Jesucristo, y no hagáis provisión para satisfacer los malos deseos de la carne...", tuvo lugar su conversión. El creyó que Dios le hablaba mediante las Escrituras, trayendo vida y seguridad a su alma atribulada. En sus *Confesiones*, Agustín escribió: "Toda la obscuridad de la duda se desvaneció." Nuestras dudas sobre la salvación se irán cuando la Palabra de Dios haga la impresión espiritual correcta sobre nuestra mente y nuestro corazón y respondamos a esa Palabra. El Antiguo

Testamento habla de la venida del Mesías, detallando los eventos de su vida, muerte, resurrección y gloria futura. El Nuevo Testamento subraya lo que el Antiguo Testamento declara. Si aceptamos la Palabra de Dios la seguridad nos inundará.

Estamos seguros de nuestra salvación por el testimonio del Espíritu Santo. "El Espíritu mismo da testimonio juntamente con nuestro espíritu de que somos hijos de Dios" (Rom. 8:16). Primera de Juan 5:10 dice: "El que cree en el Hijo de Dios tiene el testimonio en sí mismo..." Ese es el Espíritu Santo dentro del creyente, y el Espíritu Santo nos recuerda que pertenecemos al Señor.

Mi padre ya no vive, pero yo crecí en una granja con él. Trabajamos juntos en el campo hasta que yo salí de casa. Ese testimonio de mi relación con mi padre se mantiene fresco en mi mente y corazón. Si tengo que probar quién es mi padre, puedo hacerlo con un documento legal, mi certificado de nacimiento. Pero no saco ese certificado cada vez que pienso en mi padre. Yo tengo el testimonio dentro de mí. La Palabra de Dios prueba que pertenecemos a Jesús, pero ese testimonio interior es confirmado por el Espíritu Santo.

Estamos seguros de nuestra salvación por el testimonio de la cruz. Jesús murió por nosotros. El versículo 8 nos habla del testimonio de la "sangre". Esa es la muerte de Jesús por nosotros.

John Jasper nació en los Estados Unidos durante el tiempo de la esclavitud. Se convirtió a los veinticinco años de edad y llegó a ser un predicador elocuente, aunque sin educación. Una vez fue a un lugar para una campaña y se hospedó con otra familia negra. A la hora de la comida enviaron una niñita a llamarlo. Ella llamó a la puerta. No escuchó respuesta y ella abrió suavemente la puerta. John Jasper estaba de rodillas diciendo: "¡Amén, aleluya! ¡Gloria al Señor!" La niñita preguntó: "Hermano John, ¿por qué está tan contento?" El contestó: "Mira niñita, he estado leyendo en un libro de geografía que el mar tiene doce kilómetros de profundidad. He estado leyendo en la Biblia que Dios ha echado nuestros pecados al fondo del mar. El diablo puede tratar de sacar nuestros pecados si quiere, pero se va a ahogar antes de salir."

Sí, la redención y la vida están en Jesús. Podemos estar seguros de la salvación. Otros ya se regocijaron por la certeza de su relación con Dios. Podemos estar seguros de la vida en Cristo.

Datos para el archivo:

Fecha: _____

Ocasión: _____

Lugar: _____

48

UNA EDIFICACION ESPIRITUAL

*Pero vosotros, oh amados, edificándoos sobre vuestra santísima
fe y orando en el Espíritu Santo.* Judas 20

Hace unos cuantos años un hombre de mediana edad dio la
vuelta a todo el continente australiano corriendo por la costa. Esa es
una tarea casi imposible para cualquiera. ¿Cuán fuertes somos? A
veces nos asombramos de nuestras capacidades físicas y mentales.
Pero, ¿qué de nuestra vida espiritual? ¿Cuán fuertes somos?

Judas escribió acerca de la necesidad de edificar nuestra vida
sobre la santísima fe. El texto nos desafía a edificar la vida espiritual. Judas 20-25 nos habla de esta edificación espiritual.

¿Qué edifica la vida espiritual?

I. Orar en el Espíritu Santo

El Espíritu Santo vive en cada creyente (1 Cor. 12:13). El ora por
nosotros (Rom. 8:26, 27). El anhela por nosotros. El quiere que todo
cristiano sea espiritualmente fuerte.

Las oraciones de Jesús en Getsemaní tenían la unción del
Espíritu. Pablo oraba de esa manera (Ef. 1:17-19). En las costas
arenosas de Escocia, John Knox oraba: "¡Oh Dios, dame Escocia o me
muero!" Necesitamos orar de esa manera.

Cuando Martín Lutero supo que Felipe Melanchton estaba muy
enfermo, se apresuró a ir a su lecho de muerte. Lutero cayó de rodillas y oró una hora y media para que Dios sanara a su amigo predicador. Luego pidió que le sirvieran una sopa a Melanchton, quien dijo:

—Oh, Lutero, ¿por qué no me dejas ir "a casa" a descansar?

Lutero contestó:

—Felipe, ¡come o te excomulgo!

Dios levantó a ese hombre de su enfermedad y le dio más años
de vida. Esa es la oración en el Espíritu.

Nosotros necesitamos orar en el Espíritu también. Necesitamos esta
clase de oración ungida en nuestros hogares. ¿La practicas tú?

II. Perseverar en el amor de Dios

Necesitamos vivir completamente dentro del amor de Dios. Algunos pueden vivir en amargura, en suspicacia, en duda, en espíritu crítico, en rabietas. ¡Algunos hasta viven en deudas! Sálgase de todo esto y empiece a vivir en el amor de Dios. El amor de Dios transforma a cualquiera.

En *Pláticas tranquilas sobre el servicio*, S. D. Gordon narra una hermosa historia de una dama negra que vivía sola en el campo. Un día un hombre cabalgaba en su caballo por el lugar y repentinamente llegó a un claro en el bosque donde vio una vieja cabaña. La anciana estaba parada en el quicio de la puerta.

El hombre habló desde su caballo.

—¡Hola! ¿Vives sola aquí?

Con una voz excitada ella contestó:

—Sólo Jesús y yo, sólo Jesús y yo.

El silencio pareció asentarse sobre el lugar y el hombre platicaba después: "Me parece que vi a alguien parado a su lado mientras yo veía su cuerpo añoso, y ese alguien parecía ser el Hijo de Dios." Viva en el amor de Dios dondequiera que vaya y Jesús estará con usted.

III. Buscar la misericordia de Jesús

Judas sabía acerca de la misericordia de Jesús. Los dos eran medios hermanos. Antes de la resurrección de Jesús, Judas no creía en él. Después, la familia puso su fe personal en Cristo.

Como Judas y los miembros de su familia, a menudo vacilamos en incredulidad; sin embargo, Cristo no nos desecha.

La misericordia de Dios es fresca y nueva cada día. Lamentaciones 3:22 declara: "Por la bondad de Jehovah es que no somos consumidos, porque nunca decaen sus misericordias."

Dios nos da su misericordia para que nosotros seamos misericordiosos con otros. Es fácil censurar a otros, ser vengativo y criticón. Pero cuando recordamos que Dios trata con nosotros en misericordia, entonces debemos mostrar gracia y perdonar a los que puedan habernos herido.

Jesús relató una historia de su tiempo en Mateo 18:23-35. Un hombre tenía una gran deuda. Cuando su acreedor vino a cobrar, el hombre cayó de rodillas ante su señor y le rogó misericordia. El acreedor tuvo compasión y perdonó a su siervo.

Poco después el mismo sirviente encontró a un hombre que le debía una pequeña suma. Agarró al hombre por el cuello demandando su dinero "en el acto", y como no pudo pagar fue echado en la prisión hasta que pagara lo que debía.

Jesús declaró que no debemos actuar de esta manera. Debemos ser misericordiosos con otros por las misericordias de Dios con nosotros.

IV. Mostrar compasión por otros

Dios muestra compasión por nosotros. Somos como "tizones arrebatados del incendio" (Zac. 3:2). En Génesis 19 leemos la historia de Lot, que fue obligado a salir de la ciudad de destrucción. Dios tuvo compasión de Lot y lo salvó. Si vamos a ser edificados en la santísima fe, seremos compasivos.

La casa del predicador Samuel Wesley se incendió. La familia y los vecinos pensaban que todos habían salido de la casa, pero el niño Juan Wesley, de cinco años, se había quedado en el segundo piso. La ventana estaba rota y los vecinos lo vieron. Le gritaron para que saltara, pero el muchacho estaba aterrorizado. Un hombre logró sacarlo justo cuando el techo se derrumbaba. Su padre le dijo: "Eres un tizón arrebatado del incendio."

Debemos mostrar compasión esforzándonos por alcanzar a otros para Cristo. Jesús muestra, por su propio ejemplo, la necesidad de compasión por los que no han sido alcanzados (Mat. 9:36; 14:14).

Debemos mostrar compasión por los tristes y afligidos. Debemos asistir a los funerales para alentar a los afligidos, visitar a los enfermos, alentar a los solitarios y apoyar a los débiles.

V. Alabar al Señor

Debemos alabar a Dios porque él nos guarda. El texto (v. 24) es un torrente de alabanza a Dios por su poder para guardarnos. "Aquel que es poderoso para guardaros sin caída", escribió Judas.

David dice: "En cuanto a mí, por poco se deslizaron mis pies; casi resbalaron mis pasos" (Sal. 73:2).

Algunos resbalan y caen "por amor al dinero". Otros por la lujuria y las pasiones de la vida. Otros más porque apartan su vista de Jesús. ¡Pero nosotros no tenemos que caer! Dios puede y quiere ayudarnos. Isaías 22:23 declara: "Yo lo clavaré como estaca en lugar firme..." Pídale a Dios que lo clave y luego alábelo.

Debemos alabar a Jesús porque él nos presentará sin mancha ante la presencia de su gloria (v. 24). Todos tenemos manchas; sin embargo, Jesús dice que él va a presentarnos "sin mancha" en gloria. Este es el momento del ¡Aleluya! Por su propia sangre derramada en el Calvario, él nos quita todo pecado y fealdad de la vida. Alabemos a Jesús por su "servicio de lavado".

Debemos alabar a Dios porque él nos exhibe con gozo. El texto dice "con gran alegría" Cristo nos presenta en gloria. El está rebosando de alegría por los resultados de la redención. Jesús conoce un gozo profundo y permanente porque le pertenecemos para siempre.

Judas nos dice cómo podemos ser fuertes y estar en buenas condiciones. Mantengamos la salud espiritual que Dios quiere que tengamos.

Datos para el archivo:

Fecha: _____

Ocasión: _____

Lugar: _____

49

EL REGRESO DE CRISTO

El que da testimonio de estas cosas dice: "¡Sí, vengo pronto!"
¡Amén! ¡Ven, Señor Jesús! Apocalipsis 22:20

Los titulares de todos los periódicos del mundo podrían tener todos los días noticias emocionantes sobre Jesucristo porque él es la noticia más grande de la historia.

Podríamos leer la historia cuando él dejó el cielo para venir a la tierra, o leer acerca de la visita que hizo a Jerusalén a la edad de doce años. Nos enteraríamos del descendimiento del Espíritu Santo sobre Jesús en su bautismo, su lucha contra los ataques de Satanás, y su ministerio de tres años lleno de acción. También podríamos leer sobre la muerte de Cristo en la cruz, el momento de su resurrección corporal y su ascensión al cielo, o nos mantendríamos informados sobre el evento más emocionante en el futuro, el regreso de Cristo. El viene de nuevo. El mismo Jesús del que habla la Biblia va a venir por los cielos y tocar de nuevo la tierra.

¿Para qué viene Jesús por segunda vez?

I. A cumplir la profecía

Una y otra vez la Biblia menciona el regreso del Redentor. El Antiguo Testamento no solamente habla de su primera venida, sino también da noticias de la segunda venida de Jesús. El Nuevo Testamento menciona el regreso más de 300 veces. Jesús declaró: "...ni siquiera una jota ni una tilde pasará de la ley hasta que todo haya sido cumplido" (Mat. 5:18).

Judas, un medio hermano de Jesús, nos dice: "...también profetizó Enoc, séptimo después de Adán, diciendo: 'He aquí, el Señor vino entre sus santos millares' "(Jud. 14). Santiago, otro medio hermano de Jesús, escribe: "...la venida del Señor está cerca" (Stg. 5:8).

Jesús sabía que él regresaría. La noche antes de su muerte él se reunió con sus discípulos en el aposento alto. Entre algunas enseñanzas de su última hora están las de su regreso personal. El declaró: "...Voy, pues a preparar lugar para vosotros. Y si voy y os preparo lugar, vendré otra vez, y os tomaré conmigo; para que donde yo esté, vosotros también estéis" (Juan 14:2, 3). Jesús habló a menudo de su regreso. Los escritores de los evangelios citaron sus palabras acerca de su propia profecía de su muerte, resurrección y regreso final. Sus palabras surgen de las páginas de la Biblia como estrellas titilantes en una noche sin nubes.

Cuarenta días después de su resurrección, Jesús encontró a sus discípulos en el monte de los Olivos y les habló del poder del Espíritu Santo que recibirían. Cuando llegó el momento de la partida y ascensión, dice la Biblia que: "... él fue elevado; y una nube le recibió ocultándole de sus ojos... dos hombres vestidos de blanco...les dijeron: —...,¿por qué os quedáis de pie mirando al cielo? Este Jesús, quien fue tomado de vosotros..., vendrá de la misma manera como le habéis visto ir al cielo" (Hech. 1:9-11). Jesús viene de nuevo personal y visiblemente.

II. A establecer su reino eterno de paz y justicia

El no solamente reinará con los santos sobre la tierra por mil años, sino que también traerá a los suyos a ese reino eterno.

Su reino de paz y justicia pondrá fin a las guerras. Desde la caída del hombre en Edén la tierra se ha vuelto un gran campo de batalla sangriento. Las "guerras y rumores de guerras" continuarán hasta que el Príncipe de paz regrese. El hombre habla de "conferencias de paz", pero ninguna de ellas da resultado por mucho tiempo. Nosotros alentamos a los líderes de gobierno a esforzarse por soluciones pacíficas para sus grandes problemas, pero ningún plan de paz ha durado mucho. Los libros de historia ocupan más páginas con las guerras que con otros acontecimientos. Todos los pueblos de la tierra han enfrentado los dolores de las guerras. El derramamiento de sangre y la contienda salen del corazón del hombre. En el tiempo del texto de Apocalipsis gobernaba sobre Roma el emperador Domiciano. Eran días crueles y terribles de disturbios, muerte, dolor y sufrimiento. Cristo viene a empezar un reino nuevo y eterno que cambiará la maquinaria de guerra en equipo del reino que no será usado de nuevo para batallas.

¿Por qué un hombre como Job tenía que sufrir tanto? ¿Por qué muere un niño antes de empezar a experimentar los verdaderos gozos de la vida? ¿Por qué los padres tienen que presenciar un asesinato o un suicidio? ¿Por qué florecen los traficantes de drogas y los negocios de pornografía? Pablo dice: "Ahora vemos oscuramente por medio de un espejo, pero entonces veremos cara a cara. Ahora conozco en parte, pero entonces conoceré plenamente, así como fui conocido" (1 Cor. 13:12). Jesús viene a contestar las grandes y difíciles preguntas de la vida.

III. A redimir los cuerpos de los creyentes

El nos dará cuerpos nuevos. Serán como su cuerpo glorificado, glorioso e inmortal. Estarán equipados para el estado eterno. Serán cuerpos reales, resucitados, cambiados.

Después de la muerte y resurrección de Jesús, él apareció a sus propios discípulos. Los apóstoles lo vieron. Las mujeres que fueron a la tumba temprano ese primer domingo lo vieron. Más de 500 vieron a Jesús en su cuerpo glorificado (1 Cor. 15). El estaba en su cuerpo, pero había sido cambiado de su bajeza y limitación a uno de grandeza y esplendor. No obstante, ellos podían tocarlo, hablarle, comer con él y reconocerlo como el Salvador y Señor que habían conocido antes. Vamos a tener cuerpos como ese. Primera a los Corintios 15 nos da una descripción elaborada y emocionante del "cuerpo de gloria" que tendremos.

Podemos esperar con gozo el regreso del Redentor porque cuando él venga de nuevo cambiará nuestros cuerpos y apariencia de bajeza a su semejanza gloriosa.

IV. A recompensar a los fieles y rechazar a los incrédulos

La verdad de las recompensas debiera alentarnos. Jesús dijo que si damos "un vaso de agua en su nombre" seremos recompensados. No tenemos que tener una alta posición para servir. Podemos alimentar a los pobres, vestir a los desnudos, visitar a los que están en prisión y consolar a los que están tristes. Jesús nos dice que tales acciones serán recompensadas por nuestro Padre que está en los cielos (Mat. 25:41-46). Podemos enseñar, testificar, predicar, orar y ser fieles al Señor, y él nos dará recompensas eternas.

La verdad de las recompensas debiera enlistarnos en el servicio del Señor. La gente de Dios que no ha servido hasta ahora, debiera decir: "Empezaré hoy." No podemos tener mejor tiempo que ahora para empezar. Su vida y su influencia pueden ser usados para la gloria de Dios. ¡Qué día de recompensa será para el pueblo de Dios cuando él venga de nuevo!

Cuando Jesús venga rechazará a los incrédulos. Los que no han puesto su confianza en él, los que no han recibido a Cristo como Señor de la vida, los que no han creído en el Nombre del unigénito Hijo de Dios enfrentarán un día de dolor y lamento. Escucharán a Jesús que les dirá: "Nunca os he conocido. ¡Apartaos de mí,...!" (Mat. 7:23). ¡Qué tiempo de dolor para los perdidos.

Prepárese para cuando Cristo venga de nuevo. Recíbale como su Señor y Maestro y tenga la seguridad de que su nombre estará en el libro de la vida. ¡Jesús viene! El quiere que estemos listos para ese día glorioso.

50

LAS MARCAS DE LA GRANDEZA

Después de esto aconteció que David consultó a Jehovah diciendo:
—¿Subiré a alguna de las ciudades de Judá?
Jehovah le respondió: —Sube.
David volvió a preguntar: —¿A dónde subiré?
Jehovah le respondió: —A Hebrón. 2 Samuel 2:1

En el "gran texto de examen" en 2 Samuel 2 encontramos a un hombre que es recordado como uno de "los grandes de todos los tiempos". El nombre de David es conocido en todas partes donde se lee la Biblia. Su vida nos permite un ejemplo de grandeza. Dios hizo de David un gran hombre. Dios también puede hacernos grandes a nosotros. El puede hacer de la nuestra una gran iglesia. Sigamos el "modelo" de David en estos varios capítulos de 2 Samuel y aprendamos el secreto de la grandeza.

¿Qué hace una gran persona?

I. Busca la dirección de Dios

En el capítulo 1 leemos de la muerte trágica del rey Saúl, que había gobernado 40 años sobre la nación de Israel como su primer rey. También leemos del lamento de David por la muerte de Saúl y su respeto por el "ungido" de Dios.

En el capítulo 2 vemos a David buscando la dirección de Dios para su futuro. En Segundo de Samuel 2:1, hay dos preguntas que él hace: "¿Subiré?..." Y otra vez: "¿A dónde subiré?..."

El secreto del éxito para cualquiera de nosotros es este de preguntar sinceramente a Dios. Necesitamos pedirle dirección para todas las áreas de la vida.

II. Espera que Dios le indique el tiempo para hacer la obra

Note en el capítulo 3 que después de la muerte de Saúl sus fuerzas empezaron a debilitarse y Dios hizo que el ejército de David se hiciera más fuerte. David dio a Dios tiempo para obrar y preparar todos los eventos para su reinado. El no apresuró a Dios.

Por supuesto que no debemos ser pasivos y ociosos mientras Dios prepara los eventos de la vida y a nosotros para que trabajemos para él. Debemos estar alertas a la voluntad de Dios. Nos movemos y le permitimos a Dios hacer su obra en nosotros o por otros mientras esperamos en Dios. 2 Samuel 3:39 expresa esta verdad.

III. No aplaude a los que hacen mal

En 2 Samuel 4:5-12 notamos una breve mención del asesinato de Isboset. David no se regocijó de ese asesinato. El condenó a los que hicieron ese mal. Tenemos que ser cuidadosos y usar de sabiduría para no recompensar las obras malas de los hombres.

IV. Reconoce que la promoción viene de Dios

En 5:12 David dijo que él entendió "que Jehová le había confirmado por rey sobre Israel". Bajo la dirección de Dios, David conquistó Jebús, que llegó a ser conocida como Jerusalén. El iba engrandeciéndose porque Dios estaba con él y prosperaba el reino.

Cuando tenemos entendimiento de que Dios quiere "promover" nuestra iglesia y hasta a nuestras propias familias, debemos responder a la voluntad de Dios en todo lo que él traiga. Dios sí quiere que su gente tenga éxito. Necesitamos saber que Dios tiene interés en el bienestar total de su pueblo hoy, como también para la eternidad. Nosotros nos hacemos disponibles a Dios para que él pueda darnos éxito en toda área que le traiga gloria y nos haga bien.

V. Tiene entusiasmo por el avance de la obra de Dios

En el capítulo 6:1-5 nos damos cuenta del traslado del arca del pacto a Jerusalén. El arca era el símbolo de la presencia de Dios. Dentro del Arca estaba la urna de oro con maná, un símbolo y recordatorio de la provisión de pan para su pueblo durante los 40 años en el desierto. También estaban las tablas de los Diez Mandamientos dados por Dios para dirección espiritual de su pueblo. Dentro del Arca estaba también "la vara de Aarón" que floreció. Recordaba al pueblo de Dios del sacerdocio continuo de Aarón y sus descendientes. La historia del traslado del arca es una historia muy interesante.

VI. Tiene interés por la casa de Dios

Note en el capítulo 7 que David habló a Dios acerca de su propia casa como una "casa de cedro" y que la casa de Dios era solamente una tienda hecha de pieles de animales, azotada por el viento y muy temporal. Todo esto fue antes de la construcción del templo, por supuesto. Hasta el tiempo de Salomón el lugar de reunión de Israel con Dios era un tabernáculo o tienda.

David quería construirle a Dios una casa. Dios le dijo a David que él estaba bien. Dios dijo que él podía cuidar de sí mismo en su humilde tienda. ¡David no necesitaba preocuparse por Dios!

Puede ser que hoy no tengamos que construir un gran edificio para "casa de Dios". Muchos del pueblo de Dios se han reunido en catacumbas, en casas y hasta en campos abiertos para predicar. Hasta podemos ir a estadios y Dios está allí. Pero al mismo tiempo, cuando Dios está listo para que su pueblo tenga un "lugar permanente y honroso para Dios", entonces Dios puede proveer ese lugar .

VII. Ve a Dios dar victoria sobre las fuerzas del mal

El capítulo 8 cuenta las victorias de David sobre los filisteos. ¡El reino se extendió hasta el río Eufrates!

En los versículos 1-8 leemos de victorias increíbles. En los versículos 9-12 leemos de la dedicación de los despojos de la victoria al Señor. En el versículo 12 notamos que Dios hizo famoso a David, y entonces Dios le dio más victorias sobre fuerzas del mal. Tal vez en este punto aprendemos una lección de que Dios quiere que su pueblo tenga victorias sobre las fuerzas satánicas en todo nuestro derredor.

VIII. Involucra a otros para servir con él en la obra de Dios

El pastor, el director de la escuela dominical, la directora del grupo de damas, y todas las áreas de la vida de la iglesia necesitan de la cooperación y esfuerzo de otros a quienes Dios también quiere usar.

En la última parte del capítulo 8 leemos que David nombró a varios para ayudar. Note también que David designó a Benaía como capitán de su guardia de seguridad. Afortunadamente ni usted ni yo necesitamos un cuerpo de seguridad que nos proteja. Sin embargo, necesitamos pedirle a Dios que provea la amistad de sus santos en la iglesia para estar con nosotros en medio de nuestro mundo estragado por el pecado, en el que Satanás quiere destruirnos espiritual y físicamente.

Sea cuidadoso en este punto, pero todavía aquí hay un potencial de ayuda. David nombró a varios de sus hijos como sus asistentes. Los miembros de la familia no deben quedar fuera del cuadro.

La verdad es que Dios ungió a David como rey sobre Israel. El Señor planeó la grandeza de David. El quiere que nosotros hoy seamos grandes también. Del ejemplo de David podemos aprender algunos de los pasos que podemos dar para transitar por el camino de la verdadera grandeza.

Datos para el archivo:

Fecha: _____

Ocasión: _____

Lugar: _____

51

EL TORRENTE DE LAS DELICIAS DE DIOS

Se sacian de la abundancia de tu casa; le das a beber del torrente de tus delicias. Salmo 36:8

El río Nilo, en el Norte de Africa, se extiende por más de 6.600 kilómetros de longitud. El Amazonas del Brasil y de otros países sudamericanos tiene cerca de 6.500 kilómetros de largo y tiene más agua que tres de los otros ríos más grandes del mundo.

En el Salmo 36:8 el salmista menciona "el torrente de las delicias" de Dios. El río de Dios es eterno. Es ancho, profundo y hermoso cuando fluye del trono de Dios. Ezequiel escribe de ese río en el capítulo 47 de su libro. En el Salmo 36 nos sorprende lo que David escribe. El habla: "El torrente de tus delicias." Note que la palabra está en plural. Dios no es un "aguafiestas". El es Señor de placeres y delicias. Dejemos que este texto nos sugiera y recuerde de algunos de los placeres de Dios.

I. La creación es un torrente de las delicias de Dios

Creación es una palabra que nos recuerda a la tierra, el sol, la luna y las estrellas, además del espacio exterior. Toda la creación es "el teatro de Dios". Esta no es una declaración irreverente. Dios hizo todas las cosas para su placer personal.

Sabemos acerca de la "estrella de la mañana y de la tarde". Esa "estrella" es el planeta Venus, que está como a 96 millones de kilómetros de la tierra. Puesto que está a 48 millones de kilómetros más cerca del sol que nuestro planeta tierra, la temperatura de Venus es de alrededor de 427 grados centígrados. Bastante caliente, ¿no? El planeta Júpiter permanece como a 238 grados centígrados bajo cero. En nuestra "Vía Láctea", o sea nuestro sistema solar y de planetas, los científicos dicen que tenemos como dos mil millones de estrellas. ¡Y **puede** haber millones de galaxias! Dios puso esos cuerpos celestiales en el espacio para su placer, y para el nuestro también. ¡La creación es un torrente de delicias!

II. La rectitud es un torrente de las delicias de Dios

Esta es otra clase de torrente de delicias que se menciona en la Biblia. En 1 Crónicas 29:17 leemos de la obra de David cuando reunió los materiales para la construcción de lo que después iba a ser conocido como "el templo de Salomón". Dios no le permitió a David construir ese lugar porque era un hombre de guerra. En el versículo 17 de este capítulo, cuando David casi terminaba su maravillosa oración, él dijo de Dios: "La rectitud te agrada."

Todos decimos que esta declaración es verdad. Dios se deleita en la rectitud de su pueblo. El tiene suma delicia en lo que es puro, santo y sin contaminación. Dios es Señor de santidad. Nunca ha hecho mal en toda la eternidad. El quiere que su gente sea un pueblo de verdad, integridad y bondad. Nos volvemos más como Dios cuando somos santos, y nuestra santidad y limpieza da placer a Dios.

Dios da redención de modo que podamos disfrutar de su torrente de rectitud. El nos limpia diariamente por la sangre de Jesús, de modo que el mal sea quitado de nuestra vida. Los hábitos feos y odiosos pueden ser cambiados por el poder de Dios. El puede restaurar al caído y redimir al perdido. El Señor quiere que esto ocurra en las vidas de todos para que podamos ser una parte de los que están dentro del "torrente de delicias" de Dios.

Hace poco una mujer en Texas enfrentó una sentencia de veinte años de prisión porque su niño no nacido todavía murió debido al hábito de ella por la cocaína. Esta es una sentencia más bien "extraña", puesto que los tribunales defienden en muchas partes los derechos de la gente que está a favor del aborto. Por supuesto, la falta de rectitud en cualquier forma no agrada a Dios. Lo que deleita a Dios es la rectitud, que él imparte gratuitamente a todos los que se arrepienten y creen en su Hijo Jesucristo. ¡Dios puede hacernos a todos rectos y puede deleitarse en su pueblo santo!

Si usted conoce a los que necesitan la santidad de Dios, puede darle gozo a Dios alcanzándoles con las buenas nuevas del evangelio. Necesitamos ser los que sirven al Señor, alcanzando a otros con la Palabra y darle todavía más gozo al Señor.

III. El pueblo de Dios llega a ser una fuente de delicias para él

No solamente la rectitud de su pueblo da gozo a Dios, sino la verdad misma de ser pueblo de Dios le da sumo placer. El Salmo 149:4 puede que no haya sido leído por muchos de nosotros antes de esta ocasión. David escribió: "Porque Jehovah se agrada de su pueblo." ¡Dios se deleita en nosotros! El Señor disfruta viendo a los monos jugar y escuchando a los pájaros cantar. ¡Pero su mayor delicia es su pueblo!

Hemos sido hechos a la imagen de Dios. Podemos pensar, amar y sentir. Nos gozamos al ver los niños pequeños. Con relación a un niño podemos decir: "¡Es igualito a su papá!" Dios encuentra placer en nosotros porque somos como él.

Dedicamos la vida a Dios y él se deleita en esta dedicación. Recordamos la historia de Eliseo cuando fue llamado a reemplazar a Elías. El nuevo profeta mató su buey, hizo un altar sacrificial de sus herramientas de labranza, y se dedicó a Dios. ¡Entréguese usted a Dios hoy! Diga: "Señor, seré tuyo como madre, padre, estudiante, secretaria, electricista... Aquí estoy como tu vaso y propiedad de ahora en adelante." Esa sumisión le da placer a Dios.

Sabemos que Dios se deleita con nuestro servicio a él. Un misionero, de nombre Askew, encontró a un limpiabotas en las calles de una ciudad de Argentina. Ese muchachito más tarde fue llamado por el Señor a predicar el evangelio. Enrico Marconi y Askew están ahora en el cielo. El hijo de Marconi es un médico cristiano en Argentina. La familia Marconi sigue honrando al Señor con sus vidas. Deleitan al Señor, y nosotros también podemos hacerlo.

Dios se deleita en nosotros porque un día seremos conformados a la imagen de su Hijo, Jesucristo el Señor. Primera de Juan 3:2, 3 dice muchas verdades sobre este punto. Un día estaremos limpios del pecado y tendremos gloria eterna con Dios y con todos los redimidos. Hasta que llegue ese tiempo, podemos seguir deleitando a Dios sobre esta tierra.

Cuando tenemos éxito, él se deleita en nosotros. El Salmo 35:27 declara: "¡Sea ensalzado Jehovah, que se complace en el bienestar de su siervo!" Dios quiere que seamos exitosos. El quiere que maestros, predicadores, granjeros, amas de casa, doctores, etc. sean victoriosos. ¡Dios puede darnos victoria!

Recordamos la historia de Gedeón y de los madianitas en el libro de los Jueces, ¿no es verdad? Podemos estar entre la minoría disciplinada que le da gozo a Dios. En vez de recibir sencillamente de Dios, podemos darle a él.

¡Hoy debiéramos empezar una celebración! Jesús dijo en Lucas 12:32: "No temáis, manada pequeña, porque a vuestro Padre *le ha placido* daros el reino." (Itálicas del autor). ¡Y nosotros podemos deleitarnos con él!

No se quede afuera en el desierto. Deje la tierra seca. ¡Salte al torrente de las delicias de Dios por sus bendiciones para usted!

Datos para el archivo:

Fecha: _____

Ocasión: _____

Lugar: _____

52

COMO LLEGAR A LA CIMA DEL MUNDO

Y sucedió que cuando Acab vio a Elías, le dijo: —¿Eres tú, el que está trastornando a Israel? Y él respondió: —Yo no he trastornado a Israel, sino tú y tu casa paterna, al haber abandonado los mandamientos de Jehovah y al haber seguido a los Baales. Ahora pues, manda que se reúnan conmigo en el monte Carmelo todo Israel, los 450 profetas de Baal, y los 400 profetas de Asera que comen de la mesa de Jezabel. 1 Reyes 18:17-20

La cordillera del Himalaya en Asia se extiende por más de 2.450 kilómetros al oriente y al occidente. La zona más elevada del Himalaya es el llamado monte Everest, que tiene más de 8.881 metros de altura. El hombre ha escalado esa montaña, la más elevada del mundo, y los alpinistas tratan de llegar a su cumbre.

El profeta Elías es recordado como un "escalador de montes". El no sólo subió al monte Carmelo, desde donde se ve el mar Mediterráneo, sino que también subió a la cima del mundo en la vida espiritual. Necesitamos "dejar los valles" y vivir en victoria.

¿Qué necesitamos hacer para lograrlo?

I. Obedecer la Palabra de Dios

Si realmente queremos tener éxito en la vida y estar en la cima del mundo, necesitamos hacer lo que la Palabra de Dios dice. En 1 Reyes 17:3 leemos que la Palabra de Dios vino a Elías. Dios le dijo que fuera al arroyo de Querit y que se escondiera allí. El valiente profeta hizo el viaje como Dios le dijo por causa de la hambruna y la sequía que asolaban la tierra. Dios proveyó para sus necesidades en aquel lugar. Después le dijo a Elías que fuera a Sarepta donde una viuda lo alimentaría. Dios hizo un milagro multiplicando el pan y el aceite de la mujer. La provisión de alimentos nunca se acabó mientras Elías permaneció donde Dios lo había enviado (1 Rey. 17:3-9).

Permaneceremos en el valle de la derrota espiritual si no hacemos lo que Dios nos dice en su Palabra. Mas si la escuchamos, él nos guiará al lugar de renovación y poder. El Salmo 119:105 nos dice: "Lámpara es a mis pies tu palabra, y lumbrera a mi camino." Vayamos a la Palabra de Dios una y otra vez.

II. Orar con mayor disciplina

Si queremos estar en la cima de la montaña debemos buscar el rostro de Dios en oración. En 1 Reyes 18 leemos de la gran reunión de oración que tuvo Elías. Allí invocó el nombre de Dios. Parte de la oración y de la respuesta de Dios se presenta en 1 Reyes 18:36-38a: "Sea hoy manifiesto que tú eres Dios en Israel y que yo soy tu siervo; y que por tu palabra he hecho todas estas cosas! Respóndeme, oh Jehovah; respóndeme, para que este pueblo reconozca que tú, oh Jehovah, eres Dios, y que tú haces volver el corazón de ellos. Entonces cayó fuego de Jehovah..." Necesitamos orar como Elías.

La oración es un recurso poderoso. Por la oración Dios mandó que descendiera fuego que consumiera el sacrificio sobre el altar. Si usamos este gran recurso de oración el fuego del Señor puede descender de nuevo. La oración es un instrumento poderoso para el pastor, para los diáconos y para todo cristiano.

La oración está al alcance de todos. No necesitamos una computadora ni un teléfono ni una tarjeta de crédito para orar. Está tan cercana como nuestros pensamientos, nuestros corazones y nuestro aliento. Está al alcance del enfermo y del sano. Los educados y los de poca escuela encuentran que la oración puede ser su recurso.

La oración nos enseña a esperar la respuesta de Dios. Elías oró por lluvia. El no veía ni una nube. Envió a su sirviente a buscar una nube y siete veces el sirviente buscó en el cielo. Luego apareció una nube "del tamaño de la palma de la mano de un hombre". Enseguida las lluvias llegaron. Si queremos victorias debemos orar.

III. Creer en las promesas de Dios

La historia de Elías nos emociona. Tan pronto como escuchó la lluvia empezó a correr. Cuando llegó a Jezreel, escuchó que la reina Jezabel quería matarlo. Entonces su fe titubeó. Pensaba que Dios ya no podía ayudarlo y se fue a Beerseba sin consultar a Dios.

Elías corrió hasta Beerseba. Al llegar se echó bajo un arbusto y le pidió a Dios que lo dejara morir, pero Dios no le contestó. Entonces Elías corrió hasta Arabia. ¿Qué pasa cuando no confiamos?

El temor se apodera de nosotros. Cuando el temor nos domina estamos dispuestos a abandonar nuestras responsabilidades. Algunos no pueden enseñar, ni diezmar, ni orar porque la amenaza de alguna Jezabel los ha hecho dudar de Dios y de su propósito.

Se hacen viajes innecesarios. Cuando no permanecemos en sintonía con Dios, hacemos viajes largos e innecesarios. Nos salimos de la zona donde Dios quiere que sirvamos, simplemente porque perdemos la fe en el poder sustentador de Dios.

IV. Amistades firmes que nos ayuden e inspiren

Elías en su desesperación corrió y dejó a su sirviente en Beerseba. También dejó a muchos amigos en Israel. De hecho, 7.000 otros profetas pudieron haber estado con Elías, pero él los abandonó. Ellos necesitaban estar juntos y participar de su tiempo de prueba. La amistad de otros que pueden participar con nosotros en tiempos de soledad y desesperación nos ayuda a superar esas dificultades.

La iglesia puede ayudarnos. Hebreos 10:25 dice que no debemos dejar de reunirnos. El Salmo 122:1 dice que necesitamos esta clase de comunión. En Hechos 2 notamos que los miembros de la iglesia primitiva se reunían y encontraban nueva fuerza en tiempos de persecución.

La familia debiera ayudarnos también. Elías vivía como soltero y no tenía el círculo familiar de padres, hermanos y hermanas. La mayoría de nosotros tiene la ayuda espiritual de los de nuestra propia familia.

Aun los que sufren como nosotros pueden ayudarnos. Elías tenía un conocimiento equivocado de sí mismo. En 1 Reyes 18:22 dijo que él era la única persona en todo el país que no había doblado su rodilla ante Baal. Dios le recordó al profeta que otros 7.000 profetas habían permanecido fieles.

V. Recordar que Dios está dentro de nosotros

Aunque Elías huyó de Jezabel y estaba lejos de los otros profetas que permanecieron fieles a Dios, él nunca se apartó de la presencia del Señor. Dios permaneció con Elías en esos espantosos y terribles días de su vida.

Elías enfrentó tiempos difíciles en su vida como cuando en el monte Horeb, en Sinaí, él pensaba que iba a morir (1 Rey. 19:14). La experiencia de Elías con el viento y la voz apacible y delicada es algo que no podemos olvidar. Aprendemos que Dios a veces nos habla en esa voz apacible y delicada. Nos dice que no nos olvida cuando los tiempos desesperados caen sobre nosotros.

Podemos confiar en Dios y seguirlo. ¡El Dios de Elías es también nuestro Dios! El nos da gozo, bendiciones, seguridad. Podemos someterle nuestra vida y "estar en la cima de la montaña". Si usted ha resbalado un poco hacia abajo o ha caído en una barranca profunda, deje que Dios lo ponga de nuevo en su lugar. Pídale a Dios que haga en su vida hoy una maravillosa obra de gracia.

Datos para el archivo:

Fecha: _____

Ocasión: _____

Lugar: _____

53

¿ESTAS BUSCANDO PAZ?

Tú guardarás en completa paz a aquel cuyo pensamiento en ti persevera, porque en ti ha confiado. Isaías 26:3

Hace unos cuantos años un grupo de historiadores y científicos escribió que el mundo ha tenido menos de 300 años de paz en toda su historia escrita. Más de tres mil millones de personas han muerto en alrededor de 15.000 años de historia escrita. Por supuesto, el costo monetario de la guerra está también fuera de todo cálculo posible. Tampoco el costo de la agonía puede medirse.

Hace mucho tiempo Isaías escribió acerca de tener paz. En su libro habló de la paz de Dios en medio de tiempos de apuros y peligros. Isaías 26:3 es un versículo que todos nosotros debiéramos aprender de memoria y repetirlo cada día por un mes y luego seguir repitiéndolo cada día por el resto de nuestra vida. Este versículo es una receta divina para la paz de cada persona. El texto nos dice que la vida puede estar llena de paz. Notemos dos verdades principales del texto.

I. Mucha gente no tiene la paz de Dios

Isaías 26:3 implica esta verdad al recordarle al antiguo pueblo de Dios que la paz de Dios está disponible para ellos. Sin duda, muchos de esos hebreos vivían como nosotros en la prisa de la vida y con frustraciones diarias. ¿Por qué esta falta de paz?

Algunos no tienen paz porque están solos. Esta es una verdad para muchos pastores que están separados de sus consiervos. Algunos puede ser que no vivan cerca de otros pastores. Hasta en ciudades grandes muchos pastores se sienten solitarios y aislados de asociaciones útiles. Muchos jubilados tienen un sentido de soledad. Gente que vive con otros está solitaria. Puede ser que una esposa se sienta sola o el esposo sienta la herida de la soledad porque otros en el hogar no están emocionalmente cercanos.

Isaías se sentía solo muchas veces, aunque él era el "predicador de la corte" en su día. La tradición dice que finalmente él fue llevado cautivo a Egipto y allí murió una muerte violenta y solitaria. En Hebreos 11:36-40 se dan implicaciones de la soledad del pueblo de Dios.

Algunos no tienen paz porque tiene poco o ningún ingreso financiero. Cuando viene la enfermedad pueden no tener dinero para medicinas. Algunos no tienen suficiente dinero para comprar alimentos o ropa adecuada. Otros no disponen de los recursos necesarios para adquirir una casa u otras comodidades o necesidades. El escritor de estas líneas no tiene una casa y puede que nunca tenga una hasta que llegue al cielo. Cuando sufrimos de necesidades financieras no podemos tener paz en el corazón.

Algunos no pueden tener paz por problemas de salud. Muchos que están enfermos en casa o en hospitales se preocupan y no pueden encontrar paz. Sabemos de casos como estos en derredor nuestro.

Algunos no tienen paz porque no creen el mensaje de salvación. Maestros de escuela dominical y predicadores y otros líderes encuentran a veces que sus palabras caen en oídos sordos. Fíjese en el mensaje de Mateo 7:13, 14 y también en Mateo 23:37.

Isaías dijo en Isaías 53:1: "¿Quién ha creído nuestro anuncio?" Hasta el gran profeta de Dios en ocasiones debe haber perdido la paz de Dios en lo profundo de su corazón al pensar que la palabra del Señor no era recibida.

Algunos no tienen paz por causa de la guerra. Las naciones van a la guerra y los hijos mueren. Las naciones son arruinadas por la guerra y millares de personas inocentes sufren y mueren. Algunas veces la guerra entra a la familia. En ocasiones el diablo lanza grandes ataques sobre la familia de Dios, sobre la iglesia. Clamamos por paz y nos preguntamos si es posible. ¡El texto tiene palabras para nosotros!

II. Dios puede dar paz a su pueblo

Aquí hay una palabra positiva y alentadora para todos nosotros. Esta es una palabra para el predicador y el diácono. Aquí salta una escritura para el maestro de la escuela dominical y para el miembro de la clase. Aquí hay una palabra divinamente inspirada para el soltero y para la persona que ha perdido un miembro de la familia. Aquí hay una palabra fuerte para el que está fuera del compañerismo de su familia o de la iglesia. Esta escritura pega justo en el corazón del incrédulo también. Dios quiere darnos su paz.

La paz de Dios es para los que verdaderamente creen en él. Sabemos quién es Dios y cómo ha expresado su amor por nosotros mediante Jesucristo el Hijo y Salvador. Ahora Dios quiere que nosotros confiemos en él.

La paz de Dios es para los que se mantienen pensando en él. El versículo dice que Dios da paz "a aquel cuyo pensamiento en ti persevera". Necesitamos fijar nuestras mentes en Dios. Necesitamos meditar en él. Como un ejemplo humorístico, podemos acordarnos de que a veces un perro ve un gato en un árbol y se queda allí, ladrándole al gato. Su mente está "fija" en el gato. O un bebé puede tener su mente "puesta" en su chupete. Un joven puede enamorarse y "pone su pensamiento" en la novia, día y noche, cuando está despierto y cuando duerme. Necesitamos estar tan "prendados" de Dios que pensemos en él continuamente. El nos da paz cuando hacemos esto, ¿no es verdad?

Dios nos da perfecta paz. Fíjese en el texto. Dios dará "completa" paz. La mayoría de la gente que conocemos es parcial; la paz entre las naciones fracasa, no es completa. Pida a Dios que llene toda su vida con su paz penetrante y duradera. ¿Hemos pensado antes en la paz de Dios que es sin arruga ni defecto? Esto es lo que dice él que quiere darnos.

La paz de Dios es para su pueblo por el poder divino. El versículo que sigue del texto dice que "en Jehová el Señor está la fortaleza de todos los siglos". Dios nos provee de una fuerza inesperada. El es el Señor eterno que nunca se cansa. El deja que su poder fluya dentro de nosotros al meditar en él. Necesitamos "agarrarnos" del Señor y dejar que venga la renovación. Hay una paz total y perfecta para la iglesia como para el individuo porque Dios nos da fuerza para la paz.

La paz de Dios viene a nosotros al pensar en nuestra herencia eterna con él. Isaías habla "del otro mundo" en su libro. El menciona "el desierto floreciendo como una rosa". El menciona el "reino milenario" cuando el león y el cordero yacerán juntos. El menciona la verdad de que el hombre no ha empezado a imaginar las grandes cosas que Dios ha preparado para los que esperan y meditan en él (Isaías 64:4).

Jesús hablaba del gran legado de paz en Juan 14:27. Esa es la misma paz mencionada por Isaías. Todos nosotros podemos tener esa paz divina en nuestras vidas. ¿Por qué vivir sin ella?

Datos para el archivo:

Fecha: _____

Ocasión: _____

Lugar: _____

54

COMO RESPONDER A LA BIBLIA

Entonces todo el pueblo se reunió como un solo hombre en la plaza que está frente a la puerta de las Aguas. Y dijeron al escriba Esdras que trajese el libro de la Ley de Moisés, que Jehovah había dado a Israel..., el sacerdote Esdras trajo la Ley ante la congregación de hombres y mujeres, y de todo el que era apto para entender lo que oía. Y leyó el libro desde el alba hasta el mediodía,...Y los oídos de todo el pueblo estaban atentos al libro de la Ley. Nehemías 8:1-3

Hay gente que todavía duda de la Palabra de Dios. Algunos blasfeman de la Biblia. Otros prohíben su lectura. Algunos la queman y la mayoría la descuida. El rey Joacim quemó los escritos de Jeremías. Pero Dios le dio a su profeta el mensaje de nuevo.

En el texto vemos a la gente responder de la manera correcta a la Palabra de Dios. Eso fue en los tiempos de Esdras y Nehemías, poco después de la cautividad babilónica. Los persas llegaron a gobernar, y Ciro (Artajerjes) le dio al pueblo la libertad de regresar a su patria. El texto en el capítulo 8 nos cuenta de un nuevo día en la lectura de la Biblia para Israel. Nosotros podemos tener la respuesta correcta a la Palabra de Dios.

¿Cuál es la actitud correcta hacia la Palabra de Dios?

I. Desear la Palabra de Dios

En el versículo 1 leemos que "se juntó todo el pueblo como un solo hombre... y dijeron a Esdras el escriba que trajese el libro de la ley..." Una ola de gozo vino sobre la ciudad cuando esa gran multitud pidió a Esdras que trajera la Palabra de Dios y se la leyera.

Es necesario que la Palabra de Dios sea "el centro de atención" en nuestros hogares, en nuestras iglesias y en nuestro país.

David escribió: "Los juicios de Jehovah son verdad;... Son más deseables que el oro, más que mucho oro fino" (Sal. l9:9b, 10). El oro puro es costoso (400 dólares una onza). A la mayoría de nosotros nos agradaría tener unas cuantas toneladas de ese metal. Pero las Escrituras deben ser deseadas más que el oro.

¿Tenemos un verdadero deseo para la Palabra de Dios que es más preciosa que el oro? Es el pan de vida, el agua de vida. Nos da consejo y sanidad. Señala a Jesús, la Palabra eterna de vida. Reaccionamos correctamente a la Biblia cuando la deseamos.

II. Estar atentos a la Palabra de Dios

El v. 3 dice: "Y los oídos de todo el pueblo estaban atentos al libro de la Ley." Las orejas no sirven solamente para adornar la cabeza. Las orejas son para oír. "Escucha y tu alma vivirá", dice la Palabra de Dios.

Aprendemos que Dios es soberano. Algunas veces el hombre piensa que él es "el jefe". Dios lo es. El es el gobernante. Necesitamos escuchar la Palabra de Dios que nos recuerda, a Israel y a nosotros, que Dios es el Señor.

Necesitamos tener oídos para saber que la muerte se acerca. La vida llega a su fin. Algunos piensan que van a vivir para siempre. La Biblia dice: "No te jactes del día de mañana, porque no sabes qué dará de sí el día" (Prov. 27:1), y agrega: "Porque sois un vapor que aparece por un poco tiempo y luego se desvanece" (Stg. 4:14). Morimos de mil maneras. Escuche esto: ¡Dios viene!

III. Reverenciar la Palabra de Dios

El v. 4 nos dice que Esdras estaba en pie sobre una plataforma de madera. Esta es la primera y única mención de "púlpito" en la Biblia. Ese sacerdote y escriba estaba ante el pueblo de modo que pudieran verlo y escucharlo. Ellos le llevaron el libro.

El texto dice: "Todo el pueblo se puso de pie" Neh. 8:5b. Es decir, reverenciaron la Palabra de Dios estando en pie. Cualquier expresión que tomemos ante la Biblia, debemos hacerlo en reverencia por el libro sagrado. El pueblo mostró reverencia para la Palabra de Dios diciendo: "—¡Amén! ¡Amén!"

Reverenciamos la Palabra de Dios cuando extendemos nuestras manos para recibirla. Ellos "alzaban sus manos". Probablemente ellos levantaban las manos abiertas para recibir la Palabra de Dios.

La gente adoró a Dios e inclinó sus cabezas y alzó sus manos al cielo. Reconocemos que la Palabra de Dios es una extensión de él mismo a nosotros. Y adoramos. Esto no es "bibliolatría". No es "adoración al libro". Es adoración a Dios al reconocer que Dios nos ha dado su Palabra perfecta y eterna.

IV. Entender la Palabra de Dios

¿Cómo respondemos a las Escrituras? El texto dice: "Explicando y aclarando el sentido, de modo que entendiesen la lectura" (Neh. 8: 8). El leía diligentemente. El dio sentido a la Palabra de Dios.

De hecho, había siete hombres parados a la izquierda de Esdras en la plataforma, y siete parados a su derecha. Catorce hombres explicaban la Palabra de Dios. Y además, otra cantidad de hombres caminaban entre la multitud ese día, interpretando la Palabra de Dios.

V. Debemos ser convencidos por la Palabra de Dios

El v. 9 dice: "...Porque todo el pueblo lloraba al oir las palabras de la Ley." Escucharon acerca del sistema sacrificial que Dios había instituido. Después escucharon que el pueblo había incumplido los mandamientos de Dios. Luego oyeron de su esclavitud. Aprendieron que "la paga del pecado es muerte". Pero ellos escucharon también de perdón. ¡Somos convictos por la Palabra de Dios!

VI. Regocijarnos por la Palabra de Dios

En el v. 9 vemos cómo Esdras les pidió que dejaran de entristecerse y en cambio les dijo que se gozaran. La Palabra de Dios nos trae gozo.

El v. 10 nos enseña la bendición de compartir. Podemos ser una fuente de ayuda para los hambrientos y los necesitados. Podemos alcanzar a otros. Podemos llevar el mensaje del evangelio a los campos misioneros más allá de nosotros.

Aprendemos que el gozo de Jehová se vuelve nuestra fuerza. El v. 10 dice: "...el gozo de Jehovah es vuestra fortaleza." ¿Sabemos que Dios tiene una naturaleza de gozo y no de tristeza? El es feliz y su gozo se convierte en nuestra fuerza. Filipenses 4:4 dice que debemos regocijarnos en el Señor. Cuando hacemos bien tenemos nueva fuerza.

VII. Obedecer la Palabra de Dios

Los vv. 15-18 nos dicen que el pueblo obedeció la Palabra de Dios. Recordemos que este mundo no es nuestro hogar eterno. Desde los días de Josué el pueblo no había celebrado la fiesta de los tabernáculos. Les recordaba los días de las tiendas en el desierto. Vivimos temporalmente aquí. Tenemos un hogar eterno.

Al obedecer al Señor encontramos gozo. El v. 17 declara: "Había una alegría muy grande." El pueblo se arrepintió y tuvo una nueva relación con Dios y con los demás y celebraron con gozo.

Un nuevo día viene a nosotros cuando respondemos de la manera correcta a la Palabra de Dios. ¿Se unirá usted a los muchos otros que quieren responder de la manera correcta a la Biblia?

Datos para el archivo:

Fecha: _____

Ocasión: _____

Lugar: _____

55
¿ES JESUS DIOS?

Por esta razón los judíos aún más procuraban matarle, porque no sólo quebrantaba el sábado, sino que también llamaba a Dios su propio Padre, haciéndose igual a Dios. Juan 5:18

Una historia bíblica que gusta a muchos es la de José. Los hermanos de José, por causa de sus celos, lo vendieron como un esclavo. Trece años después, cuando esos hermanos hicieron un viaje a Egipto para comprar alimentos, vieron a José sin reconocerlo. El sí los reconoció a ellos, pero ellos no lo reconocieron a él.

Algunos reconocen a Jesús como hombre. La mayoría lo reconoce como maestro, como hijo de María, como un obrador de milagros. Pocos niegan la humanidad de Jesús, pero muchos no pueden reconocerlo como el Dios hombre, como Dios y hombre. El texto y los versículos que siguen hacen hincapié en el hecho de la igualdad de Cristo con Dios porque él es Dios en carne humana. Jesús es Dios encarnado, ahora exaltado y glorificado eternamente. Sí, Jesús es Dios.

¿Por qué sabemos que Jesús es Dios?

I. Porque se identifica con el Dios del Antiguo Testamento

El nombre de Jehovah se usa para Dios centenares de veces en el Antiguo Testamento. La palabra es "Yahweh", que se traduce Jehovah. El nombre también se traduce como "Señor". Yahweh significa "el Dios eterno, siempre vivo".

Dios es eterno. El es Señor sempiterno. Isaías 44:6 y 48:12 llaman a Dios "el primero y el postrero". El mismo nombre de "Alfa y Omega" se da a Jesús en Apocalipsis 1:8, 17. Jesús también declaró en Juan 10:30 que él y el Padre son uno en esencia, su deidad.

Dios provee para nosotros. En Génesis 22 leemos que Dios proveyó de un cordero como un substituto para Isaac. El lugar fue llamado "Jehovah Yireh" (v. 14). Eso significa "Jehovah proveerá". El es el Maná o Pan de Vida, el Agua de Vida (Juan 6:35; 4:10).

Dios da paz a su pueblo. Jueces 6:5 nos dice de la paz que Dios dio a Gedeón cuando los enemigos los rodeaban "como langostas".

Todo Israel recibió plenitud de la paz divina. Jesús nos da paz porque él es Dios. La noche antes de la muerte de Jesús él dijo a sus discípulos: "La paz os dejo, mi paz os doy; yo no os la doy como el mundo la da. No se turbe vuestro corazón, ni tenga miedo" (Juan 14:27). Incontables millones testifican de tener la paz de Cristo durante su vida, en medio de las dificultades y en la hora de la muerte.

II. Porque la Biblia lo llama Dios

Como 750 años antes del nacimiento de Jesús, el profeta Isaías, refiriéndose a los nombres de Jesús, dijo: "Se llamará su nombre: Dios fuerte, Padre Eterno..." (Isa. 9:6). ¿Cómo pueden los incrédulos y hasta algunas sectas religiosas o la gente de "la Nueva Era" estar ciegos a la verdad explosiva de la deidad de Jesús? Cuando Jesús nació los registros históricos declararon que su nombre es "Emanuel... Dios con nosotros".

Multitudes de nombres que se dan a Dios son también los que la Biblia da a Jesús. El es llamado el gran Pastor, Redentor, Señor, Rey de reyes, y Señor de señores. Después de la resurrección de Jesús, Tomás cayó a los pies de Jesús y declaró: "—¡Señor mío, y Dios mío!" (Juan 20:28). ¿Nos atreveremos a negar palabras de las Escrituras tan claras como éstas? ¿Quién más puede dar vida eterna excepto Dios a través de su Hijo como leemos en Juan 20:31?

Dios sabe todo. Jesús es el Cristo omnisciente. El se había impuesto a sí mismo muchas limitaciones durante su vida terrenal, y sin embargo, algunos eventos "reveladores" en su vida demostraron claramente su omnisciencia. Juan 1:48 nos cuenta de su familiaridad con Natanael. El Señor glorificado ahora ha vuelto a su papel de eterna deidad y lo sabe todo.

Dios está en todo lugar. El es omnipresente. ¡En uno de los salmos el escritor, David, dijo que a donde quiera que él se fuera, Dios estaba allí! Jesús nos recuerda que él es el Cristo universal. En Mateo 18:20 Jesús dijo que donde quiera que hay dos o tres reunidos en su nombre él está en medio de ellos.

III. Porque Jesús perdona el pecado

¡Sólo Dios puede perdonar pecados! Segundo de Crónicas 7:14 dice que Dios perdona el pecado y reaviva a su pueblo. Un mero hombre no tiene poder ni autoridad para perdonar pecados. Todos decimos que perdonar es el "derecho divino" de Dios. Sólo Dios puede borrar los pecados. Jesús tiene este poder de quitar el pecado porque él es "Dios en carne." ¡No "un" Dios, sino Dios! Juan 1:1 es una expresión de deidad de Jesús como lo puede decir cualquier erudito honesto del griego.

En Marcos 2, leemos acerca de Jesús sanando a un hombre paralítico. Jesús le dijo al hombre de Capernaum que pusieron delante de él a través del techo, que sus pecados le eran perdonados (2:5).

Los fariseos le criticaron por este hecho, diciendo: "—¿Por qué habla éste así? ¡Blasfema! ¿Quién puede perdonar pecados, sino uno solo, Dios?" (Mar. 2:7). En ese momento Jesús declaró que él, como Hijo de Dios, tenía poder para sanar y poder para perdonar pecados (2:10). La gente se quedó asombrada por las obras y las palabras de Jesús, gloriosas y llenas de gracia, y declaró: "—¡Jamás hemos visto cosa semejante!" (v. 12).

Los Evangelios relatan una y otra vez la verdad de que Jesús tiene autoridad de perdonar pecados, lo que es únicamente un atributo del Dios eterno. El es Dios.

Primera Juan 1:7 dice: "La sangre de su Hijo Jesús nos limpia de todo pecado." Hebreos 9:22, añade: "Sin derramamiento de sangre no hay perdón." Cuando Jesús celebró la "Ultima Cena" les dijo a sus discípulos, mientras bebía el vino: "Porque esto es mi sangre... la cual es derramada...para muchos" (Mat. 26:28). El perdón y la limpieza del pecado vienen por el derramamiento de la sangre de Jesucristo. No tenemos otra manera de expiación.

Dios es especialista en perdonar. Ese es el mensaje del Salmo 103:12 y de Miqueas 7:19 y de centenares de otros versículos por toda la Biblia. Dios perdona el pecado porque Jesús ha pagado el precio de nuestra redención.

IV. Porque a Jesús se le adora

Deuteronomio 6:5 dice: "Y amarás a Jehovah tu Dios con todo tu corazón..." Cuando Satanás le pidió a Jesús que se arrodillara ante él en la historia de las tentaciones, él declaró que solamente debemos adorar a Dios (Mat. 4:10). Se nos prohíbe adorar a ángeles o a hombres. Pero adoramos a Jesús porque él es Dios encarnado.

Los ángeles adoran a Jesús. Cuando Jesús nació en Belén los ángeles vinieron a adorarlo (Luc. 2:10; Heb. 1:6). En el cielo los ángeles por millones adoran y dan culto a Jesús, como leemos en Apocalipsis 5:11, 12.

El pueblo de Dios adora a Jesús. Los sabios que lo visitaron le trajeron regalos a Jesús y se arrodillaron ante él en adoración y culto. Los pastores vinieron al humilde lugar de nacimiento de Jesús y lo adoraron. En Mateo 8:2 leemos de un leproso sanado que aun antes de su sanidad adoraba a Jesús. Los que siguen a Jesús deben darle su total fidelidad y adoración.

La respuesta a nuestra necesidad viene de Dios. La respuesta es Jesús. Confiamos en él. Encomendamos a él nuestras vidas como Salvador y tenemos la solución a las necesidades eternas del hombre. La gloria de esta verdad es que Dios invita y nos alienta a recibir a Jesús como Salvador y Señor para tener vida para siempre.

Datos para el archivo:

Fecha: _____

Ocasión: _____

Lugar: _____

56

UNA FE PEQUEÑA

Jesús les dijo: —Por causa de vuestra poca fe. Porque de cierto os digo que si tenéis fe como un grano de mostaza, diréis a este monte: "Pásate de aquí, allá", y se pasará. Nada os será imposible. Mateo 17:20

Un roble es algo hermoso para contemplar. Los pájaros vuelan a sus ramas y cantan. Las ardillas trepan al árbol, hacen sus nidos y esconden sus provisiones en él. Los robles grandes producen una sombra tal que las criaturas vivas pueden descansar bajo la sombra de sus ramas en días cálidos. Las bellotas del roble son pequeñas. Los pájaros recogen las bellotas y vuelan con ellas. Es interesante que un árbol tan grande provenga de una semilla tan pequeña.

En el texto de Mateo 17:20 leemos de la "semilla de mostaza". Jesús dice que si tenemos fe del tamaño de una semilla de mostaza, pueden ocurrir maravillas mediante esa fe. Muchos de nosotros debemos admitir que tenemos una fe pequeña, débil y temerosa. Sin embargo, no debemos rendirnos por ello. Debemos subrayar esta verdad. Si la fe de uno es pequeña o grande, no debe rendirse.

¿Por qué no debemos desesperar frente a una fe pequeña?

I. Porque su fe puede crecer

¡Así que, aunque sea pequeña no la tire! Recuerde que la fe puede crecer y producir, como una semilla de mostaza o una bellota, una planta o árbol grandes. Si seguimos la receta espiritual, nuestra fe, débil y vacilante, puede llegar a ser de tamaño gigante.

Nuestra fe crece cuando es alimentada con las Escrituras. La Palabra de Dios da vida y crecimiento a la fe de uno. Debemos aprender de memoria Romanos 10:17 que dice: "...la fe es por el oír, y el oír por la palabra de Cristo."

Nuestra fe crece cuando leemos la Biblia. Mediante la lectura de las Escrituras podemos ver cómo Dios obraba en las edades pasadas. Podemos descubrir historias como la de las murallas de Jericó que cayeron porque la gente creyó y siguió la palabra de Dios. Leemos acerca del mar Rojo que se abrió y las aguas del río Jordán fueron detenidas por causa de la fe del pueblo.

Nuestra fe crece cuando le hablamos a Dios. La oración es esencial para el crecimiento y estabilización de nuestra fe. En Lucas 17:5 los discípulos dijeron: "Auméntanos la fe." Ellos oraron y pidieron que su fe fuera más grande. ¿Hemos pensado en un retiro de oración de cinco o diez minutos al día en el que le podemos pedir al Señor que nos dé una fe más fuerte?

Nuestra fe crece cuando mantenemos la comunión con el pueblo de Dios. Los discípulos andaban con Jesús y unos con otros. Su fe crecía por estar juntos. Ellos vieron a Jesús realizar obras poderosas y en esa clase de comunión su fe empezó a crecer. Hebreos 10:25 dice que no debemos dejar de reunirnos. Los primeros discípulos de Jesús se juntaban en Jerusalén "cada día".

Nuestra fe crece cuando vamos a trabajar para el Señor. Cuando Jesús envió 70 testigos, regresaron en unos cuantos días diciendo: "Señor, ¡aún los demonios se nos sujetaban en tu nombre!" (Luc. 10:17). Fueron a trabajar y su fe creció. Vayamos a visitar a los que necesitan escuchar el bendito evangelio de salvación y nuestra fe crecerá. Preparémonos para enseñar y nuestra fe crecerá.

Nuestra fe crece cuando somos examinados y probados. No nos gusta la "medicina" de la dificultad y el sufrimiento, ¿no es verdad? Sin embargo, Dios a veces permite que vengan problemas a su pueblo para que su fe crezca. ¿No cree que Pablo tuvo una fe más fuerte después de haber sufrido el naufragio y haber sido apedreado por su fe? Los tiempos difíciles nos acercan más a Dios, y esos tiempos difíciles ayudan a desarrollar nuestra fe.

II. Porque su fe es importante

Aunque su fe sea débil y pequeña como una semilla de mostaza, puede crecer porque su fe es importante. ¡Muy importante!

Nuestra fe es importante porque nos muestra que Dios es soberano. Pronto los discípulos iban a contemplar la crucifixión de Jesús. Pronto aprenderían, sin embargo, que Jesús resucitará de los muertos. Ese era el propósito de Dios para la venida de Cristo. Lo que parecía un día de ruina, se volvió para ellos y para toda la humanidad en un día de victoria eterna.

La fe es importante porque nos da "un buen testimonio". Dos veces en Hebreos 11 leemos acerca de los antiguos que alcanzaron buen testimonio. A muchos de nosotros nos gusta ver a los jóvenes y a los niños que sacan buenas calificaciones. Esto significa que lo están haciendo bien. La fe nos deja recibir una buena boleta de calificación del Señor. Cuando lleguemos al cielo el Señor nos asignará una alta calificación cuando realmente creemos en él.

La fe es importante porque nos enseña que nuestras inversiones en la obra de Dios valen la pena. Algunas veces no vemos el fruto de la inversión, pero con el tiempo los resultados aparecen.

Hace años el señor Maxey Jarman, conocido fabricante de zapatos en los Estados Unidos, dio dinero para un gran número de templos en América Latina. Las inversiones de ese hombre han continuado enriqueciendo las vidas de la gente por muchos años. Tal vez no tenemos el dinero de un fabricante de zapatos, pero todos podemos hacer inversiones de una u otra clase en la obra del Señor.

Nuestra fe es importante porque este es el pase al cielo. Jesús enseñó esta verdad en Juan 14:1-3. Pablo pronunció esta gloriosa verdad desde una celda en Filipos a la medianoche. Sus palabras en Hechos 16:31 necesitan ser repetidos a los oídos de todo el mundo. Juan 3:16 y Efesios 2:8-10 nos recuerdan que por fe llegamos a ser hijos de Dios, y es por nuestra fe en Jesucristo que tenemos vida eterna. Esto dice que la fe es importante, aunque sea tan pequeña como la del ladrón en la cruz.

Hace muchos años Hudson Taylor sintió que Dios lo llamaba a China como misionero. El estaba en un buque velero en el Pacífico Sur. El buque se acercó a una isla en la que había caníbales. El viento dejó de soplar y la nave empezó a ir a la deriva hacia esa isla. El capitán buscó a Taylor y le dijo:

—Misionero, empiece a orar para que sople el viento. Vamos a la deriva a una isla que está llena de caníbales.

Hudson Taylor le dijo al capitán:

—Entonces mande izar las velas y yo iré y empezaré a orar para que sople el viento.

El capitán respondió:

—No, se reirán de mí si pido que levanten las velas cuando no hay viento.

A lo cual el misionero contestó:

—Entonces no oraré hasta que usted mande izar las velas de este barco.

Finalmente, en desesperación, el capitán levantó las velas porque el barco seguía acercándose más y más a la isla, para entonces a menos de 300 metros de distancia. Después de como diez minutos de oración, el capitán se apresuró al cuarto donde estaba el misionero orando y le dijo:

—¡Deje de orar! ¡Ahora tenemos más viento del que podemos manejar!

Jesús dijo que la fe puede ser pequeña, que es importante y que puede crecer. Deje que su fe se ancle en el Señor. Ejercítela en el poder salvador y director de Cristo, y su vida será bendecida eternamente.

Datos para el archivo:

Fecha: _____

Ocasión: _____

Lugar: _____

57

DESCRIPCION DE UN CRISTIANO

Tú pues, hijo mío, fortalécete en la gracia que es en Cristo Jesús. Lo que oíste de parte mía mediante muchos testigos, esto encarga a hombres fieles que sean idóneos para enseñar también a otros. 2 Timoteo 2:1, 2

Cuando alguien me pide que describa a mi hijo, le digo que es rubio, de 1,88 m. de estatura y que pesa como 97 kgrs. Es de tez clara, tiene ojos azules y habla el castellano mejor que su papá.

¿Cómo nos describimos a nosotros como cristianos? En la última carta que escribió Pablo, él da una descripción perfecta de los cristianos. Esta carta, como la conocemos, fue escrita por Pablo a Timoteo alrededor del año 67 d. de J.C. Pablo llamaba a Timoteo su "hijo en la fe". Timoteo se convirtió en la ciudad de Listra, en Asia Menor, durante el primer viaje misionero de Pablo. En el tiempo de 2 Timoteo, Pablo había hecho su última defensa gloriosa por Cristo y Nerón pronto dio órdenes para su ejecución. Afortunadamente tenemos la carta de 2 Timoteo. En el segundo capítulo, que es largo, tenemos una buena descripción de la clase de cristianos que todos debemos ser.

¿Cómo es un cristiano?

I. Un cristiano es maestro

Pablo le pidió a Timoteo que se fortaleciera en la gracia del Señor. Un maestro debe estar creciendo en la Palabra de Dios mientras viva. Un maestro comparte la verdad con otros. Lo que uno escucha entre muchos testigos debe enseñarlo a otros. ¿Hemos pensado en "pasar" a otros los libros y las enseñanzas que nos ayudan a crecer? De esta manera podemos multiplicar nuestro ministerio y el de otros. Piense en dos o tres maneras en que usted puede ayudar a instruir a otros.

II. Un cristiano es un soldado espiritual

Pablo dice: "...sé partícipe de los sufrimientos como buen soldado de Cristo Jesús" (2 Tim. 2:3). Un buen soldado vive bajo disciplina. Un buen soldado es consciente del peligro y sabe cómo evitar los lugares donde no necesita estar. No "se enreda en los negocios de la vida". Es decir, se mantiene fuera de los negocios que destruyen su fe. Un buen soldado agrada a su capitán..

III. Un cristiano es un atleta

Segunda Timoteo 2:5 declara: "...si algún atleta compite, no es coronado a menos que compita según las reglas." Esto quiere decir que el pueblo de Dios se esfuerza por la excelencia. El atleta debe conocer las reglas del juego. El busca la corona. Seremos premiados según nuestra participación fiel en el torneo espiritual de Dios.

IV. Un cristiano es un obrero

El versículo 6 dice que es como un labrador que cuida los campos. Ese nombre significa un obrero del campo. El pueblo de Dios debiera ser conocido dentro y fuera de la iglesia como "obrero". Todas las iglesias necesitan "obreros gratuitos y hábiles". Podemos usar varios voluntarios para la tarea cada semana para visitar, para repartir tratados evangelísticos en centros comerciales y en hogares y para visitar a los enfermos y solitarios. El pastor no puede hacer todo él solo. Si vamos a comer el fruto de los campos, debemos primero ser trabajadores en los campos. Debemos entender que los obreros cooperan con las leyes de Dios del crecimiento y producción. En el ámbito espiritual esta es una verdad central. Debemos trabajar junto con Dios para ver las bendiciones de Dios sobre nosotros. Pablo creía y practicaba esta verdad. Cuando seguimos los principios bíblicos, andamos por las calles. El pastor debe guiar el camino o pedirle a Dios que cambie su ministerio.

VI. Un cristiano es un estudiante

El recuerda a "Jesucristo... resucitado de los muertos" (v. 8). ¡Debemos mantenerlo en el centro! Debemos confiar en él y seguir sus pasos. ¿Estamos haciendo esto? El estudiante es aprobado por Dios (v. 15). El no se avergüenza de la obra que hace. El sabe cómo usar bien la Palabra de Dios. El v. 15 es un desafío para el cristiano.

VII. Un cristiano es un vaso santificado

Los versículos 20 y 21 nos dejan saber que en la "caja de recursos" de Dios hay toda clase de vasos. No debemos ponernos celosos de los demás. Algunos son de oro, de plata, de madera y otros de barro. Los vasos de madera y de barro sirven como los de oro y plata. Yo crecí en el campo. Nunca he sido pastor de una gran iglesia. Soy un vaso de "madera o de barro". Yo no puedo decidir. Pero hasta las macetas de barro pueden tener flores o ser de valor para contener agua. Los vasos deben ser puros. Los vasos de Dios deben ser purificados de "pasiones" y de cualquier otra cosa que contamine o impida que Dios nos use. El Señor puede usar cualquier "trasto viejo" si ese vaso está consagrado y limpio. Podemos ser de honra o de deshonra. Algunos, desafortunadamente, han andado por el camino de la deshonra y no pueden honrar al Señor con lo que hacen. Dios puede cambiarnos si le damos la oportunidad de hacerlo. ¿Haremos esto? ¡Usted y yo podemos ser vasos de Dios!

VII. Un cristiano es un siervo

Los versículos del 24 al final del capítulo hablan a nuestro corazón. El buen siervo es abnegado. No es "contencioso, sino amable... apto para enseñar, sufrido... con mansedumbre". Un buen siervo, como el buen pastor de Lucas 15, va tras los que se pierden en "las montañas del pecado". El que sirve al Señor quiere ayudar a recuperar a los que han caído en los lazos del diablo, que juega con la gente como el gato juega con el ratón. El v. 26 dice que el diablo tiene a los hombres "cautivos a voluntad de él". El verdadero siervo del Señor presta su apoyo para ganar a los perdidos. Cada cristiano puede reconsagrarse a este propósito. Necesitamos despertar a este potencial de ayudar a otros a liberarse del poder de Satanás.

Dios puede cambiar nuestra iglesia. El puede revitalizarnos. El puede mostrarnos lo que realmente significa ser cristiano. El Señor quiere que seamos victoriosos. ¿Estamos preparados para el desafío de estos versículos de 2 Timoteo? ¿Responderemos como Timoteo lo hizo al desafío de Pablo? ¿Dejaremos que el Espíritu Santo nos muestre nuestra culpa y nos use de una nueva manera a partir de hoy? ¿Cuál será nuestra respuesta?

Datos para el archivo:

Fecha: _____

Ocasión: _____

Lugar: _____

58

APROVECHEMOS BIEN EL TIEMPO

Mirad, pues, con cuidado, cómo os comportáis; no como imprudentes sino como prudentes, redimiendo el tiempo, porque los días son malos. Efesios 5:15, 16

La Biblia dice que vivimos en días malos. El texto menciona "aprovechando bien el tiempo, porque los días son malos". Aprovechar el tiempo significa sacarle provecho, ser codicioso del don irremplazable del tiempo.

¿Cuándo redimimos el tiempo?

I. Cuando consideramos que cada persona tiene una cantidad limitada de tiempo

No sabemos cuánto vamos a vivir ni el día que vamos a morir. La Biblia nos dice que el promedio de vida de una persona es de 70 años (Sal.90:9-12). Esto nos invita a reflexionar en lo rápido que pasan los días. El Salmo 89:48, 49 también nos recuerdan la brevedad del tiempo y la certeza de la muerte.

Si llegamos a vivir 70 años de edad, significa que habremos tenido 25.000 días. Esta cantidad de tiempo nos deja con 200.000 horas o 36 millones de minutos, y cada día se come una parte de nuestro tiempo. Abramos los ojos a la verdad de que el tiempo pasa volando. No podemos andar por ahí simplemente "matando el tiempo". Redimimos el tiempo al recordar su paso veloz.

II. Cuando hacemos dos o tres trabajos a la vez

Por ejemplo, Pablo pasó dos años en la prisión en Roma como por los años 61-63 d. de J.C. El recibió esa sentencia por predicar a Jesucristo en el tiempo en que la ley romana había declarado que "César es el Señor". Pablo cumplió esa sentencia, pero durante esos dos años no solamente "pagó por su crimen", sino también testificó a los soldados. El recibía visitantes y mientras estuvo en la prisión escribió la carta a los Efesios y otras tres cartas que tenemos en el Nuevo Testamento. El aprovechó el tiempo haciendo "doble tarea".

Si una persona camina por motivos de salud, durante ese tiempo no solamente puede ejercitarse, sino también ponerse al corriente en su vida devocional. Los estudiantes de preparatoria y de universidad pueden aprovechar el tiempo y repasar Historia, o Química, o Literatura mientras platican. Es sorprendente que podemos "aprovechar el tiempo" haciendo más de una actividad a la vez.

III. Cuando aprovechamos el "tiempo muerto"

La mayoría de nosotros sabemos lo que significa esperar en el consultorio de algún doctor, o sentarnos en casa y esperar a alguien que viene a vernos. En esos momentos tenga un buen libro para leer. Tenga una Biblia en la cartera o en el bolsillo.

Tal vez es importante para todos nosotros reevaluar la manera en que pasamos nuestros días. Podemos pasar el tiempo con la familia. Podemos pasar algún tiempo distrayéndonos o descansando. Y sin embargo, todos necesitamos saber que "el tiempo es de lo que está hecha la vida", y que podemos invertirlo sabiamente.

IV. Cuando hacemos planes anticipados

Hay actividades que debemos hacer cada día (levantarnos, vestirnos, comer, dormir, trabajar, etc.).

Sin embargo, todos nosotros debemos aprender que ciertos deberes son prioritarios. Podemos hacer una lista de prioridades y planear acciones específicas cada día y cada semana. Podemos fijarnos metas. Podemos hacer planes anticipados para estar en el templo cada vez que hay actividades. Necesitamos "planear nuestro trabajo y trabajar nuestros planes". Eso es redimir el tiempo. ¿Cuántos de nosotros hacemos planes para mañana, para la siguiente semana o para el próximo año? Necesitamos una clara visión de lo que necesitamos hacer antes de que llegue el tiempo de hacerlo.

V. Cuando no confiamos en nuestra mente

Es fácil olvidar, así que necesitamos usar lápiz y papel. Escriba lo que necesita hacerse y su mente puede estar en paz.

Un pastor puede leer un artículo o historia que puede usar en algún mensaje. Si no escribe la historia o si no hace una referencia para encontrarla, puede perder mucho tiempo buscándola después. Necesitamos hacer nuestro propio sistema de archivo de información. Sobre todo, si encontramos material interesante que podemos usar después, debemos aprender a indicar su fuente para que el material esté disponible. Tenga un buen libro de anotaciones para referencias, de modo que de una mirada pueda ser recordada fácilmente la información necesaria.

VI. Cuando dejamos que otros nos ayuden

Esto es importante. Deje que los niños hagan trabajos. Deles responsabilidades. No deje que la madre sea la "hacelotodo". Hágale un favor y deje que los niños y el esposo hagan su parte.

Que cada clase de escuela dominical tenga a dos o tres responsables de visitar, uno o dos responsables para planear eventos sociales, y otros ocupados en otras cosas. ¡Una sola persona no puede hacer todo el trabajo! Alguien dijo sabiamente: "Es mejor que diez personas hagan el trabajo, que una sola haga el trabajo de diez." Consiga la participación del grupo. Que otros se comprometan. Esto lo necesitamos desesperadamente en las actividades de la iglesia. Los diáconos pueden visitar a los enfermos así como los maestros y el pastor.

VII. Cuando vivimos vidas que honran a Cristo

El camino a la vida saludable es la vida piadosa y justa. No todos los que están en hospitales están allí por vivir vidas malas, pero un gran número sí van a ver a los doctores y están en los hospitales y hasta sufren en casa porque no viven como deben vivir los cristianos.

Cada año mueren miles de personas matadas por conductores ebrios, y millares más van a los hospitales por daños en esos accidentes. Fíjese en los que tienen enfermedades del hígado y otras complicaciones por causa de sus hábitos con la bebida. Recuerde los millares de enfermedades de los pulmones que ocurren por el tabaquismo y luego piense en todo el tiempo gastado y en el sufrimiento por tales enfermedades.

Ciertas "celebridades" del cine defienden un estilo de vida libre. Se han gastado muchos millones de dólares en investigación y tratamiento de pacientes de SIDA. Fíjese en las enormes pérdidas y en el costo de un estilo de vida pervertido y desviado en el que la gente "hace lo que quiere".

Si queremos redimir el tiempo, entonces vivamos para la gloria del Señor. Vivamos vidas justas y piadosas y nuestra vida no se desperdiciará viviendo pecaminosamente. Pensemos en todo el tiempo que ahorramos al no tener que lamentarnos por el pasado.

¿Hemos considerado la verdad de que debemos dar cuenta a Dios de nuestro tiempo, nuestras capacidades y nuestras posesiones? El tiempo es muy importante. Tal vez esta semana viviremos en una nueva manera al comprender que somos mayordomos de todo lo que somos y tenemos. Tal vez necesitamos reconsagrar nuestras vidas a Dios y pedirle que "redima" el tiempo por nosotros. Podemos empezar todo de nuevo y vivir para su gloria cada día. La pregunta es: "¿Lo haremos?"

Datos para el archivo:

Fecha: _____

Ocasión: _____

Lugar: _____

59
¿QUIEN ES JESUS?

Dios, habiendo hablado en otro tiempo muchas veces y de muchas maneras a los padres por los profetas, en estos últimos días nos ha hablado por el Hijo, a quien constituyó heredero de todo, y por medio de quien, asimismo, hizo el universo. El es el resplandor de su gloria y la expresión exacta de su naturaleza, quien sustenta todas las cosas con la palabra de su poder. Y cuando había hecho la purificación de nuestros pecados, se sentó a la diestra de la Majestad en las alturas. Hebreos 1:1-3

Una persona puede tener varios títulos o papeles en la vida. Por ejemplo, un hombre puede ser maestro, esposo y padre al mismo tiempo. Una mujer puede ser esposa, secretaria y madre.

Miremos el texto en Hebreos que nos presenta a Jesús en tres grandes funciones: Profeta, sacerdote y rey.

I. Jesús es profeta de Dios

La carta a los Hebreos empieza con las palabras que Dios ha hablado en tiempos pasados por los profetas, pero ahora, "en estos postreros días nos ha hablado por el Hijo" (Heb. 1:2). Jesús se volvió el vocero de Dios, el profeta de Dios para nosotros.

1. *Nosotros sabemos que Jesús vino como profeta de Dios por su actuación.* Los profetas del Antiguo Testamento eran conocidos por sus obras milagrosas. ¡Jesús los superó a todos! Juan 21:25 dice que Jesús hizo tantas cosas que sería imposible escribir todo lo que él dijo e hizo. Hechos 10:38 declara: "...cómo Dios le ungió con el Espíritu Santo y con poder. El anduvo haciendo el bien y sanando a todos los oprimidos por el diablo, porque Dios estaba con él."

2. *La predicación y proclamación de Jesús muestran que él era el profeta especial de Dios.* La historia de la mujer samaritana nos dice que cuando Jesús le habló, ella declaró: "...Señor, veo que tú eres profeta" (Juan 4:19).

Dios habló a tres apóstoles en el monte de la Transfiguración, diciendo: "'Este es mi Hijo amado, en quien tengo complacencia. A él oíd' " (Mat. 17:5). Nosotros necesitamos escuchar a Jesús.

Ninguna persona en el mundo ha hablado tan clara, poderosa y verazmente como Jesús. Juan 7:46 declara: "¡Nunca habló hombre alguno así!" El hablaba de la creación, de la vida, de la muerte, del cielo, del infierno, de la justicia, de la verdad, del pecado, de la salvación, de la cruz. Su predicación muestra que Jesús es eternamente el gran profeta de Dios.

3. *Las predicciones de Jesús muestran que él era profeta de Dios.* Juan 6:64, Mateo 16:21, Juan 13:18, Marcos 11:2, Juan 14:13, Mateo 24 y muchos otros pasajes son palabras proféticas de Jesús. Esos eventos cuentan de la negación de Pedro, la traición de Judas, el lugar donde se encontraría un pollino, su propia muerte y resurrección, la destrucción de Jerusalén y muchas más.

La Biblia nos dice: "Dios, habiendo hablado en otro tiempo..., en estos últimos días nos ha hablado por el Hijo... heredero de todo... por ...quien ...hizo el universo..." (Hebreos 1:1, 2). Jesús es el único profeta de Dios que nos ha hablado las palabras de Dios a nosotros.

II. Jesús es sacerdote de Dios

En Hebreos 1:3 leemos que Jesús ha efectuado "la purificación de nuestros pecados". Jesús hizo la obra de un sacerdote.

1. *El sacerdocio de Jesús es eterno.* El fue llamado y apartado "desde la eternidad" para ser nuestro sacerdote. Aun antes de la fundación del mundo se habían hecho planes para que Jesús viniera y vertiera su sangre por nuestra salvación.

Es interesante que los sacerdotes del Antiguo Testamento vinieran de la tribu de Leví. Jesús vino de la tribu de Judá. Sin embargo, él es el Sumo Sacerdote de Dios para nosotros.

2. *Como sacerdote de Dios, Jesús ha hecho sacrificio eterno por nuestros pecados.* Ese sacrificio no fue a la manera de la sangre de toros y machos cabríos, "holocaustos y expiaciones".

Los sacerdotes de los días antiguos hacían sacrificios diarios, semanales o mensuales. Una vez al año, en el gran día de la expiación, el sumo sacerdote entraba en el lugar santísimo y rociaba sangre de un animal siete veces encima del propiciatorio. Sin embargo, tenía que regresar al lugar santísimo de nuevo el siguiente año con sangre de un animal sacrificado.

Jesús hizo una sola vez el sacrificio eterno por nosotros. El hizo purificación por nuestros pecados de una vez y para siempre.

3. *Como nuestro Sumo Sacerdote él ha abierto el camino para que todos nosotros podamos acercarnos a Dios por nosotros mismos.* La puerta está abierta para que todos vayan a la presencia de Dios, libre y abiertamente. Romanos 3:25 y 1 Pedro 1:18-20 nos aseguran que podemos acercarnos a Dios. Hebreos 4:14-16 nos invita a acercarnos confiadamente al trono de la gracia.

4. *Necesitamos recordar que Jesús, nuestro Sumo Sacerdote, continúa orando por nosotros.* El intercede. Alentémonos con esta verdad. Recordemos que hoy mismo, en cualquier condición, uno puede saber que no está desamparado. Jesús ora por nosotros sin cesar. El es nuestro gran Sumo Sacerdote.

III. Jesús es Rey

En Hebreos 1:3 leemos: "...se sentó a la diestra de la Majestad en las alturas." El mundo esperaba que el Rey de gloria viniera, hasta que Jesús apareció finalmente. Lucas 1:32 dice: "Este [Jesús] será grande, y será llamado Hijo del Altísimo; y el Señor Dios le dará el trono de su padre David."

Natanael dijo en Juan 1:49: "¡Tú eres el rey de Israel!" Cuando él nació, Herodes preguntó a los magos en Mateo 2:2: "¿Dónde está el rey de los judíos, que ha nacido?" Herodes dijo que quería ir a adorarlo. ¡Herodes sabía que Jesús debía ser adorado!

1. *Como rey, Jesús gobierna y reina hasta que todos sus enemigos sean conquistados.* Aunque Satanás está muy activo en el día actual, sin embargo, Cristo va a conquistar todo. Todo va a quedar sujeto a él. Un día el mundo lo reconocerá como Señor. Apocalipsis 17:14 dice: "Ellos [Satanás y el mundo] harán guerra contra el Cordero, y el Cordero los vencerá, porque él es Señor de señores y Rey de reyes..." Apocalipsis 19:16 declara: "En su vestidura y sobre su muslo, tiene escrito el nombre: REY DE REYES Y SEÑOR DE SEÑORES." En el Antiguo Testamento el profeta Zacarías escribió: "Entonces Jehovah será rey sobre toda la tierra..." (14:9).

2. *Sabemos que como rey Jesús nos llama a seguirlo con fidelidad total.* Nosotros confesamos a Jesús como Salvador. Tenemos problema en el Cuerpo hoy en día porque muchos no le dan una fidelidad completa. En 1 Timoteo 6:15 se nos recuerda que Jesús es Rey de reyes. El es el Eterno que merece nuestra fidelidad total. ¿Está usted siendo fiel a Jesús?

3. *Sabemos que Jesús, como Rey, va a llevarnos a una era eterna de esplendor y gloria.* Esto nos confunde un poco al pensar en una vida eterna, sin edad. Hay misterio y milagro en todo esto. Pero es verdad.

David escribió: "¡Levantad, oh puertas, vuestras cabezas! Levantaos, oh puertas eternas, y entrará el Rey de gloria... ¿Quién es este Rey de gloria? ¡Jehovah de los Ejércitos! ¡Es el Rey de gloria!" (Sal. 24:7-10). Abre tu vida a Jesús hoy. El quiere venir a vivir contigo como profeta, sacerdote y rey. ¿Le dejarás tomar este lugar en tu vida?

Datos para el archivo:

Fecha: _____

Ocasión: _____

Lugar: _____

60

NUESTRO DESAFIO MISIONERO

Jesús recorría todas las ciudades y las aldeas, enseñando en sus sinagogas, predicando el evangelio del reino y sanando toda enfermedad y toda dolencia. Y cuando vio las multitudes, tuvo compasión de ellas; porque estaban acosadas y desamparadas como ovejas que no tienen pastor. Entonces dijo a sus discípulos: "A la verdad, la mies es mucha, pero los obreros son pocos. Rogad, pues, al Señor de la mies, que envíe obreros a su mies. Mateo 9:35-38

Hace años el doctor C. E. Matthews sirvió como pastor de una iglesia en Texas. Su hija, que tenía 12 años de edad, murió. Ocho muchachas ayudaron a llevar el féretro, porque la hija del pastor las había invitado en diversas ocasiones a venir a la escuela dominical y a la iglesia y ellas habían sido servidas. Ella había sido misionera. Usted y yo somos misioneros. Esta es la manera en que podemos ser misioneros vivientes.

I. Debemos ver

Necesitamos abrir nuestros ojos y mirar. El texto da una rica reflexión de la vida de Jesús cuando nos dice: "Jesús recorría todas las ciudades y las aldeas..." (Mat. 9:35).

Vemos una enorme comunidad a la que podemos servir. Fíjese que el texto dice que Jesús recorría *todas* las ciudades y aldeas. Está documentado que en tiempos del Nuevo Testamento había en la Tierra Santa de diez a quince mil aldeas, sin contar las ciudades. Jesús veía esas multitudes. El encontraba a la gente día a día y la miraba a los ojos. Vastos números venían a él.

Vemos una comunidad dolida a la que podemos servir. Fíjese que en el v. 36 dice que Jesús "vio" las multitudes. El las vio desamparadas y dispersas como ovejas sin pastor. El vio a los ignorantes que necesitaban que les enseñaran, a los enfermos que necesitaban ser sanados, a los corazones hambrientos que necesitaban que les proclamaran el evangelio.

187

La gente sufre en torno de nosotros. Si vamos a hacer una diferencia en el mundo debemos ver esta comunidad enorme y doliente que se extiende desde donde estamos hasta los confines de la tierra. Jesús dijo a sus discípulos: "¡Alzad vuestros ojos y mirad los campos!" (Juan 4:35). Un paso grande e importante para que nos volvamos misioneros a la gente necesitada del mundo es lo que vemos.

II. Debemos orar

Es necesario que escuchemos las palabras de Jesús en el texto de Mateo 9:38. El dijo: "Rogad" (orad). Un amigo dijo: "Esta palabra 'vosotros' en el griego, significa 'todos ustedes' " Debemos hablar con el Señor de la mies y pedirle que envíe obreros a su mies.

Mateo 10:1 es interesante. Leemos que Jesús dio a sus discípulos poder para "echar fuera" demonios. La palabra "echar fuera" en Mateo 10:1 es la misma que encontramos en Mateo 9:38 y que traducimos "envíe". En el idioma del Nuevo Testamento es la misma palabra en ambos lugares. El infinitivo del verbo es *ekballo*, "echar fuera". Nuestra oración es que Dios "eche fuera" a los obreros a la mies.

Le rogamos a Dios que envíe o eche fuera a los obreros de su mies porque muchos de nosotros somos renuentes a ir. ¿Podemos pensar por un momento en los demonios que iban a ser echados fuera de la gente? Esos poderes demoníacos no querían dejar su "hogar". De la misma manera nosotros nos asimos de nuestra "zona de comodidad". No queremos ser echados fuera. Tal vez esta es una reacción natural. Cuando Dios llamó a Moisés, éste alegó que no era elocuente y que alguien más podría hacer mejor el trabajo. Jeremías enfrentó el mismo problema. Cuando le hablamos a Dios de misiones, le pedimos que "eche fuera" o envíe obreros a *su* mies. Si él toca su vida o la mía, estemos prestos a responder.

III. Debemos dar

Nuestro texto no dice nada de "dar", pero durante todo el ministerio de Jesús él habló vez tras vez de generosidad y de dar. El presenció una vez cuando una viuda pobre echó en el arca de las ofrendas dos blancas. Una cantidad pequeña en las manos de Dios puede convertirse en una fuerza poderosa para el alcance misionero.

¿Cuánto damos para que otros puedan ser mantenidos mientras llevan el evangelio de Jesucristo a otros? Necesitamos entender que con nuestros donativos se pueden comprar Biblias y tratados evangelísticos, podemos ayudar a mantener el ministerio de nuestra iglesia local, podemos ser parte del "equipo sanador" para alcanzar a los que están débiles y enfermos en derredor nuestro. Nuestras ofrendas pueden ayudar a alimentar a los pobres, a pagar las cuentas de la energía eléctrica, a construir nuevos edificios y a satisfacer un centenar de necesidades misioneras de hoy día.

Aunque nosotros no tenemos millones de dólares para dar y no controlamos fábricas para la producción de mercancías, sí tenemos nuestra vida. Tenemos nuestras "dos´ blancas". Tenemos talentos, tiempo y el tesoro que Dios ha confiado en nuestras manos. Podemos ser una parte importante para la causa misionera de Dios en todo el mundo al dar al Señor. Recordemos las palabras de Pablo: "Cada uno dé...no con tristeza ni por obligación; porque Dios ama al dador alegre" (2 Cor. 9:7).

IV. Debemos ir

El mensaje de ir es una parte integral de la Gran Comisión. Jesús dijo: "Id". Centenares de veces leemos esas palabras a través de la Biblia conforme Dios nos desafía a "ir". Necesitamos estar listos para ir.

Vamos con compasión. Mateo 9:36 declara: "Y cuando [Jesús] vio las multitudes, tuvo compasión de ellas..." La expresión que nos habla de ser movidos a compasión presenta la idea del interior de la vida sintiendo por otros y alcanzándolos. Cuando Jesús veía las ovejas, desamparadas y dispersas, anhelaba ayudarlas. Nosotros también debemos ir con compasión a los que nos necesitan.

Isaías 58:10 declara: "Si tu alma provee para el hambriento y sacias al alma humillada, tu luz irradiará en las tinieblas, y tu oscuridad será como el mediodía." Las palabras "dieres tu pan" es el cuadro de una "operación a corazón abierto". Es el cuadro de uno que ve las necesidades de otro. Esa persona toma una navaja, corta alrededor de sus corazones, saca su propio corazón de su cuerpo y lo da al otro para que éste pueda vivir. Este es un cuadro de máxima compasión. Debemos ver al mundo e ir al mundo en compasión, dándonos de una manera completa para su vida y bienestar.

Vamos con celo. Al descubrir que la mies es mucha y los obreros pocos, no podemos tener sino celo, un celo ardiente por la obra del Señor. Celo significa "entusiasmo", que viene de dos palabras que hablan de "estar en Dios". Cuando vamos somos obedientes.

Dios nos llama para ser misioneros donde estemos y donde quiera que él nos lleve podemos ser misioneros. ¿Estamos dispuestos a responder al propósito de Dios de compartir hoy su evangelio?

Datos para el archivo:

Fecha: _____

Ocasión: _____

Lugar: _____

61

TODOS NECESITAMOS SER SALVADOS

Ellos dijeron: —Cree en el Señor Jesús y serás salvo, tú y tu casa. Y le hablaron la palabra del Señor a él, y a todos los que estaban en su casa. Hechos 16:31, 32

En el libro de los Hechos leemos la historia acerca del carcelero de Filipos. Pablo y Silas habían llegado a la ciudad de Filipos en su segundo viaje misionero alrededor del año 52 d. de J.C. Pablo y Silas fueron echados en la cárcel por haber sanado a una mujer endemoniada. A medianoche Pablo y Silas cantaban alabanzas al Señor y los demás prisioneros los escuchaban. Repentinamente ocurrió un terremoto; las puertas de la prisión se abrieron y las cadenas de todos los prisioneros se soltaron. El carcelero al que le habían encomendado el cuidado de Pablo, Silas y los demás prisioneros, al ver lo ocurrido, quiso matarse.

Pablo le gritó que no se hiciera daño. El hombre corrió hacia Pablo y Silas y cayó a sus pies diciendo: "Señores, ¿qué debo hacer para ser salvo?" El recibió la respuesta inmediata de que la salvación viene por la fe en Jesucristo. Esta historia nos enseña que cada persona debe ser salva. Todos necesitamos la salvación y todos podemos ser salvos.

¿Por qué todos pueden ser salvos?

I. Porque Jesús pagó el precio por nuestra salvación

¿Entendemos esta verdad fundamental del evangelio? Jesús vino y murió para que pudiéramos tener vida eterna. El derramó su sangre en la cruz para que pudiéramos tener el perdón de los pecados. Necesitamos conocer esta sencilla verdad de que Dios provee redención y salvación mediante la fe en lo que Jesucristo ha hecho por nosotros mediante su muerte y resurrección.

Juan el Bautista había estado predicando a millares de personas en la zona del río Jordán. Luego se fijó y vio a Jesús. Entonces gritó: "¡He aquí el Cordero de Dios, que quita el pecado del mundo!" (Juan 1:29). Millones de corderos habían sido sacrificados en los años del

190

Antiguo Testamento. Todos ellos recordaban al pueblo de Dios que un gran sacrificio eterno tendría lugar. Ese sacrificio era Jesucristo. Jesús ha pagado toda la culpa por nuestros pecados. La Biblia declara: "La sangre de su Hijo Jesús nos limpia de todo pecado" (1 Jn. 1:7). Y añade: "sin derramamiento de sangre no se hace remisión de pecado." Jesús pagó el costo de nuestra salvación con su muerte.

Puesto que Jesús ha pagado por nuestra salvación, nuestras buenas obras no nos salvan. En Tito 3:5 leemos: "El nos salvó, no por las obras de justicia que nosotros hubiésemos hecho, sino según su misericordia; por medio del lavamiento de la regeneración y de la renovación del Espíritu Santo." Ese es también el mensaje en Efesios 2:9: "No es por obras, para que nadie se gloríe." Con todo, cuando recibimos la obra completa de Cristo, él nos da la energía y el poder espirituales para obrar el bien por él.

Puesto que Jesús ha pagado por nuestra salvación, nuestra propia bondad natural no nos salva. El hecho de que una persona sea "buena" no es suficientemente bueno para el Señor. La Biblia dice que todos somos pecadores. El profeta Isaías, hablando de "nuestras justicias", dijo: "...[son] como trapo de inmundicia" (Isa. 64:6). Nosotros necesitamos la justicia de Dios, su santidad. Jesús provee esa vida perfecta para nosotros, su justicia divina.

Puesto que Jesús pagó por nuestra salvación, el bautismo no nos salva. Cada creyente debe obedecer a Cristo en el bautismo. La gente salvada es bautizada como un testimonio de su fe.

II. Porque Jesús puede encargarse de cada caso

Dios puede salvar a la persona más pecaminosa o difícil. Fíjese en el caso del carcelero romano en esta historia. Sin duda él tenía "su propia religión". Podemos suponer que él seguía a alguna clase de dioses de su tiempo. Lo más probable es que hubiera absorbido una gran cantidad de malos hábitos de los prisioneros que cuidaba. Los oía maldecir, decir chistes sucios y burlarse de todo lo decente. El habría llegado a endurecerse y hacerse rudo con todos los que guardaba en prisión todo el tiempo. Pero cuando el carcelero romano se enfrentó al hecho de la vida y la muerte y la eternidad, él se dio cuenta que necesitaba la intervención de Dios en su vida. Si Dios salvó a ese hombre, puede salvar a cualquier persona.

Necesitamos seguir dando el mensaje de Jesucristo a todos los que encontremos. ¿Estamos dispuestos para buscarlos y compartir con ellos el mensaje de salvación en Cristo Jesús?

III. Porque Dios quiere que tengamos su gozo

El gozo de la salvación no es un momento pasajero de felicidad, sino algo profundo y duradero que Dios nos da en la vida interior.

Tenemos gozo porque nuestros pecados son perdonados. Pablo y

Silas "le hablaron la palabra del Señor a él y a todos los que estaban en su casa" (v. 32). Ese carcelero romano y los de su casa supieron que con el Señor tenemos perdón y clemencia abundantes.

Tenemos gozo cuando comprendemos que con Jesús tenemos perdón completo de nuestros pecados. Primera Juan 1:9 dice: "El es fiel... para...limpiarnos de toda maldad." Si queremos gozo, dejemos que el perdón total de Dios venga a nosotros.

Tenemos gozo cuando comprendemos que el Señor pone nuestros nombres en el libro de la vida. Pablo escribió en Filipenses 4:3 acerca de algunos "cuyos nombres están en el libro de la vida". Recordamos la historia de Jesús enviando a setenta hombres en una misión de predicación. Ellos regresaron con historias de grandes acontecimientos. Cuando se regocijaron de sus victorias, Jesús les dijo que podemos regocijarnos más porque sabemos que nuestros nombres están en el libro de la vida de Dios (Luc. 10:20).

Tenemos gozo por el nuevo compañerismo que encontramos cuando Dios nos salva. El carcelero y su familia prepararon una comida para Pablo y Silas. Debió de haber sido una hermosa noche de compañerismo la que tuvieron juntos. Pablo y Silas habían sido azotados. Entonces el carcelero les lavó las heridas y los invitó como huéspedes especiales a su mesa. ¡Qué tiempo de compañerismo!

Si el que oye las palabras de Hechos 16 necesita ser salvado, puede tener la salvación de Dios así como las personas de las que hemos leído. Los que escuchan esta historia de conversión pueden testificar a otros como Pablo y Silas lo hicieron. Todos necesitamos ser salvos y decirlo a otros.

Datos para el archivo:

Fecha: _____

Ocasión: _____

Lugar: _____

62

FIESTAS MEMORIALES JUDIAS

Jehovah habló a Moisés diciendo: "Habla a los hijos de Israel y diles que las fiestas solemnes de Jehovah, mis fiestas solemnes que proclamaréis como asambleas sagradas, son éstas:... Levítico 23:1, 2

Los hebreos tenían sus días de fiestas cívicas y religiosas. Levítico 23 se enfoca sobre siete de las fiestas religiosas que pueden ser llamadas días o temporadas de fiestas memoriales. Algunas tienen más importancia que otras, pero las siete tienen lecciones para nosotros. Se han cumplido con la venida de Jesús, pero las verdades y principios de esas fiestas memoriales son lecciones acerca de la vida cristiana que necesitamos entender.

I. La Pascua tiene significado

Esta fiesta hebrea se originó poco antes del Exodo. La fecha de la Pascua era el 14 del mes de Nissan, o marzo. Se relaciona con los hebreos que habían estado cautivos. Dios habló por medio de Moisés diciendo que en cada casa debía sacrificarse un cordero. La sangre del cordero tenía que ser rociada en los dos postes y en el dintel de las puertas. A la medianoche el ángel de la muerte de Dios pasaría por el campamento. Cada hogar sin la sangre perdería al hijo mayor. Todas las casas israelitas tuvieron la sangre en las puertas. El juicio cayó sobre Egipto, desde Faraón hasta la familia más humilde, porque no tenían "la sangre del cordero" en sus hogares.

El antiguo evento de la pascua se cumplió en Cristo. Primera Corintios 5:7 dice: "Cristo, nuestro Cordero pascual, ha sido sacrificado." Primera Pedro 1:18, 19 y Efesios 2:8, nos recuerdan que la redención y la salvación no es por dinero, ni siquiera por buenas obras, sino por la preciosa sangre de Jesucristo.

II. El pan sin levadura tiene significado

Levítico indica que la fiesta memorial de los "panes sin levadura" duraba siete días. Venía enseguida de la Pascua, que se declara en el versículo 5.

El pan sin levadura significaba la vida del creyente que estaba separada del pecado, o del mundo. Después de ser redimidos, debemos vivir vidas sanas, separadas, que no estén contaminadas por el mundo.

Pablo nos hace un llamado a esa "separación espiritual" : "¡Salid de en medio de ellos, y apartaos! dice el Señor" (2 Cor. 6:17). Ese es el mensaje de Dios para hoy. Si una persona no tiene el deseo de vivir una vida santa, entonces la probabilidad es que esa persona no ha sido redimida, aunque haya hecho profesión de fe en el Cordero Pascual. ¡Hoy necesitamos la doctrina de la separación!

III. La fiesta memorial de las primicias tiene significado

Levítico 23:9-14 da el significado básico de "los primeros frutos". Una gavilla de cebada madura era llevada al sacerdote al principio de la cosecha. El sacerdote mecía la gavilla hacia el lugar santísimo. Se llamaba "ofrenda mecida". Luego era quemada como una indicación de que toda la cosecha futura estaba dedicada al Señor.

En Juan 12:24 leemos que Cristo es "el grano de trigo que cae en tierra y muere". El murió por nosotros y resucitó. El es "primicias de los que durmieron" (1 Cor. 15:20). El fue el primero en morir y resucitar para no volver a morir jamás. Así, Jesús es el verdadero "primer fruto" de la gran resurrección de todos los creyentes.

IV. Pentecostés tiene significado

Pentecostés venía siete semanas después del "antiguo sabath" más un día, que lo colocaba en domingo. Los dos "panes mecidos" significaban la recolección de Pentecostés que venía en el Nuevo Testamento y la recolección completa cuando Cristo venga de nuevo.

El Pentecostés original tuvo su cumplimiento primario en los días del Nuevo Testamento cuando el Espíritu Santo descendió e hizo su morada en las vidas del pueblo redimido de Dios. Ese evento sucedió cincuenta días después de la Pascua.

Debemos recordar también que la harina y las ofrendas animales nos recuerdan la Cena del Señor. El pan y la sangre derramada se ven en esos eventos de ofrendas de pecados y de paz. Luego la compasión de Dios por los pobres se refleja en el grano que se dejaba en las esquinas del campo para ellos.

V. La fiesta de las Trompetas tiene significado

Levítico 23:23-25 anuncia el principio del año civil. Era una gran reunión o convocación para todo Israel. Dos verdades parecen derivarse de esa reunión.

La fiesta de las Trompetas venía nueve días antes de Yom Kippur o gran día de la Expiación. De esta manera la gente siempre recordaba la aproximación del día especial de expiación.

La fiesta de las Trompetas, además de convocar a la gente en ese tiempo, prefiguraba el llamado de trompeta de Cristo "al fin de su era", cuando reuniría a su pueblo desde un extremo a otro. Los cuerpos muertos de los santos resucitarían y los santos vivos serían transformados. De 1 Tesalonicenses 4 y de 1 Corintios 15 podemos aprender estas grandes verdades.

VI. La fiesta de la Expiación tiene significado

Levítico 23:26-32 nos habla del día de expiación, que en hebreo es llamado "Yom Kippur". Yom significa día. Kippur significa cubrir nuestros pecados o borrarlos. Así, el día de la Expiación significa que se quitaba el pecado del pueblo y también de los vasos del santuario y de todo lo relacionado con la redención del pueblo de Dios.

El sumo sacerdote (Aarón fue el primero) rociaba la sangre del animal sacrificial sobre el propiciatorio que estaba en el lugar santísimo, en ese día especial. Solamente el sumo sacerdote entraba al lugar santísimo, y eso solamente ocurría una vez al año el día de la Expiación (Heb. 2:9; 9:7).

Los eventos del gran día de la expiación representan a Jesús, nuestro sumo sacerdote. Cristo es nuestro eterno sumo sacerdote según el orden de Melquisedec, es decir, Cristo es el Eterno. El se entregó a sí mismo sobre el altar de la cruz para nuestra redención. Mediante Cristo tenemos redención eterna.

VII. La fiesta de los Tabernáculos tiene significado

Se habla de ello en Levítico 23:33-43. La "fiesta de los Tabernáculos" venía cinco días después del "día de la Expiación". El pueblo recordaba por esta "fiesta de los Tabernáculos" los 40 años que Israel vivió en el desierto vagando en la zona comprendida entre Egipto y la tierra prometida. Vivían en tiendas o casas temporales. Hasta Dios moró entre ellos en un "tabernáculo". Cuando Jesús vino a "morar entre nosotros", él moró en un "tabernáculo de barro". Esta es una "casa temporal" que todos nosotros tenemos. La "fiesta de los Tabernáculos" señalaba al día en que tendremos una "casa permanente". Caminaremos con el Señor "en gloria" un día.

El día de la fiesta de los Tabernáculos, el sacerdote llevaba agua del estanque de Silo al templo y en una gran ceremonia derramaba el agua sobre el altar. Enseguida empezaban a cantar "Sacar con gozo aguas de las fuentes de salvación" (Isaías 12:3).

La fiesta de los Tabernáculos cerraba el año con gracias a Dios por todos sus beneficios. Necesitamos volver cada día una "fiesta de los tabernáculos", ¿no es verdad?

Datos para el archivo:

Fecha: _____

Ocasión: _____

Lugar: _____

63

MARANATHA

Si alguno no ama al Señor, sea anatema. ¡Maranatha!
1 Corintios 16:22

La expresión *maranatha* se usa solamente una vez en la Biblia, en 1 Corintios 16:22. El doctor A. T. Robinson, erudito del idioma griego, señala que se usan dos palabras arameas: *maran* (nuestro Señor) y *atha* (viene o ha venido). Las dos palabras han llegado a usarse como una sola. Así la usaremos nosotros.

En muchas versiones de la Biblia la palabra no se traduce del griego, solamente se traslitera. En casi todos los idiomas en que se usa, se traslitera y se deletrea fonéticamente. La pronunciación es básicamente la misma en cada idioma. Así pues, es algo como una palabra clave o expresión que puede ser usada por los cristianos en cualquier idioma. Los cristianos tenemos varias palabras clave semejantes que usamos casi universalmente.

Una de tales palabras es *aleluya*. Significa "te alabamos, Señor". El coro escrito por B. B. McKinney, "Alelú, alelú, alelú, aleluya, gloria a Dios...," incluye una traducción que sigue la palabra clave. El incomparable coro "¡Aleluya!", de Haendel, es un uso de esa palabra, que se entiende como una palabra de alabanza.

Otra de tales expresiones es *hosanna*, que significa "Salve, te rogamos." La usamos principalmente en canciones. En la clásica "Ciudad Santa" las palabras finales son: "Hosanna, en las alturas, hosanna al Señor tu Rey."

Una palabra o expresión más es *amén*. Así como las otras palabras clave, nunca se traduce, sino se traslitera y se deletrea fonéticamente. Significa "así sea", "así es", o "es verdad". Se refiere o relaciona con algo que es seguro, cierto o válido. La usamos al final de una oración, como una expresión o respuesta litúrgica; como una afirmación y como una aclamación.

Un misionero había ido a un país a iniciar obra misionera. No podía hablar el idioma del país. Finalmente encontró una escuela y un instructor. Cada mañana cuando iba al estudio del idioma, pasaba por el mercado. El observó, conforme se familiarizaba con el mercado y su gente, que una mujer en particular de alguna manera parecía diferente. El se preguntaba por qué. Le vino el pensamiento de que esa diferencia pudiera ser que ella era cristiana. El empezó a pensar cómo podría comunicarse con ella, aunque él no hablaba su idioma ni ella hablaba el de él. Una idea le vino a la mente. A la siguiente mañana se paró frente a la mujer, y le dijo:

—¡Aleluya!

La respuesta inmediata de ella fue:

—¡Amén!

La siguiente mañana se paró de nuevo frente a ella, consiguió su atención y dijo:

—¡Amén!

Instantáneamente ella respondió:

—¡Aleluya!

El supo que había encontrado una cristiana porque ella usaba palabras clave cristianas universales. *Maranatha* es una de tales palabras. Era usada frecuentemente por los cristianos primitivos. Hoy se usa menos frecuentemente; sin embargo, se usa. Examinemos los cuatro significados posibles de *maranatha*.

I. Es una confesión o declaración: "El Señor ha venido"

Bien podemos decir que el Mesías ha venido, porque de eso trata el Nuevo Testamento. Como cristianos creemos que el Mesías ya ha venido.

El vino al planeta tierra. El vivió entre nosotros. Vivió como un hombre; ministró como ninguna otra persona ha ministrado; sanó como ninguna otra persona ha sanado; resucitó a los muertos; perdonó pecados; realizó muchos milagros como prueba de su misión y ministerio. El murió en una cruz romana en medio de dos malhechores; resucitó de los muertos al tercer día; subió a los cielos. El vive para siempre para interceder por nosotros a la diestra de Dios el Padre. Sí, "El Señor ha venido." ¡Maranatha!

II. Una segunda traducción posible es: "El Señor ha venido y está entre nosotros y en nosotros"

El está entre nosotros y en nosotros. El mismo Señor dijo: "Porque donde dos o tres están congregados en mi nombre, allí estoy yo en medio de ellos" (Mat. 18:20). En 1 Corintios 3:16 leemos: "¿No sabéis que sois templo de Dios, y que el Espíritu de Dios mora en vosotros?" En Colosenses 1:27 encontramos estas palabras: "Cristo en vosotros, la esperanza de gloria."

La Didaqué, un documento del segundo siglo, contiene principios para la conducta cristiana, órdenes de servicio y otros asuntos cristianos y eclesiásticos. Una porción se refiere a la cena del Señor. La palabra *maranatha* se usa en esa celebración como una respuesta cristiana. También se usa como una parte de oración.

Las inscripciones en tumbas de los siglos IV y V incluyen la palabra. El cuarto concilio de Toledo (España), tenido en 633 d. de J.C., dejó registros que incluyen la palabra. Un significado exacto, basado en el contexto y lenguaje de los registros, indica que puede significar: "El Señor ha venido" y está entre nosotros y en nosotros.

III. Otra interpretación probable es que se trata de una oración de petición

Se dice que Lutero escribió: "Aun así, Señor, ven pronto." Tal vez una traducción vernácula, pero exacta, sería: "Señor, apúrate a regresar." Algunos eruditos dicen que es un mandato, con el lenguaje en forma imperativa. Personalmente lo dudo, porque nosotros no mandamos a Cristo, aunque sí le rogamos o le pedimos.

Tal oración de petición está de acuerdo con su promesa de regresar. También está de acuerdo con el concepto, basado en la Escritura, de que él vendrá a reclamar a su esposa, la iglesia.

IV. Una cuarta traducción posible es que es una exclamación, que expresa la creencia, la esperanza y la seguridad de que él regresará

Apocalipsis 22:20 dice: "Ciertamente vengo en breve." El versículo termina con una respuesta: "Amén; sí, ven, Señor Jesús."

Hechos 1:11 dice: "Varones galileos, ¿por qué estáis mirando al cielo? Este mismo Jesús, que ha sido tomado de vosotros al cielo, así vendrá como le habéis visto ir al cielo."

Se han escrito muchos himnos acerca del regreso o segunda venida de Cristo. Uno que me viene a la mente es: "Viene otra vez"[1.] Entonces, *maranatha* puede significar: "El Señor ha venido"; "Ven, Señor Jesús" y "El Señor viene" (o vendrá).

¿Puede, o usa usted, la palabra en las cuatro maneras posibles? ¿Cree usted que él vino, murió por usted y resucitó al tercer día? ¿Cree usted, como cristiano, que él ha venido y mora en usted? ¿Está usted listo para su regreso? ¿Ora usted esperando su regreso? Podemos creer y depender de esas verdades. ¡Maranatha!

Mensaje original del
pastor Meeler Markham.

---

1. Leila N. Morris, "Viene otra vez", 127 H. B. (Casa Bautista de Publicaciones).

Datos para el archivo:

Fecha: _____

Ocasión: _____

Lugar: _____

64

LA SOLUCION PERFECTA

El nacimiento de Jesucristo fue así: Su madre María estaba desposada con José; y antes de que se unieran, se halló que ella había concebido del Espíritu Santo. José, su marido, como era justo, y no quería difamarla, se propuso dejarla secretamente. Mientras él pensaba en esto, he aquí un ángel del Señor se le apareció en sueños y le dijo: "José, hijo de David, no temas recibir a María tu mujer, porque lo que ha sido engendrado en ella es del Espíritu Santo. Ella dará a luz un hijo; y llamarás su nombre Jesús, porque él salvará a su pueblo de sus pecados."
Mateo 1:18-21

Hay una expresión popular que dice: "Si algo puede salir mal, va a salir mal." Siendo ese el caso, necesitamos una alternativa para casi todo lo que hacemos.

Hay, sin embargo, una solución perfecta para la condición humana, y nunca requirió de ninguna otra opción. La solución de la que hablo es la provisión que Dios ha hecho para los pecados de toda la gente en todas partes.

Hebreos 1:1, 2 dice: "Dios, habiendo hablado en otro tiempo muchas veces y de muchas maneras a los padres por los profetas, en estos últimos días nos ha hablado por el Hijo..." Oigamos. Escuchemos lo que Dios tiene que decir de su solución perfecta para nuestros pecados.

I. En el libro de los Salmos 103:12 el escritor dice:

"Tan lejos como está el oriente del occidente, así hizo alejar de nosotros nuestras rebeliones." El poeta dijo: "Oriente es oriente y occidente es occidente y nunca los dos se juntarán." Dios ha provisto para nosotros liberación del pecado y la culpa. Una vez que uno ha sido perdonado, no necesita preocuparse de que las viejas transgresiones vuelvan a acosarlo. Han sido llevadas demasiado lejos para que regresen.

II. El profeta Isaías habla sobre el tema de la perfecta solución de Dios en Isaías 38:17b:

"Pero tú libraste mi vida del hoyo de la destrucción, pues has echado tras tus espaldas todos mis pecados."

Cuando uno le pide a Dios que perdone todos sus pecados y lo salve mediante Jesucristo, él echa todos sus pecados tras sus espaldas. Dios mismo se coloca entre sus pecados y el acusador. Nadie puede hacerlo responsable por lo que Dios ha perdonado. Dios está entre usted y todos esos viejos pecados.

III. Isaías habla de nuevo sobre este tema en 43:25

"Yo soy, yo soy el que borro tus rebeliones por amor de mí mismo, y no me acordaré más de tus pecados."

Dios no recordará lo que ha decidido olvidar. Isaías dice que ninguna persona, excepto Dios mismo, borra las rebeliones; y él lo hace por amor de sí mismo. Si Dios las olvida, también nosotros debemos hacerlo.

IV. El profeta Miqueas tiene algo que decir acerca de la solución perfecta de Dios en Miqueas 7:19

"Volverá a compadecerse de nosotros. Pisoteará nuestras iniquidades y echará nuestros pecados en las profundidades del mar."

Esta es una lección emocionante. Aunque el hombre haya caminado en la luna y fotografiado Marte, nadie ha ido a lo más profundo de los océanos de la tierra.

Cuando Dios esconde nuestros pecados, lo hace bien. El acusador nunca los encontrará de nuevo. Podemos descansar seguros de que cuando nos hemos arrepentido de nuestros pecados y le hemos pedido perdón a Dios por ellos, verdaderamente nos son quitados y llevados lejos. ¿Por qué entonces va uno a permanecer en servidumbre a lo que va a destruirlo a uno y a condenarlo al fin para siempre?

V. Avanzamos ahora al Nuevo Testamento para ver más claramente cuán perfecta es la solución deDios

Pablo, en Colosenses 2:12, 13, nos describe la escena de un tribunal de justicia. En el tribunal de justicia divina en la que Dios es juez, hay un registro. Es exacto más allá de toda posibilidad de error. No puede haber equivocaciones. Cada acto de cada ser humano está registrado allí. Uno no se atreve a entrar al tribunal sin Jesucristo al lado de uno para abogar por su caso (1 Juan 2:1).

Por lo que Jesús es, y por lo que ha hecho por nosotros, Dios dice: "Borrad los registros. Destruid los cargos. Ya no son válidos." Alterar los registros del tribunal es una ofensa seria. Pero Dios borrará los cargos que se tenga contra usted si usted está dispuesto a confesar sus pecados y pedirle a Jesucristo que abogue por su caso ante Dios. Dios puede borrar los cargos contra usted. Usted no puede, pero él si, si usted le pide que lo haga.

VI. Pedro nos dice exactamente por qué esta solución es absolutamente perfecta en 1 Pedro 2:24

Jesús murió en nuestro lugar en la cruz. El representaba a todos los pecadores al sacrificar su vida. El que no pecó nunca llevó nuestro pecado. De ninguna manera podríamos nosotros satisfacer las demandas de la ley sobre las acusaciones sostenidas contra nosotros. Solamente Jesús podría hacer eso por nosotros. Y lo hizo con la más completa satisfacción. Todo lo que nos queda por hacer es aceptar esta solución perfecta como la única solución. Lo hacemos arrepintiéndonos del pecado que hay entre nosotros y Dios. Lo hacemos pidiéndole a Jesucristo, Hijo de Dios, que nos salve y tome el control de nuestra vida. El es la única esperanza para todos los que hemos pecado. La Biblia dice: "Porque todos pecaron y no alcanzan la gloria de Dios" (Rom. 3:23). Pero Jesús es la perfecta solución de Dios para cada uno de nosotros.

Este mensaje es original de Jesse Kidd, misionero bautista por largo tiempo en Brasil. Jesse y Wilma Kidd están ahora jubilados y viven en San Angelo, Texas.

Datos para el archivo:

Fecha: _____

Ocasión: _____

Lugar: _____

65

LA DOCTRINA DEL BAUTISMO

Jesús se acercó a ellos y les habló diciendo: "Toda autoridad me ha sido dada en el cielo y en la tierra. Por tanto, id y haced discípulos a todas las naciones, bautizándoles en el nombre del Padre, del Hijo y del Espíritu Santo, enseñándoles que guarden todas las cosas que os he mandado. Y he aquí, yo estoy con vosotros todos los días, hasta el fin del mundo. Mateo 28:18-20

El más inolvidable servicio bautismal en la historia del mundo tuvo lugar hace 2.000 años cuando Jesús se presentó a sí mismo a Juan el Bautista para ser bautizado por él. Juan, el primo de Jesús, no se sentía digno de bautizar al Mesías, pero Jesús dijo que era necesario, para "cumplir toda justicia". Cuando Jesús entró al río Jordán y Juan el Bautista lo bautizó, el Espíritu del Señor descendió como una paloma sobre Jesús. Luego Dios habló con palabras claras que todos escucharon: "Este es mi Hijo amado, en quien tengo complacencia" (Mat. 3:17). El bautismo de Jesús fue una confesión pública de su relación con Dios como Mesías. El descenso del Espíritu sobre él indicaba que su ministerio estaba bajo el control y el poder del Espíritu de Dios. Su bautismo retrataba su futura muerte, sepultura y resurrección.

Después de la muerte y resurrección de Jesús, él se preparó para regresar al cielo de donde había venido. Las últimas palabras de Jesús en el Evangelio según Mateo incluyen lo que conocemos como "La Gran Comisión". Sus palabras nos desafían a ser un pueblo que testifica y enseña por el Señor.

Debemos ir. La palabra es imperativa: "Id". Este es un mandamiento, y es plural. Esta palabra la captaron los oídos de los once apóstoles, pero son para todos los cristianos. Debemos "hacer discípulos a todas las naciones". No todos debemos bautizar, y sin embargo, todos debemos ser instrumentos para alcanzar a otros con el evangelio. Pablo dijo: "Porque Cristo no me envió a bautizar, sino a predicar el evangelio..." (1 Cor. 1:17). De hecho, Pablo dijo a los corintios: "Doy gracias a Dios que no bauticé a ninguno de vosotros, sino a Crispo y a Gayo" (1 Cor. 1:14).

Cuando la gente se convierte, el siguiente paso lógico para identificarlos públicamente como seguidores de Cristo es el bautismo. Por eso Jesús dijo en el texto: "Bautizándolos en el nombre del Padre, y del Hijo, y del Espíritu Santo." Un poco después, en el libro de los Hechos, leemos acerca de bautizar "en el nombre del Señor". El nombre "Señor" significa "Jehovah" del Antiguo Testamento. Así, en el nombre de la "deidad" o en el nombre de Dios, debe ser bautizado el creyente. La fórmula completa es el nombre trino de Dios.

El siguiente paso es uno de los eslabones débiles en esta importante cadena. En ocasiones es casi "el eslabón perdido". Debemos "enseñar todas las cosas que Jesús mandó". Primero viene la conversión, después el bautismo y luego un ministerio de enseñanza que nunca termina. No podemos conseguir que la tarea se complete en una hora de servicio el domingo en la mañana. Los maestros y líderes necesitan dar buen ejemplo estando en la casa de Dios cada vez que tenemos una hora designada para juntarnos como pueblo de Dios. No pretendo que ésta sea una palabra áspera. Es para recordarnos que *le fallamos al Señor* cuando tomamos a la ligera el ministerio de la enseñanza que se le ha dado a la iglesia.

Ahora concentrémonos en la parte central de la Gran Comisión en lo que se refiere al bautismo. Es decir, debemos bautizar o sumergir a los que se han convertido, "en el nombre del Padre, y del Hijo y del Espíritu Santo". El bautismo es una ordenanza o ceremonia o estatuto cristiano que tiene significado muy rico.

I. El bautismo es una ceremonia religiosa para los que se arrepienten de sus pecados

"Arrepentirse del pecado" significa volverse del pecado o cambiar de opinión respecto de lo malo. Mientras es bautizado se está declarando que está arrepentido de los pecados de su vida y quiere vivir para la gloria del Señor.

La Biblia afirma muy claramente el hecho de que todos somos pecadores. Romanos 3:23 declara: "Todos pecaron, y no alcanzan la gloria de Dios." Al retroceder al principio de la raza humana, leemos en el libro de Génesis que Adán y Eva desobedecieron a Dios. Como resultado Dios los puso fuera del huerto y fuera de la comunión con Dios. Adán es la "cabeza" de la raza humana, y todos sus descendientes nacimos en pecado. David dijo en Salmos 51:5: "He aquí, en maldad he nacido, y en pecado me concibió mi madre." Todos podemos hacer esta confesión. Esto no significa que todos cometemos crímenes violentos ni que todos estamos condenados en los tribunales como transgresores. Pero la verdad es que "todos somos pecadores". Cada parte de nuestro ser ha sido afectado por el pecado. Nos quedamos cortos de la santidad y la gloria de Dios porque nacimos en pecado.

En Mateo 3 leemos la historia de mucha gente religiosa que venía a Juan para ser bautizada. El les dijo que necesitaban primero "hacer frutos dignos de arrepentimiento". Es decir, que necesitaban volverse de sus malos caminos y practicar hacer lo que es bueno.

El Espíritu Santo ha venido para convencernos de pecado, de justicia y de juicio (Juan 16:8). Dios nos enseña que somos pecadores. Debemos volvernos del pecado por causa de la obra del Espíritu Santo en nuestra vida. De esta manera el bautismo es para los que dicen "nos volvemos de nuestros caminos pecaminosos".

II. El bautismo es una ceremonia religiosa para los que reciben a Cristo como Salvador

El siguiente paso que viene con el verdadero arrepentimiento es la fe en Cristo Jesús. Juan 1:12 enseña: "A todos los que le recibieron, a los que creen en su nombre, les dio derecho de ser hechos hijos de Dios." Creer, recibir, tener fe en Cristo es confesar quién es Jesús y recibir de una manera personal lo que él ha hecho por nosotros.

Romanos 10:9, 10 dice que si confesamos con nuestra boca al Señor Jesús y creemos en nuestros corazones que Dios lo levantó de los muertos, somos salvos. Por eso Pablo dijo al carcelero de Filipos en Hechos 16:31 que él podía creer en el nombre del Señor Jesucristo y ser salvo.

1 Corintios 12:3 declara que la única manera en que podemos confesar a Jesús como Señor es por el poder del Espíritu Santo. Hasta nuestra confesión es la obra de Dios en nuestra vida.

Recordamos la conversión de Pablo. En Hechos 22:16 las palabras no significan regeneración bautismal. No somos salvos al ser bautizados. Las palabras realmente dicen: "Levántate y bautízate, y lava tus pecados, invocando su nombre." Los tres verbos están en el imperativo aoristo. Los tres se relacionan, sin embargo, con la frase en participio "invocando su nombre." Ese es el secreto de la salvación. Jesús nos salva. El agua bautismal no puede lavar mis pecados. El canto que a veces entonamos dice: "¿Qué me puede dar perdón? Sólo de Jesús la sangre. ¿Y un nuevo corazón? Sólo de Jesús la sangre. Precioso es el raudal, que limpia todo mal; no hay otro manantial, sólo de Jesús la sangre."

Pablo había sido "iluminado por el Espíritu Santo". La ceguera espiritual y la incredulidad llegan a su fin cuando uno es iluminado por el Espíritu Santo. Las "escamas" cayeron de los ojos de Pablo. El recibió vista espiritual. Su bautismo dramatizó esa nueva vista cuando él creyó en Jesús como el Mesías, Redentor y Señor. El bautismo es el testimonio público del creyente de su fe en Jesucristo como Salvador.

III. El bautismo es una ceremonia que dramatiza la muerte, sepultura y resurrección de Jesús

Sabemos por qué vino Jesús. El dijo: "El Hijo del Hombre vino a buscar y a salvar lo que se había perdido" (Luc. 19:10). Cristo tiene el poder de perdonar pecados y salvar porque él vino a este mundo y ofreció su vida como rescate por el pecado (Mat. 20:28). Pablo afirmó esa misma verdad en 1 Timoteo 2:5, 6 al escribir: "Porque hay un solo Dios, y un solo mediador entre Dios y los hombres, Jesucristo hombre, el cual se dio a sí mismo en rescate por todos."

En 1 Pedro 1:18-20 se dan palabras muy significativas acerca de Jesús como nuestro "rescate por el pecado". Pedro declara que somos redimidos "con la sangre preciosa de Cristo, como de un cordero sin mancha ni contaminación, ya destinado desde antes de la fundación del mundo, pero manifestado en los postreros tiempos por amor de vosotros". El último libro de la Biblia afirma claramente que la redención es el plan eterno de Dios para su pueblo mediante la fe en Jesucristo. Los nombres de los cristianos están en el libro de la vida de Dios. Luego leemos de Jesús "que fue inmolado desde el principio del mundo" (Apoc. 13:8).

El bautismo para los cristianos también simboliza nuestra propia muerte al pecado, sepultura y resurrección a una nueva vida. Romanos 6:4, 5, dramatiza a la perfección la muerte, sepultura y resurrección de Jesucristo.

IV. El bautismo es una ceremonia que nos identifica con Jesús y con la iglesia

Una iglesia local es un compañerismo de creyentes bautizados que están unidos con el propósito de compartir la fe y el servicio al Señor. Que nadie nos desvíe diciendo que la iglesia ya no existe, o que la comunión de los creyentes no ha continuado desde el tiempo de Jesús hasta nuestros días. Jesús dijo que su iglesia nunca fracasaría. Al unirnos a una iglesia local, por medio del bautismo, damos testimonio del poder salvador de Jesucristo.

Nuestro bautismo es la respuesta a Dios, como lo leemos en 1 Pedro 3:21. Es decir, obedecemos al Señor y nuestra conciencia nos testifica que hemos dado el paso que honra al Señor.

El bautismo "en el cuerpo de Cristo" trae gozo a cada creyente. Nos introduce a la familia de creyentes en el cielo y en la tierra. Este acto de identificación con Cristo es un testimonio a todos de que ahora pertenecemos a Jesús y a su causa eterna. El Espíritu de Dios nos llama a dar este paso público de identificación con Cristo y su pueblo. ¿Ha seguido usted al Señor en el testimonio público de su fe?

Datos para el archivo:

Fecha: _____

Ocasión: _____

Lugar: _____

66

LA PRIORIDAD DEL EVANGELISMO

Los que siembran con lágrimas, con regocijo segarán. El que va llorando, llevando la bolsa de semilla, volverá con regocijo, trayendo sus gavillas. Salmos 126:5, 6

Muchos de nosotros hemos visto pájaros en jaulas o hemos ido a algún zoológico y hemos visto muchos animales en cautividad. Esas criaturas esclavizadas quieren ser libres.

La antigua nación de Israel pasó mucho tiempo en cautividad. Desde 1850 hasta 1450 a. de J.C. los egipcios tuvieron a los hebreos en esclavitud. En el año 722 a. de J.C. los asirios capturaron las diez tribus del norte de Israel y los mantuvieron esclavizados por mucho tiempo. El año de 586 a. de J.C. los babilonios invadieron Judá, destruyeron Jerusalén y mantuvieron a los judios en esclavitud hasta 516 a. de J.C. Los persas reemplazaron a los babilonios como poder mundial, y en 516 a de J.C. el rey Ciro dio a los hebreos la libertad para regresar.

El Salmo 126 es "el salmo de la celebración" de su libertad. Curiosamente, el escritor de este salmo (que pudo haber sido Esdras) dio el crédito al Señor por su libertad, aunque fue Ciro el que otorgó el edicto de libertad. Esa libertad recién obtenida parecía como un sueño a los hebreos. Apenas podían creerlo. El v. 1 del salmo declara: "...nos parecía que soñábamos." Muy pronto los judíos comprendieron que tenían libertad y celebraron con risas y cantos (v. 2). "¡Grandes cosas ha hecho Jehová con nosotros! Estamos alegres" (v. 3).

Los libertados regresaron a su antigua patria y vieron los campos llenos de maleza y las ciudades en ruinas. Necesitaban reconstruir, empezar de nuevo. Aceptaron el desafío y se apresuraron a los campos con tristeza y lágrimas al ver la enorme tarea delante de ellos. Muy pronto, sin embargo, comprendieron que vendría un tiempo de cosecha y se llenarían con gozo con las enormes gavillas.

I. Vamos a otros con interés

El texto en el Salmo 126:6 declara: "El que va llorando, llevando la bolsa de semilla...". Se refiere a todos nosotros. La Gran Comisión no está limitada a los pastores y maestros de la escuela dominical. Todo el pueblo de Dios tiene esta responsabilidad.

Debemos ir con compasión. El v. 5: dice "Los que siembran con lágrimas...". El v. 6 habla de "llorar". Debemos tener una profunda preocupación por los perdidos. Moisés oró por Israel y lloró por ellos (Exo. 32:32). Pablo oró y lloró por los efesios (Hech. 20:31). Esto indica que debemos tener un corazón cargado por los perdidos. ¿Dónde empezamos? ¿Quién puede ir?

Nuestros hogares pueden ser un centro de evangelización. Debemos movernos dentro del círculo familiar y testificar a los miembros de nuestra familia. Si no lo hacemos, Satanás va a arrebatarnos nuestros hijos y llevárselos.

Pablo le recordaba a Timoteo que él había recibido la Palabra por medio de su madre y de su abuela (2 Tim. 1:5; 3:15). Los padres necesitan "ir con compasión" a sus hijos. Un pastor metodista de otra generación dijo que cuando tenía como cinco años y estaba al lado de su madre, ella estaba cantando un himno evangelístico y palmeaba sus manos con gozo. El dijo que una gran sensación espiritual vino sobre él, y supo que en ese momento él nació a la familia de Dios. ¡Los padres deben alcanzar a sus hijos!

Josué dijo en 24:15 de su libro que él y su familia iban a servir al Señor. Años después, David se lamentó un día de la muerte de Absalón su hijo. El había fallado en criarlo en disciplina y amonestación del Señor. Tales fracasos suceden en torno nuestro cada día. Todos dentro del círculo de la familia deben ser nuestro campo de evangelismo.

Las clases de escuela dominical son agentes de Dios para alcanzar a otros. Por supuesto, estudiamos juntos la Palabra de Dios y exploramos como podemos la verdad eterna de las Escrituras; pero también tenemos el desafío de alcanzar a otros. "Alcanzamos y enseñamos" por medio de la escuela dominical. Cada clase de la escuela dominical necesita ser un centro de evangelismo.

La música es un instrumento poderoso para alcanzar a otros. Al cantar himnos acerca de Jesús y del poder de Dios para salvar, el Espíritu Santo toma esas palabras y nos lleva a la fe en Jesús. Las palabras de "Gracia admirable" y de "Hay una fuente sin igual" se han albergado en los corazones de millones de personas a través de los años en todas las naciones del mundo.

Grupos especiales de adultos y jóvenes pueden ir a testificar a otros. Las damas pueden acudir en grupos a edificios de apartamentos y testificar. Los hombres pueden ir. Los jóvenes pueden hacer viajes a otras iglesias u otros pueblos y repartir tratados. Los diáconos pueden testificar. El pastor puede testificar.

Aunque las condiciones del tiempo no sean muy buenas, podemos ir a testificar. La compasión por otros debe movernos a ir.

II. A donde quiera que vayamos llevemos la Palabra de Dios

Los labradores conocen la importancia de plantar la semilla. El texto habla acerca de llevar "la preciosa semilla". Para nosotros esto significa la Palabra de Dios. Podemos llevar tratados evangelísticos. Podemos llevar Biblias para dar a otros. Podemos aprender de memoria versículos cortos, tales como Romanos 3:23 y 6:23. Podemos citar Romanos 10:9, 10 y 10:13. Podemos usar Juan 3:16. Dios promete bendecir su "preciosa semilla" que compartimos.

La Palabra de Dios tiene autoridad eterna. El Salmo 119:89 declara: "Para siempre, o Jehovah, permanece tu palabra en los cielos." Recordamos que la misma Biblia dice que los hombres hablaron y escribieron cuando eran movidos o llevados por el Espíritu Santo. La Biblia es la Palabra de Dios. No tenemos que cuestionar la Palabra de Dios eterna, inspirada e infalible. Jesús dijo: "Los cielos y la tierra pasarán, mas mi palabra no pasará."

La Palabra de Dios es poderosa. Jeremías 23:29 dice que la Palabra de Dios es como fuego y como martillo que quebranta la peña. De esta manera el corazón, terco e indiferente, puede ser cambiado por la Palabra de Dios.

La Palabra de Dios tiene poder regenerador y avivador. Nosotros nos salvamos al recibir el mensaje de la Palabra de Dios. El Salmo 19:7 dice: "La ley de Jehovah es perfecta; restaura el alma." Simón Pedro escribió: "...habéis nacido ..., no de simiente corruptible sino de incorruptible, por medio de la palabra de Dios que vive y permanece" (1 Ped. 1:23). La Palabra de Dios afirma: "Cree en el Señor Jesús y serás salvo..." (Hech. 16:31). Pablo escribió: "...la fe es por el oír, y el oír por la Palabra de Cristo" (Rom. 10:17).

Vayamos a la gente con compasión, llevando la Palabra de Dios. No tenemos que argumentar ni debatir el tema. Sencillamente afirmamos la verdad de que el hombre está perdido, que Jesús nos ama y murió por nosotros, y que cuando le pedimos que perdone nuestros pecados y viva dentro de nosotros, él lo hace. Dios hace que su Palabra prospere y no regrese vacía. Cumple el propósito que Dios tiene para su Palabra (Isa. 55:11).

III. Regresamos con regocijo

Leemos en el Salmo 126:6: "...volverá con regocijo, trayendo sus gavillas." El labrador sembró sus campos, cultivó la tierra y regresó a casa con una gran cosecha.

Dios quiere que sigamos el ejemplo del labrador. El promete que regresaremos con regocijo, trayendo nuestras gavillas.

Nos regocijamos cuando nuevos hermanos vienen a la vida de la iglesia. Rompe el aburrimiento de la misma gente y de las mismas actividades. Encontramos otros que participen de nuestro gozo en la fe cristiana, y los nuevos nos ayudan al avance de la iglesia. El nuevo crecimiento hace una gran diferencia.

¿Puede usted empezar a imaginarse cuán emocionados se pusieron los discípulos después del día de Pentecostés? ¡Tres mil nuevos convertidos! Ya no estaban solos. Tenían la simpatía y el apoyo de centenares de personas alrededor de ellos. Dios quiere que lleguemos a casa con regocijo y veamos la iglesia cambiada.

En Marcos 5:1-20 leemos la historia del endemoniado gadareno. De este hombre se dice que: "...comenzó a proclamar en Decápolis cuán grandes cosas Jesús había hecho por él..."(v. 20).

La Biblia dice: "...[El Señor] no quiere que nadie se pierda, sino que todos procedan al arrepentimiento" (2 Ped. 3:9). Sabemos que el cielo tiene lugar para todos los que reciben a Jesucristo como Salvador. Sabemos que Dios tiene un reino eterno para todo su pueblo. Las glorias y maravillas de la vida eterna sobrepasan todo lo que cualquiera de nosotros haya imaginado. Por esta razón regresamos con estos convertidos y no podemos contener nuestro gozo.

Regresamos con una gran celebración porque conforme nosotros ganamos a otros, vamos a recibir recompensas eternas. Daniel 12:3 dice: "Los entendidos resplandecerán con el resplandor del firmamento; y los que enseñan la justicia a la multitud, como las estrellas, por toda la eternidad." Nosotros podemos ser una parte del "equipo de testigos". Estamos aliados con nuestros líderes y con otros miembros en ganar a otros para Cristo y participamos de sus victorias. Seremos recompensados por nuestro testimonio fiel por Cristo. Cuando invitamos a otros, oramos por ellos y les mostramos amor, testificamos. Dios nos usa para tocar las vidas de muchas personas de innumerables maneras. Dios nos bendice eternamente por ayudar a llevar su Palabra a la gente.

Pensemos de nuevo en el Salmo 126. Debemos ir con preocupación por otros. Debemos llevar la Palabra de Dios a todos los que podemos encontrar. Y tenemos la palabra de victoria dada a nosotros de que sin duda vamos a regresar con gozo trayendo nuestras gavillas.

Es tiempo de que hagamos un compromiso para involucrarnos con otros que hacen la obra de Dios. Entendemos el lugar que el evangelismo debe tener en la vida de un cristiano. Sabemos que alcanzar a otros es una prioridad. ¿Estamos dispuestos a comprometernos para unirnos a los que están listos para la prioridad del evangelismo?

SUGERENCIAS PARA LA PREPARACION DE SERMONES

Cuando un contratista construye una casa, sigue un plano. Una señora que hace un vestido u hornea un pastel, usa un patrón o receta. La preparación de un sermón necesita un plan bien definido si el predicador pretende algo más que disparar al aire.

Dios hizo un universo bien ordenado. El orden y la belleza se ve en todo proceso creativo. La declaración de Pablo a los Corintios acerca de hacer todo "decentemente y con orden" podría aplicarse a la preparación de sermones.

Muchos de nosotros encontramos que la preparación de sermones es tarea difícil. Demanda que leamos, pensemos y oremos. Para preparar un sermón, aun cuando cada quien usa su propio método, no significa que descartamos la planeación, el trabajo y el sentido común. Un enfoque sano es aquel mediante el cual estudiamos y mejoramos continuamente nuestra técnica de preparación de sermones.

Por supuesto, el predicador necesita mantenerse espiritualmente sensible a la dirección del Espíritu Santo cuando prepara sus mensajes. Necesitamos conocer la Biblia mejor que lo que un doctor conoce las técnicas quirúrgicas y las medicinas. La vida santa también es imperativa si vamos a tener una predicación que cambie las vidas. De nuevo, necesitamos tener en mente a la audiencia que nos escucha. Por ejemplo, si el predicador habla en un centro de gente jubilada, no hablaría sobre el mismo tema que usaría para un programa de jóvenes. Necesitamos ser conscientes de a quién le predicamos.

En la preparación del mensaje tanto como en la predicación misma, debemos depender de Dios. Debemos pedirle al Espíritu Santo que nos controle, nos unja y nos use. La verdadera predicación es la verdad de la proclamación de Dios a través de la personalidad total del predicador. Tal predicación toma lugar bajo el poder del Espíritu Santo para el bien del hombre y la gloria de Dios. Como predicadores somos mensajeros de Dios, con un mensaje. La siguiente discusión nos da algunas directrices e ideas que pueden ser útiles en la preparación de sermones.

I

Uno de nuestros primeros deberes es decidir cuál pasaje de la Escritura utilizar. El pasaje puede ser un versículo, o varios. El sermón textual generalmente usa un versículo. El mensaje expositivo puede incluir varios versículos. Por supuesto, un sermón temático posiblemente necesite todo un capítulo o partes de más trasfondo bíblico.

El mensaje puede ser biográfico, doctrinal, ético o de inspiración. Cualquiera que pueda ser la ocasión, es bueno casi aprender de memoria el pasaje que se relaciona directamente con el tema, o el pasaje que provee el sermón para la ocasión.

II

La idea central para el mensaje necesita estar claro en la mente del predicador. El tema o idea central del sermón debe salir del pasaje bíblico que se va a usar. Esa idea central o tesis debe correr como un hilo a través del mensaje, uniendo cada parte del mismo.

Por ejemplo, puede usarse una idea como "La victoria sobre el temor". La idea central puede ser escrita en una oración clara y positiva. Esta podría ser: "Usted puede conseguir la victoria sobre sus temores." Si usamos los primeros versículos de Génesis 15, el tema del sermón podría ser: "La conquista del temor." Cerca del fin de la introducción puede presentarse la tesis del sermón. La idea central debe ser dada de una manera breve y clara. Es el sermón presentado en una oración declarativa. Realmente la idea central es el sermón en embrión; el sermón reducido a una oración fascinante.

El "anzuelo" de esa idea central demanda oración y mucho pensamiento. El predicador puede escribir media docena de ideas al tratar de obtener el cuadro más claro de lo que debe ser su tesis una y otra vez, siempre tratando de definirlo de una manera clara y significativa. La reducción del sermón a una oración sencilla y fascinante es una de las partes difíciles de la construcción del mismo. Algunos maestros de la predicación dicen que escriben esa tesis en varias formas varias veces. ¡No desespere! Cuando uno hace esto se deshace de ideas obscuras acerca de lo que quiere decir el sermón. Todos nuestros asuntos o temas de sermón necesitan ser refinados y definidos una y otra vez conforme uno desarrolla la idea central del mensaje. El predicador se verá recompensado en su predicación cuando ha hecho esta clase de trabajo.

III

Los buenos títulos de sermones son importantes. Por ejemplo, es mucho mejor utilizar un título como: "Una reunión de oración que cambia la vida", que "La oración de Jacob en Jaboc". El título histórico no tiene la garra y aplicación que un título en tiempo presente y contemporáneo. Por supuesto, uno trata con la historia del texto, pero el empuje principal estará relacionado directamente con los oyentes de hoy. Otro ejemplo: "La conquista del temor" habla más directamente a una audiencia que un título como: "Por qué Abraham no tenía miedo." Los títulos que son frescos y contemporáneos captan la atención de los oyentes.

Es mejor tener títulos de tres a seis palabras de extensión. *El título es la idea central del mensaje en forma algo oculta.* Un título es demasiado amplio y general si tiene solamente una palabra, como: "Arrepentimiento." Es más definido y apunta más directamente a la audiencia cuando se declara de una manera más directa, como: "La necesidad del arrepentimiento" o "Por qué el hombre necesita arrepentirse". De nuevo, si va a predicarse un sermón acerca de los actos necios de Saúl, es mejor usar un título como: "¿Cuándo nos portamos neciamente?" en vez de "Saúl era un necio". Puede darse una respuesta al tema en cuatro o cinco puntos principales del mensaje.

Es mejor tener un título que no tiene más de cuatro o cinco palabras principales, sin contar con "Un", "El" o "Y". Además, un título extenso no cabe en el espacio para el sermón en el boletín del domingo.

IV

La introducción del mensaje puede ser preparado como la última parte del sermón. Es más fácil escribir una introducción después que ya está escrito el mensaje, porque para entonces el predicador entiende lo que va a introducir. También, la introducción se sugerirá a sí misma al que escribe el sermón cuando él ya tiene el sermón preparado.

La introducción debe captar la atención de la gente desde la primera palabra que se dice. Una manera floja y sin interés de presentar el mensaje es empezar cada sermón diciendo: "Este pasaje de... dice..."

En este momento estoy terminando un manuscrito sobre Colosenses. Uno de estos capítulos intitulado "El propósito de Dios para la familia" (3:18-21) tiene esta introducción:

Centenares de esquimales cerca del Polo Norte viven en iglús Un iglú es una casa hecha de bloques de nieve congelada. Los miembros de la familia visten ropas de gruesas pieles y evidentemente viven cómodamente en esa clase de casas. A través de los siglos la gente ha vivido en cuevas, en barcas y en casas más tradicionales. Nosotros cambiamos los diseños de nuestras casas. Nosotros podemos añadir habitaciones, cambiar el color de la casa, o hacer otros cambios.

El diseño para la familia no cambia. Al principio de la historia humana Dios dio la norma para la familia que tiene significado para nosotros hoy. La relación familiar es una de padre, madre e hijo. Cualquier distorsión de ese diseño divino es contrario al plan de Dios. Necesitamos seguir el diseño divino para la familia. Veamos la manera en que el apóstol Pablo presenta las relaciones dentro de la familia cristiana.

La introducción debe fusionarse con el texto e introducir el mensaje. Generalmente la introducción del sermón puede tener dos o tres minutos de duración. ¡No debemos tener a la gente fuera mucho tiempo! Permítales entrar al mensaje. A menos que les invitemos a entrar, ellos van a creer que no tenemos un mensaje, que no estamos preparados o que no sabemos cómo predicar.

No tenemos que "predicar" una introducción. Es mejor dirigir suavemente a los oyentes al interior del mensaje, de la manera en que cortésmente invitamos a las personas a entrar a nuestra casa. Si los miramos con enojo (o si no establecemos contacto visual), o si los miramos como si no tuviéramos mucho que decir, los oyentes no se moverán con nosotros al interior del mensaje. Sin embargo, después que leemos el *breve pasaje bíblico* a la congregación, de una manera significativa y sin prisa, y tenemos una introducción fascinante, la gente "subirá a bordo" con nosotros para un gran viaje por la Palabra de Dios.

V

El cuerpo del mensaje empieza una vez que éste ha sido introducido. De nuevo, la tesis o idea central del mensaje puede ser dado al fin de la introducción que no tiene que ser presentada de una manera formal. Vale la pena, sin embargo, captar la idea del mensaje claramente en la introducción y encontrar maneras de mantener esa idea central ante los oyentes a través de todo el mensaje, repitiéndolo media docena de veces antes de terminar.

Las divisiones principales del sermón deben ser limitadas de dos a cinco, o seis en la mayoría de los casos. Los puntos principales pueden ser usados eficazmente con dos o tres puntos menores bajo cada una de las divisiones mayores (vea mi mensaje *El libro indestructible de Dios*, pág. 46 en este libro).

Si uno utiliza cuatro o más puntos mayores en el mensaje no sería probable que el tiempo permitiera puntos menores bajo tantas divisiones. Sin embargo, no tenemos ninguna regla que prohíba eso. De hecho, mi sermón sobre Romanos 1:16 (*El evangelio de Jesucristo*, pág. 97 de este libro), tiene cinco puntos mayores y más que sutiles puntos menores surgiendo de unos cuantos de los puntos principales. He usado la última parte del pasaje en Romanos 1:16 como base para la conclusión del mensaje. Mantenga en mente que

David no se sintió cómodo en la armadura de Saúl cuando fue a pelear contra Goliat. Nosotros debemos sentirnos espiritualmente cómodos en nuestra predicación.

Es más adecuado poner los puntos mayores en tiempo presente que usar el modo histórico o el tiempo pasado. También es importante que los puntos mayores sean expresados en oraciones completas.

Los puntos principales deben fluir del tema del sermón, paso a paso. También las ideas expresadas en cada punto principal deben ser paralelos unos a otros y apoyarse unos en otros. Ciertamente pueden compararse con los bloques de una construcción, aunque menores en número.

Conforme el predicador usa varios puntos mayores y menores, ciertamente necesita *explicar, ilustrar y aplicar* esa porción del texto que trata con cada punto. No pase por alto, sin embargo, este gran secreto para el desarrollo del sermón: *explicación, ilustración y aplicación.* Cada punto necesita ser explicado desde las Escrituras, ilustrado y aplicado. Fíjese en estas ideas ahora y empiece a usarlas.

Mantenga todos los puntos mayores y menores del mensaje bien equilibrados. Es decir, mantenga las divisiones del mensaje paralelas unas con otras y declaradas en oraciones frescas, en el tiempo presente.

Un ejemplo de un mensaje con título histórico (que no debe ser usado) podría ser: "Cómo creció Pablo como cristiano." Los puntos mayores históricos serían algo como lo siguiente:

1. Pablo estudiaba las Escrituras.
2. Pablo pasaba tiempo en oración.
3. Pablo testificaba a otros.
4. Pablo vivía una vida santa.

Un título en tiempo presente, con puntos mayores paralelos y en tiempo presente significa más a los oyentes y serían más fáciles de predicar. Por ejemplo:

Cómo podemos crecer espiritualmente:

1. Crecemos cuando estudiamos la Palabra de Dios.
2. Crecemos cuando pasamos tiempo en oración.
3. Crecemos cuando testificamos a otros.
4. Crecemos cuando vivimos vidas santas que honran a Cristo.

Esta manera elemental de explicar la predicación en tiempo presente, ilustra la necesidad de apartarse del modo histórico y del tiempo pasado y entrar en el "aquí y ahora" de los oyentes. De esta manera es mucho más fácil para el que escucha seguir al que predica, conforme relaciona las ideas de una manera clara y placentera.

VI

Los puntos principales y menores del mensaje deben ser desarrollados de una manera lógica. Al explicar, ilustrar y aplicar la Escritura y los puntos del mensaje, el sermón será construido en una buena forma. Y eso será también un mensaje bíblico. Fíjese bien en este valioso trío de secretos para construir el sermón.

Primero, fíjese en el asunto de "explicar" el texto. Como ejemplo, tome Romanos 1:16 (*El evangelio de Jesucristo*, pág. 97 en este libro.) He tomado la palabra "evangelio" y la he usado como el primer punto del mensaje que dice: "El evangelio puede ser definido." En este punto el predicado simplemente explica el significado de la palabra. El puede buscar la palabra griega y descubrir que *evangelion* significa "buenas noticias". Puede darle vueltas a la palabra, como a un diamante, conforme la explica. Puede hacer exégesis o sacar todo el significado mediante el proceso de explicación.

En segundo lugar, note el uso de las ilustraciones en el segundo punto del mensaje. Fíjese también en la inclusión de puntos menores, que también pueden tener ilustraciones, dentro de los puntos mayores. Las ilustraciones pueden ser sacadas de la experiencia personal, o también pueden ser bíblicas. Aun se puede usar la letra de un himno como ilustración (como es el caso en el primer punto mayor del mensaje que estamos usando como ejemplo). El pastor que usa ilustraciones buenas retendrá la atención de la audiencia.

En tercer lugar, aplique el texto. Es decir, los puntos mayores y menores no se acaban cuando uno los explica y los ilustra. Debemos *aplicar* cada idea a la gente. Haga que la aplicación sea apropiada para todos. Por ejemplo, una manera de aplicar la verdad del segundo punto del mensaje sobre Romanos 1:16 que declara que debemos estar dedicados al evangelio puede ser hecho por medio de una pregunta: ¿Está dispuesto a declarar abiertamente su lealtad al evangelio y a Jesucristo sin ningún temor? Aplicar la verdad es una tarea difícil, pero debe hacerse.

El sermón realmente se vuelve sermón cuando llega al corazón de la gente. No espere que la inspiración del momento le diga cómo aplicar cada punto; ¡haga eso en su estudio! (El Espíritu Santo puede darle una visión nueva en el momento de la predicación, pero él ciertamente bendice la preparación hecha anticipadamente.) Planee la aplicación. Trabaje en esto tan duro como lo haría con la introducción, la conclusión, la tesis, los puntos principales o el título del sermón. Pregúntese a sí mismo: "¿Cómo?, ¿cuándo?, ¿dónde?, ¿por qué? y ¿a quién?", se aplica esta verdad. Junto con la explicación (exégesis) e ilustración, aplique la verdad.

Algunas veces la verdad puede ser aplicada después de explicarla. Si es así, deje que la ilustración de la verdad venga después. Pero sobre todo, no deje de aplicar cada verdad o división del mensaje después que esté preparado. Por supuesto, puede haber excepciones a esta regla.

El predicador que aprende a explicar sus puntos, a ilustrarlos y a aplicarlos a los oyentes, está en buen camino. Aquí cabe una palabra de advertencia. Los oyentes deben ser respetados y no avergonzados al hacer la aplicación. Un predicador hablaba sobre "Los pecados de la juventud". Durante el mensaje, cuando él mencionó el sexo antes del matrimonio, una pareja de entre los jóvenes parecía desinteresada de lo que él decía, por lo que el predicador declaró: "Es bueno que me escuches, María, porque te lo estoy diciendo a ti." Esa clase de aplicación no es sabia.

Por supuesto, los puntos mayores pueden desarrollarse sin los menores. Esta clase de predicación de "párrafo" trata los puntos mayores como un todo sin dividirlos en puntos menores.

Si se usan puntos menores, el predicador debe recordar la sencilla verdad de que un punto mayor debe tener dos o tres puntos menores. Es mejor mantener las partes casi igualmente divididas. Es decir, si un punto menor requiere dos o tres minutos, es mejor que los otros tengan una cantidad aproximadamente igual de tiempo y espacio. Con entera franqueza los mensajes en este libro no siempre están idealmente equilibrados. A menudo, por problemas de espacio, he acortado una explicación necesaria, o una ilustración o una aplicación. Algunas veces he omitido el proceso de las tres cosas.

VII

Las ilustraciones apropiadas dan vida al sermón. Son como las ventanas de un edificio: dejan pasar la luz. Las ilustraciones aclaran y hacen comprensible el mensaje. Ayudan a despertar a los oyentes. Son como las paradas de descanso en un viaje; le permiten a la audiencia tiempo para refrescarse.

Las ilustraciones se encuentran en cualquier lugar. La Biblia es un almacén de ilustraciones. Si uno necesita una sobre la compasión puede relatar la historia del Buen Samaritano o cualquiera de las obras de misericordia y bondad de Jesús. Si uno quiere una historia sobre la oración puede contar acerca de Jesús orando por Jerusalén, o de Pablo orando en la playa con los ancianos de Efeso. O, una vez más, uno puede usar la historia de Moisés de Exodo 32. Si se necesita una ilustración sobre la cooperación, recuerde los constructores de los muros en Nehemías, o relate la historia memorable de Aarón y Hur que sostuvieron los brazos de Moisés cuando los israelitas derrotaron al enemigo (Exodo 17). La Biblia tiene docenas de historias que esperan ser relatadas de manera nueva y emocionante. El predicador que lee y marca las historias en la Biblia para recontarlas puede tener un pozo artesiano que dará vida a cada sermón.

Sigamos con las historias bíblicas. Cuente en detalle los eventos que llevaron hasta el derrumbe a los muros de Jericó. Dramatice el cruce de los israelitas por el mar Rojo y los milagros que rodearon la liberación divina. Recuerde al pueblo de Dios de la liberación de su pueblo mediante la cruz de Jesucristo. ¿Por qué no balancear los brazos y echar a Sadrac, Mesac y Abednego en el horno ardiente?: "¡Miren! Hay un cuarto hombre que es como el Hijo del Hombre en el fuego, con ellos. ¿Están ardiendo sus ropas? No, ni siquiera tienen el olor del humo. Y recuerden: Si Dios salvó a esos tres judíos del fuego, usted puede creer que él puede salvar de lo que amenaza con destruir su pueblo hoy." ¡Relate la verdad!

¿Necesita usted una buena historia acerca del precio y costo del pecado? ¿Por qué no tratar de contarles la conmovedora historia de Naamán? También puede usted contarles acerca de los apóstoles durmiendo en el monte de la Transfiguración. ¿Nunca lo ha hecho? Esa es una buena historia para los adormilados santos a las 11:45 del domingo en la mañana. Cuente acerca de la madre de Jacobo y de Juan, quien quería que sus hijos estuvieran los primero en el reino, y no olvide los celos que surgieron de los otros predicadores que pensaron que podrían quedarse en segundo lugar.Usted puede relatar delicadamente la historia de la esposa de Oseas que lo dejó por veleidosidad. De la misma manera, la continuación de cómo Dios nos recibe de nuevo cuando regresamos, puede muy bien relatarse, porque ese es el mensaje del perdón.

Cuando usted empiece a contar historias de la Biblia, no se sorprenda si alguna gente empieza a decir "¡Amén!" a su predicación. ¡Y usted solamente está contando una historia! Déjelos que lloren con Ezequiel cuando él "se sentó donde ellos se sentaron" por siete días. ¿Nunca ha contado esa historia? ¿Ha contado alguna vez la historia de Jeremías? El puso un yugo de hierro alrededor de su cuello, declarando así que el "yugo del pecado" iba a traer su precio. Que la gente escuche esa clase de narraciones que los conmuevan. Practique con niños, si es necesario. Cuando usted no vea ese brillo en sus ojos, cambie de estrategia y llame su atención. Si usted aprende a cautivar a los niños con historias, tendrá a los adultos en la palma de su mano. ¡Y les encantará!

Deje que unos cuantos comentarios se escurran en este tema de las ilustraciones, que en ocasiones estén fuera del campo de las ilustraciones. Cuando relate una historia y también en la predicación regular, use verbos de fuerza. Es decir, verbos que salten, narren la historia y griten a la gente. Trate de alejarse a dos mil kilómetros de distancia de "es, son, eran, y cualquier forma del verbo "ser". En vez de decir que Nehemías se fue de regreso a Jerusalén, diga: "Miren a Nehemías. Va saltando arriba y abajo en ese caballo, acicateando con la punta de su bota, y a veces dándole latigazos con la vara de un árbol. ¡Nehemías está ansioso por regresar a casa! Ni siquiera siente el cansancio que trata de metérsele en los huesos en ese largo y áspero viaje de regreso. ¡El va a construir los muros de su ciudad!" Eso, mi querido amigo, hace que la historia cobre vida. Deje el hábito simple de "es y estaba". Use verbos que brinquen, salten y chisporroteen de vida. Note que todos esos verbos no se caen ni duermen en el polvo. Usted puede trabajar con los verbos y crear nueva vida y escenas. Es cierto: "Es, era y estaba" tienen que usarse algunas veces. Sin embargo, noventa por ciento de las veces los verbos de fuerza se quedan en el trasfondo, clamando por ser usados. Uselos y encontrará nuevo empuje en la predicación.

Las historias producen emoción cuando uno les da color. ¿Tiene un caballo? Píntelo de rojo... de verde... ¡o de púrpura!, pero no lo deje quedarse allí solamente como un caballo. ¿Tiene orejas? Si pueden escuchar el rugido del trueno y si sus ojos pueden ver el fogonazo del relámpago que zigzaguea, entonces deje que esas orejas del caballo se enderecen o se sacudan. Deje que el caballo brincotee o haga cabriolas a la luz del sol cuando la banda toca y los soldados marchan en sus uniformes púrpura y oro. Haga que en el desfile las banderas ondeen por el viento helado que baja la temperatura a 10 grados centígrados bajo cero, y arrebata las coloridas banderas de las manos de los que las llevan. No ponga en peligro la vida espiritual con el aburrimiento. Emocione a la gente.

Pruebe otra fuente de historias. Consiga un ejemplar de *Las fábulas de Esopo*. Algunas de estas historias son divertidas; algunas son indagadoras; muchas son fantásticas; otras no sirven para el propósito del predicador.

Use algunas veces (no muy a menudo) las experiencias personales. Cuando Santiago, nuestro nieto, tenía tres años, no hablaba claramente, pero mi esposa y yo no lo rechazábamos por su lenguaje imperfecto. Tampoco excluimos de nuestro compañerismo a los que reflejaban imperfecciones. Gálatas 6 nos aconseja que sostengamos y levantemos a los que batallan. El cuento *Blanca Nieves y los siete enanos* puede no estar en su lista de lecturas, pero el predicador puede usarlo con gran provecho. Nunca he escuchado a ningún predicador contar ninguna de esas historias, pero yo las he usado con mucha delicia y provecho.

Los libros de historia y literatura son buenas fuentes para ilustraciones. Ocasionalmente las tiras cómicas pueden proveer una buena ilustración. Por ejemplo, un día yo recorté una caricatura de un periódico. Un alcohólico en la caricatura decía: "No soy responsable por beber, porque 60 por ciento es heredado y 40 por ciento es causado por el medio en el que vivo." Todos nosotros estamos tentados a excusarnos a nosotros mismos y a no aceptar la responsabilidad por nuestros fracasos, ¿no es verdad?

La observación es una poderosa fuente de ilustraciones. Fíjese en el mundo que le rodea. Escuche lo que dice la gente. Una constante corriente de historias empieza a fluir en nuestras vidas cuando empezamos a usar los cinco sentidos.

Al pensar en diversas historias, nos surgirán nuevas ideas y otras historias. Use el sol, la luna y las estrellas como ilustraciones. ¿Conoce el diámetro del sol y su calor en el ecuador? Una buena enciclopedia proporciona esa información. ¿Sabe que Antares es la estrella más grande encontrada en nuestra galaxia y que es 50.000 veces más grande que nuestra tierra? Esa es una ilustración para que usted empiece a hablar acerca de la obra creadora de Dios.

Busque en los himnarios estrofas de "Oh gracia admirable, ¡dulce es!" y "¡Cuán grande es el!". Conozca de los autores de himnos, como Fanny Crosby, que quedó ciega a los seis meses de edad y, sin embargo, ha escrito cuando menos una docena de himnos de cualquier himnario. Los himnos viven en el corazón de todos. Las historias de himnos son ilustraciones excelentes para sermones.

Pregunte a la gente cuáles son sus historias favoritas. Ellos pueden narrarle una historia o testimonio personal que sacará su sermón de la monotonía y le pondrá en la cumbre. Usted puede descubrir nuevas fuentes de ilustraciones para sermones en muchos lugares.

Escriba las ilustraciones en una hoja o pedazo de papel. Despréndala de revistas. Cópielas de libros. Póngalas en una caja o en la gaveta de un escritorio o en un archivero. No se preocupe del orden; sencillamente guárdelas. Una persona puede buscar en un montón de 300 ilustraciones en media hora y encontrar media docena que pueden ser usadas en ocasiones dadas. Una vez que una ilustración está puesta en el archivo, nuestra mente subconscientemente nos alerta del material cuando es necesario.

Aquí cabe una palabra de advertencia. ¡Si no guarda sus ilustraciones, se perderán! Noventa y nueve por ciento se le olvidarán. Póngalas en algún lugar. Escríbalas en tarjetas. Tenga un boligrafo a la mano todo el tiempo. No salga de casa sin él. Puede ser que escuche una buena historia por la radio. No se salga del camino para escribir, pero anote esa idea conforme sigue adelante. Manténgase actualizado teniendo cuatro o cinco ilustraciones nuevas en cada sermón. Escríbalas, despréndalas, cópielas, y archívelas. Oblíguese a esta clase de hábito. Es un trabajo que le rendirá grandes dividendos.

El doctor Thomas Guthrie, notable predicador de Escocia de otro siglo, escribió: "La historia, como un flotador (en el hilo de pescar) impide que la verdad se hunda; como un clavo, la asegura en la mente; como las plumas de una flecha, la dirige al blanco; y como el plomo en el hilo del anzuelo, la hace llegar."

Para evitar que el sermón sea seco, muerto y monótono, use ilustraciones adecuadas. Pero recuerde que la ilustración debe ser un siervo en el sermón, como uno que tiene la verdad como rey en el trono. No obstante, la verdad puede ser olvidada a menos que sea impresa sobre la mente con una ilustración ideal.

VIII

La predicación ordenada por Dios está centrada en la Biblia. Alguna llamada predicación se especializa en política, filosofía, sociología, asuntos ambientales o económicos, clases o luchas raciales. Los siervos de Dios deben tratar con todas las áreas de la vida cuando es necesario; sin embargo, Dios promete bendecir su Palabra que es presentada, no las opiniones de los hombres. La Biblia es nuestro libro de texto para proclamar el mensaje de Dios acerca del hombre, del pecado, de la redención y de la vida eterna. Mantengamos la Biblia en el centro.

Esta sección particular sobre la preparación de sermones es una extensión de lo que ya se ha estado mencionando brevemente. El propósito es el de inspirarnos a movernos dentro del libro sagrado y empujarnos más fuertemente hacia mensajes bíblicos sólidos.

El pastor-maestro conoce la importancia de una buena concordancia bíblica. Una concordancia, grande y completa, provee todas las referencias bíblicas a tales temas como la fe, el amor, la oración, la sangre, el cielo, la gloria, la salvación, la esperanza, la paciencia, y todas las palabras de la Biblia de la A a la Z.

El pastor puede dirigir un estudio temático sobre un tema que él considera apropiado o desafiante para la gente. Tal vez puede tratarlo con diez o doce versículos escogidos o más. De hecho, varias discusiones en serie pueden tratar con "estudios bíblicos" sobre el amor, la paz, la tribulación, etc.

Si el pastor quiere usar este enfoque durante el servicio de estudio bíblico y oración de mediados de semana, puede hacerlo. Indicando un versículo a la vez, la gente puede usar sus Biblias, encontrar el versículo y dos o tres dan sus comentarios sobre el mismo. Luego, puede indicarse otro versículo. Conforme la gente participa usando sus Biblias y hablando, crece espiritualmente.

Tome los siguientes versículos sobre el gozo como un experimento en un servicio de mediados de semana. Deje que los miembros completen la discusión antes de pedirles que encuentren y lean el siguiente pasaje. Nehemías 8:10, Job 29:13, Salmos 16:11, Isaías 61:3, Jeremías 15:6, Mateo 25:21, Lucas 15:7, Juan 16:24 y 3 Juan 1:4.

Además, el pastor no tiene que vivir siempre bajo la tensión de preparar un nuevo mensaje. Los miembros responden cuando tienen una oportunidad de involucrarse en el estudio bíblico. Use este tiempo de discusión de la Escritura con su gente y encontrará una fuente gozosa e inagotable de estudio bíblico.

El pastor puede pedirle a los líderes tener grupos de estudio en dos o tres hogares una noche a la semana. Deje que los líderes laicos usen este patrón de estudio bíblico. Si es necesario deles los versículos escogidos para usarlos en temas particulares cada semana. Las reuniones de grupo pueden integrarse con miembros de la iglesia y también con otros que no son miembros. Los testimonios de tales reuniones pueden ser compartidos en ocasiones en la iglesia. Este puede ser un excelente ministerio de alcance y de evangelización para la iglesia también. ¡Haga que la Palabra de Dios salga del templo de la iglesia!

Nuestros sermones, típicamente, caen en las categorías de: Temáticos, textuales y expositivos. Podemos tomar un tema como el pecado y desarrollar un mensaje temático sobre él. El versículo o pasaje que se usa, sirve sencillamente como base para el mensaje temático. Hay mucha predicación que es temática. Estos sermones tienen su lugar, pero también tienen sus debilidades. Si uno se mantiene con este tipo de predicación, la gente a menudo pierde el gozo y la bendición de escuchar mucho de la Palabra de Dios. Necesitamos emplear otros tipos de predicación que demandan más estudio y más oración.

En pasajes anteriores se ha hecho una breve mención de los tipos de enfoque textual y expositivo para estudiar y predicar. Una muestra de un sermón expositivo puede verse en el mensaje titulado *Las marcas de la grandeza* (pág. 157 en este libro), que cubre los primeros ocho capítulos de Segundo de Samuel. Sí, tanto así. De nuevo uno puede empezar leyendo uno o dos versículos de un capítulo y luego continuar con las ideas principales de esos capítulos. El propósito de incluir este mensaje particular en este libro es que podemos dar destellos de cuatro o cinco capítulos en un mensaje, o revisar un libro entero de la Biblia en un mensaje.

Predicar dos a cinco capítulos en un mensaje es una aventura desafiante, pero recompensante. El predicador debe cuidarse de no atragantar o empachar a su gente con demasiado material en un solo mensaje. Predicar más de media hora puede ser demasiado para la mayoría de la gente hoy, y el predicador no "gasta" su voz si habla en tonos más conversacionales por menos de 30 minutos. Ciertamente mucho "griterío" será demasiado para una congregación ordinaria y para el pastor.

El mensaje expositivo ordinario requiere alrededor de tres a seis o siete versículos. De nuevo, examine detenidamente uno de mis otros libros (*52 Mensaje bíblicos y 99 Mensajes Bíblicos),* que son básicamente predicación expositiva. Mi próximo libro sobre Colosenses es también de naturaleza expositiva. Usted puede encontrar mucha ayuda en el libro *El sermón eficaz* de Santiago Crane.

Un mensaje expositivo extenso demanda una lectura dedicada del capítulo que va a servir de base para el mensaje. De hecho, uno necesita leer y meditar sobre el capítulo que va a ser usado cada día de la semana antes que esté listo para compartir el mensaje.

Pero esto no es mucho tiempo para que el pastor pase con la Palabra de Dios, ¿verdad? Después de haber leído los capítulos diez veces o más, el pastor se siente cómodo con esa parte de la Escritura como David cuando fue a enfrentarse con Goliat.

El libro de Génesis puede ser examinado o todos los libros de la Biblia pueden ser presentados uno tras otro con este enfoque. Varios capítulos pueden presentarse en una predicación en forma de historia que bendecirá y sorprenderá a la gente y también al predicador mismo. Lea cuidadosamente el libro de los Jueces y descubrirá grandes posibilidades de "gran predicación expositiva". Lo mismo puede decirse de los libros de Samuel, Reyes o Nehemías. Unos cuantos capítulos del libro de Hechos por varios domingos, en la mañana o en la noche, pueden ser una experiencia recompensante, conforme se narren los aspectos sobresalientes de esas historias.

Habrá beneficios específicos de esta predicación a largo plazo de capítulos múltiples. Uno de ellos es que el pastor tendrá bastante tiempo de antemano para saber a dónde va. También encontrará incontables historias bíblicas para esa ocasión y para otros mensajes. Por ejemplo, lea 1 Samuel capítulos 22 a 31. Usted sacará bastantes ilustraciones sobre el mal, la sabiduría, la intervención divina, los implacables ataques del diablo, la bondad y la misericordia, el rescate de Dios de los suyos, buenos favores que no son apreciados, sobre falsas confesiones, refugios equivocados, las oraciones que Dios no contesta, y sobre el bueno que sufre junto con el malo. Esas historias pueden contarse conforme uno avanza en "predicación expositiva en forma de historia". Enseguida, el pastor puede poner en su libro de anotaciones de ilustraciones las referencias de esas diversas ilustraciones y solamente tendrá que releer la historia cuando necesite historias emocionantes para sus futuros mensajes.

El pastor y la gente tendrán juntos también un sentido de la "integridad" de la Biblia conforme uno la examina un libro tras otro. ¡Dios bendice cuando su Palabra es compartida!

IX

La conclusión del sermón es vital. Debe ser preparada antes de que el predicador empiece a predicar. No espere para la inspiración del momento. Trabaje media hora en la conclusión si es necesario.

Si usted planea predicar sobre la salvación, deje que la conclusión sea un llamado para que la gente confíe en Cristo en arrepentimiento y fe, o para evangelizar y alcanzar a otros para Cristo. Si usted predica sobre la oración, ganar almas, el diezmo, la vida santa o el crecimiento espiritual, deje que la conclusión y la invitación llamen a la acción sobre esas áreas específicas. Haga que la conclusión trate directamente con el tema de su predicación. Cuando usted predica sobre la oración, haga una invitación para que la gente se comprometa a orar por los hogares, la iglesia, el pastor, los apartados, los perdidos, la nación, los enfermos, un verdadero avivamiento, o hasta por un espíritu de oración entre la gente. La conclusión y la invitación necesitan relacionarse con el mensaje proclamado.

La invitación puede ser para una decisión pública. Puede pedirse a la gente levantar la mano para algún tipo de consagración. Después, esas mismas personas pueden pasar al frente si el Espíritu de Dios les dirige a ello. Una invitación a "orar en silencio" puede estar en orden. Una invitación para los cristianos inactivos para volverse miembros activos dcbe ser siempre una opción. Aunque se dé una invitación específica, también sabemos que el Espíritu de Dios mueve a la gente en otras maneras, además del asunto que ha sido predicado. Sin embargo, el ímpetu mayor de una invitación trata con el tema del sermón.

La conclusión puede resumir brevemente las ideas principales del mensaje. ¡Por supuesto, no se deje llevar y predique el mensaje de nuevo! ¡Un sermón es bastante para una sola sentada! No obstante, como recordatorio y método de enseñanza, las ideas principales del sermón pueden repasarse brevemente para terminar.

La conclusión puede usar una historia conmovedora y corta que se relaciona con el mensaje. Que la conclusión sea razonable, espiritual y clara. La conclusión puede terminar el mensaje en una manera atrayente y espiritualmente satisfactoria. Esto demanda preparación.

Deje que la conclusión termine el mensaje. No se ponga a añadir furgones de cola al ya de por si largo tren. No siga más allá del lugar para hacer alto. ¿Quién va a querer abordar un avión y quedarse en la nave quince minutos después de que aterrizó? ¿Quién quiere que un piloto acelere los motores cuando se aproximan al aeropuerto y que vuele en círculo cinco o seis veces antes de aterrizar finalmente? Los pasajeros le gritarían al piloto si hiciera tales maniobras. ¡El pastor puede aprender de los pilotos!

Haga que la conclusión termine el mensaje suave, confiada e intencionalmente. Pise los frenos y pare. Muchos predicadores tendrán otra oportunidad de predicar el siguiente domingo. ¡No deje que el mensaje de hoy siga hasta el martes!

Ahora un gran favor. Si ha encontrado beneficioso este libro, por favor llame o escriba a dos o tres pastores amigos y dígaselo, ¿quiere? Pídales que compartan con usted información que les ha ayudado a ellos. ¡Dios lo bendiga!